組織行動論

開本浩矢［編著］

ベーシック＋
Basic Plus

中央経済社

はじめに

▶ヒトと組織の関わり

　人は生まれたその瞬間から,「組織」という人の集まりと関わりを持って暮らしています。組織というと,つい官僚的な組織,お役所といった堅いイメージを持ってしまうかもしれませんが,組織のおかげで私たちの生活は成り立っているという側面もあります。たとえば,生まれた瞬間に多くの人は病院という組織のお世話になっているでしょうし,その後,家庭という組織で育てられ,学校という組織で教育を受けて成長していくのが一般的です。病院,家庭,学校という組織によって,人は幸福に生きていけるともいえます。このように考えると,人が人らしく生きていくためには,組織との関わりは必須だと考えてよさそうです。

　たとえば,会社という組織の中で,会社の一員として大きなビジネスプロジェクトに携わり,それが成功したとしたら,どのように感じるでしょうか。きっと大きな自信を持ったり,充実感や満足を感じたりするのではないでしょうか。また,有名大学や一流企業という言葉があるように,ある組織に所属する,あるメンバーの一員になるということが,一種のステータスになっていることもあります。いい会社やいい大学に入ることで人はある種の満足感を得ているといえます。このように組織は個人の可能性を広げ,充実感を与える存在です。

　一方で,組織との関わりがうまくいかなくなることも考えられます。たとえば,就業規則が厳しい会社や,校則がたくさんある学校であれば,人は窮屈に感じることでしょう。販売員であれば,上司に与えられた営業ノルマというプレッシャーにストレスを感じることはないでしょうか。もし,このような状態があるとしたら,何らかの形で組織との関わりを見直すことが必要かもしれません。組織がかえって個人の可能性を狭めたり,不満足の原因と

なったりするのです。

　本書は，こうした組織と人との関わりに焦点を当てています。組織と人との関わりをとらえた学問領域を組織行動論と呼んでいます。現代社会で生きていくためには，組織は不可欠です。だとすれば，組織との関わりをうまくこなせている人とそうでない人では，その人自身の幸福や充実感は違ってくると考えられます。組織の中で，いかに振る舞えばいいのか，どのような行動がどのような結果をもたらすのか，といった問いは組織にいる限り，誰もが疑問に思うことです。組織行動論は，このような問いに答えるためのさまざまな知識を提供してくれる学問なのです。

　以上のように，本書では，組織というしくみの中で，人が幸福や充実感を持って生きていくためのヒントを提示したいと考えています。ヒントですから，直接の答えではありませんし，万能薬のようなものでもありません。しかし，本書を読み進めていくうちに，組織における人の行動とはどのようなものなのか，それはどのような意味を持っているのかが，次第にイメージされるようになると思います。このイメージこそが，組織とうまくやっていくためのヒントになるとわれわれは考えています。

▶本書の特徴

　第1に，学部に属する大学生や関連する大学院の初年度にあたる大学院生，組織とのつきあい方や組織での生き方に疑問や悩みを持つ社会人を読者として想定している点です。つまり，組織行動に関する基礎的な知識のある読者ではなく，あくまでも，組織行動論の初学者を対象に本書は書かれているということです。したがって，本書を読み進めるにあたって，特別な知識は不要ですし，どのような立場の読者であっても組織というものと何らかの関わりがあるはずですから，本書の記述を自分の立場に置き換えてイメージすることは容易だと考えています。こうしたイメージこそが組織行動論を理解する第一歩だと思います。

　第2に，組織と人の関わりについて，より現実に即した，実践的な記述を

試みている点です。組織行動論や行動科学に関するテキストや概説書は，いくつか出版されていますが，本書のように，組織行動論の初学者が，組織行動に関するイメージを容易に描くことができるテキストはなかったと考えています。もちろん，これは本書が理論を省いているというわけではありません。理論から入るのではなく，現実の世界で，組織行動がどのようにとらえられているかを知ることで，読者の皆さんが組織の中で，うまく生きていくヒントを得られることを重視しているという意味です。

第3に，テキストとして学習しやすい構成をとっている点です。各章は，組織行動論を学ぶうえで必須のトピックにくわえ，最新の研究動向を踏まえたトピックを取り上げています。本書全体を通して，読者は組織行動論の全体を把握することが可能になります。また，各章の冒頭では，その章で理解してほしい「Learning Points」と「Key Words」を記載しています。読者がその章を学習していくうえでの指針となるポイントと理解してほしい基本的な専門用語を示すことで，読者の理解を促す工夫をしています。さらに，各章の最後には，「Working（調べてみよう）」として，読者自身で調査・分析となるような課題と「Discussion（議論しよう）」として，ゼミなどのグループでディスカッションしてほしい素材となる課題を記載しています。これらの問題を調べたり，議論することで本書の内容をより深く理解していただくとともに，ゼミなどでのグループディスカッションやアクティブラーニングで活用していただきたいと考えています。「さらに学びたい人のために」に掲げた文献では，さらに深い知識を得るために適切な教材を厳選しています。

第4に，本書の執筆者の多くは若手研究者であるという点です。若手であることを最大限に活用し，これまでの組織行動論に関する諸研究を踏まえたうえで，基本的な知識や最新の研究動向を体系的に記述することに努めています。また，その内容もできるだけ現代的な話題になるように工夫しています。おそらく，読者となる多くの大学生にとっても違和感の少ない表現や事例になっていると思います。

▶本書を手にとってほしい読者

　本書の執筆にあたり，経営学初学者のためという点を特に念頭に置いています。経営学部・商学部・経済学部といった経済・経営系の学部に入学した後，経営学や経営管理論の基礎的な科目を履修することは，当然だと思います。それと併せて，人に関わる科目として組織行動論を履修してもらいたいと願っています。組織について基本的な知識を得ることと人に関する知識を得ることは，車の両輪のようだと考えているからです。

　また，企業などの組織に所属する一般のビジネスパーソンにも読んでいただきたいと思っています。ビジネスパーソンにとって，企業という組織は最も長時間，密度の濃い関係を持つ対象となります。多くの時間やエネルギーを企業で費やすにもかかわらず，組織における人の行動についての知識を知らないのでは，不自然ですし，もったいないことです。企業とうまく関係を結び，企業の中で自分を大切にし，活動するためにも，組織行動論の知識は有効だと考えます。

　さらに，一般の読者に読んでもらいたいという願いもあります。組織行動論は企業だけでなく，さまざまな組織において応用可能です。家庭，地域社会，NPOなど，現代社会では，人はさまざまな組織に所属したり，関わったりしています。したがって，本書で紹介している組織行動論に関する知識は，日常生活のあらゆる場面で応用可能だといえます。学生のみでなく，一般の読者にも読んでいただきたいというのは，こうした理由からなのです。

　以上のねらいと特徴を持った本書が，組織行動論への入り口として適切なものであることを期待するとともに，読者からの忌憚のないご意見をお待ちしています。

▶謝辞

　本書の執筆にあたり，数多くの読者からのコメントを参考にさせていただきました。筆者らが日常的に接している学部学生をはじめ，実務家の方から

も貴重なご意見やご指摘をいただきました。ご意見をお寄せいただいた多くの読者に改めてお礼を申し上げるとともに，本書がよりわかりやすく，体系的なテキストとなっていれば幸いです。

　最後に，本書を刊行するにあたり，㈱中央経済社学術書編集部編集長の納見伸之氏には多大なるご尽力をいただきました。本書が刊行までたどり着けたのも，ひとえに氏の助言や協力のおかげだと感謝しています。

2019年1月

開本　浩矢

▶▶▶目次

はじめに……001

第1章 組織行動論への招待……011

1. 組織と人間の関わり……011
2. 組織行動論とは……016
3. 本書の構成……020

第2章 モチベーション……025

1. モチベーションとは……025
2. 何によって動機づけられるか……027
3. どのように動機づけられるか……033
4. 多様なモチベーション理論とそのとらえ方……037

第3章 組織コミットメント……041

1. 組織コミットメントとは……041
2. 組織コミットメントが強いことの意味……044
3. 組織コミットメントに影響を与える要因……044
4. 組織コミットメントの変化……048
5. 日本における組織コミットメント……050

第4章 意思決定と合意形成……055

1. 「経営人」の意思決定……055
2. 意思決定におけるヒューリスティックとバイアス……058
3. 合意形成……060
4. 問題解決の実践と第三者による支援……066

第5章 キャリア・マネジメント……069

1. キャリアに対する関心の高まり……069
2. キャリアとは……073
3. 何がキャリアを形づくるのか……076
4. キャリア・マネジメントにおける今後の課題……080
5. キャリア・マネジメントを実践するために……082

第6章 組織市民行動……085

1. 組織市民行動（OCB）とは……085
2. 組織市民行動がなぜ必要なのか……089
3. 組織市民行動は何に影響されるのか……092
4. 組織市民行動を促進するマネジメントとは……095
5. 組織市民行動の実践に向けて……099

第7章 組織ストレス……101

1. 人間と環境の相互作用としての組織ストレス……101
2. 組織の中の人間に対する外圧とその反応……102
3. ストレスへの対処……112
4. 組織ストレスに関する課題……114

第8章 チーム・マネジメント……117

1. チームとは……117
2. チームのタイプとは……121
3. チームによる意思決定とは……125
4. チームの成功に向けて……128

第9章 リーダーシップ ……133

- **1** リーダーシップとは何か ……133
- **2** 初期のリーダーシップ研究 ……135
- **3** フォロワーの視点を重視するリーダーシップ研究 ……141
- **4** 変革型リーダーシップ ……145

第10章 組織学習 ……149

- **1** 組織学習とは ……149
- **2** 誰が学習するのか？ ……151
- **3** どうやって学習するのか？ ……153
- **4** 実践共同体による学習 ……159
- **5** 組織学習を進めよう ……160

第11章 組織変革 ……163

- **1** 組織変革とは ……163
- **2** 組織変革はどのように行われるのか ……166
- **3** 何が組織変革を阻むのか ……169
- **4** 組織変革の成功に向けて ……171

第12章 組織文化 ……177

- **1** 組織文化とは ……177
- **2** 組織文化のメリットとデメリット ……180
- **3** 組織文化を知る ……182
- **4** 組織文化のマネジメント ……186

第13章 組織的公正 ……193

1. 組織における公正とは ……193
2. 分配結果の公正 ……195
3. 分配過程の公正 ……201
4. 相互作用的公正（または対人的公正）……205
5. 組織的公正の現状と課題 ……206

第14章 組織社会化 ……209

1. 組織社会化（organizational socialization）とは ……209
2. 組織社会化の概念整理 ……210
3. 組織社会化を促進する社会化エージェント ……215
4. 組織社会化の成果 ……220
5. 組織社会化の組織への影響 ……221
6. 組織社会化研究の展望 ……222

第15章 ダイバーシティ・マネジメント ……225

1. ダイバーシティ・マネジメントへの注目 ……225
2. ダイバーシティ・マネジメントの必要性 ……227
3. ダイバーシティ・マネジメントのプロセス ……229
4. ダイバーシティと経営成果の関係 ……232
5. ダイバーシティ・マネジメントと差別 ……234
6. ダイバーシティ・マネジメントにおける今後の課題 ……237

第16章 プロフェッショナル・マネジメント ……241

1. プロフェッショナルへの関心 ……241
2. プロフェッショナルとは ……243

3 プロフェッショナルの組織化と準拠集団 ……… 246
4 プロフェッショナルの二重のロイヤリティ ……… 250
5 プロフェッショナルのマネジメント ……… 254

索　引 ……… 257

第1章 組織行動論への招待

Learning Points

- ▶組織行動論とは，組織における人の行動を研究対象とする学問です。したがって，経営学だけでなく，心理学や社会学といったヒトや組織に関するさまざまな学問との関連性があります。
- ▶組織行動論では，組織の中で人がどのように感じ，そのような反応を示すかに関して理論的に考えることで，人の行動を理解し，説明しようと考えます。
- ▶組織行動論は，多様な人が組織の中で幸せに生きていくサポートをする学問であり，ポジティブな志向を持っています。

Key Words

協働　人間モデル　認知

1 組織と人間の関わり

　この節では，組織行動論を取り上げるにあたって，その前提となる組織と人の関わりについて，述べていきます。組織行動論の定義でも詳述しますが，組織行動論の成り立ちを考えるうえで，組織の問題を避けて通ることはできません。組織のないところに，組織と人との関わりは生まれません。同様に，人のいないところに組織と人の関わりもないのです。したがって，組織と人の存在をきちんと整理したうえで，組織行動論について言及したいと考えています。

1.1 組織の発生

　組織という言葉を誰しも耳にしたことがあると思います。組織行動論に限らず，新聞や雑誌，ニュースなど，「**組織**」という言葉は頻繁に日常会話に登場します。人は生まれたその瞬間から，家族という組織に所属することになりますし，小学生になれば小学校という組織に，以下，中学，高校と続きます。さらにアルバイトをしたり，就職したりすれば，企業という組織に所属することになります。転職や退職をすれば，逆に組織から離れることになります。結婚すれば，生まれ育った家庭とは異なる新たな家庭という組織に所属することになります。また，人は同時期に複数の組織に所属することもあります。中学生がクラブ活動，学習塾，中学校，家庭という組織に同時に所属するのは通常みられる状態です。

　このように人は一生のうちに，多くの組織に所属したり，組織から離れたりすることとなります。つまり，人は一生，何らかの組織と関わりを持ち続ける存在となります。もちろん，どこかの孤島で1人気ままに暮らすのであれば，組織との関わりを持たないこともできますが，それは現実的ではありません。

　それでは，人はなぜ，組織に関わりを持つのでしょうか。人間社会で組織がなぜ生まれ，そのメリットは何なのでしょうか。人は1人では生きていけない社会的動物であるといわれます。これは1人では，食べるもの，着るもの，住む場所の確保ができないという現実的な意味合いと，1人では寂しいとか，社会とのつながりが欲しいといった感情的な意味合いの両方を含んでいると考えられます。前者の立場にたてば，人は1人では限られた活動しかできないが，多くの人が協力することで，ピラミッドのような巨大な建造物さえも建設できることになります。また，科学の進歩も人がこの世に誕生してからの科学者たちの発見や発明を社会全体で受け継いできたからこそ，実現できたものです。

　後者の立場にたてば，人が結婚というしくみで新たな家庭を築くことや友人や仲間と一緒に趣味に没頭するのは，人と一緒にいたい，仲間を作りたい

という人の持つ欲求を満足させることと理解することができます。

このように人間社会において，組織は，複数の人を協力させることや社会的つながりを生み出すことによって，存在していると考えられます。

1.2 協働の必要性

先ほど，組織の存在意義の中で，複数の人が協力する点を述べましたが，この点を**協働**という観点から詳しくみていきます。複数の人が協力することが組織のメリットと述べましたが，協働のためには，いくつかの条件があります。

まず，協働の前提となる共通の目的が必要です。企業という組織であれば，利益を生み出すことが一番の目的になるでしょうし，ボランティア活動を行うNPOであれば，社会に貢献することがそうなります。家庭であれば，人のぬくもりや安らぎ，育児といったことが考えられます。こうした共通の目的を複数の人が共有することで，一緒に何かをやろうという気持ちが生まれてくるのです。そこに協働というしくみが発生し，組織の構築が始まると考えられます。

次に複数の人がいるという事実があげられます。組織という言葉から自明だといえますが，人は1人では組織をつくることはできません。どんなに立派で正しい目的があったとしても，それに共感して，一緒に活動をしてくれる他人の存在がなくては，組織は成立しないのです。

複数の人が特定の目的に向かって，協力して作業を行うことこそ，組織の存在意義であり，そうした協働という関係が組織と人間の関わりに関する諸問題を生み出すことになります。

1.3 分業のしくみ

複数の人が，共通の目的を持って協働関係を構築すると組織が成立することは述べました。それでは，具体的にどのように協働関係をつくり上げてい

るのでしょうか。たとえば，企業という組織を取り上げて説明します。

企業には，少なくても社長と社員がいます。歴史の浅い小規模な企業であれば，社長は創業者を兼ねており，企業そのものをつくり上げた人となります。社長がビジネスのアイデアを練り上げ，企業設立のための資金を出すことで，企業は生まれます。

社長1人でビジネスを運営することができれば，個人事業として企業は存在することになりますが，通常，1人だけでビジネスを行うことは困難です。営業活動で外回りをしている社長が，同時にオフィスでの電話応対を行うことは不可能です。したがって，企業には代表者である社長とビジネス活動を担う従業員が必要となります。営業，生産，顧客対応，経理などとさまざまな役割を担う必要がありますから，複数の社員が必要にもなります。

このように企業という組織を取り上げてみると，役割に応じて複数の人が必要だとわかります。こうしたしくみを**分業**ともいいます。企業という組織は，分業の積み重ねでつくられているとも考えられます。この分業の組み合わせを考えるのが社長の役割ともいえ，分業関係がうまくできているかどうかで，社員の協働関係がうまく機能するかも決まってくるのです。

1.4　人をどのようにとらえるか

次に組織を構成する人について考えてみます。組織に関する研究分野は，組織論と呼ばれています。組織論では，伝統的に人を，いくつかの**人間モデル**によってとらえています。ここでいう人間モデルとは，人がどのような価値観や行動規範を持っているかを意味しています。身の回りを見渡すとさまざまな人がいますが，人間モデルはさまざまなタイプの人を大まかにとらえるために「平均的な」人の考え方や行動パターンを取り出したものです。

具体的には，**経済人モデル**，**社会人モデル**，**意思決定人モデル**といった人間モデルがこれまで取り上げられてきました。経済人モデルは，簡単にいってしまえば，人はお金のために行動するものだという考え方です。社会人モデルは，人は社会的動物であり，他人との結びつきを求めているという考え

方です。意思決定人モデルは，人はさまざまな情報を獲得し，その結果を分析し，とるべき行動を決めるのだという考え方を意味しています。

たとえば，経済人モデルにたてば，組織と人との関わり合いは，金銭のやりとりを中心に考えることが適切になります。企業は，従業員に給与やボーナスという報酬を与える一方，従業員には見返りとして仕事をしてくれると期待しているのです。社会人モデルの場合は，給与やボーナスの提供よりも，職場の人間関係が従業員にとって重要な報酬になります。人間関係に配慮した職場づくりが企業に求められるのです。

以上のようにどの人間モデルを取り上げるかによって，組織と人との関わりを分析するアプローチが異なってきます。つまり，組織行動論を分析するうえで，人間モデルをどのように考えるかは非常に重要となります。どんな理論も前提としている人間モデルがあり，人間モデルが違えば，理論の有効性も変わってくると考えることが必要です。

1.5 組織と人間の適切な関係

これまでの説明で，「組織」と「人」について，本書がどのようにとらえているかはおおむね理解できたと思います。組織行動論では，組織と人の関わりに焦点を当てて，研究が積み重ねられてきました。それでは，このテキストでは，組織と人の関係について，どのようにとらえているのでしょうか。先に述べた人間モデルにも関わることになりますが，組織べったりでもない，かといって好き勝手でもない組織と人との関係を想定しています。

具体的にいえば，経済人モデルのような金銭的報酬のやりとりという契約関係として，組織と人の関わりをとらえるのでもなく，職場の人間関係に過度に重きを置く社会人モデルのように，感情的結びつきで組織と人の関わりを考えるのでもありません。人は組織とは独立した存在ですが，組織なしには自分自身の思い描くキャリアを歩んだり，社会との関わりを十分に持ったりすることはできません。したがって，さまざまな情報から自分の行動を自律的に判断するといった意味では，意思決定人を想定しています。また，組

織から期待される役割を果たすといった意味では，責任と義務を負った個人としてもとらえています。組織からの自律と組織への責任とのバランスをとり，組織の中で活躍する個人というのが，本書における理想的な組織と人との関係だと考えています。

2 組織行動論とは

2.1 組織における人間行動

　本書では，組織行動を，「組織における人間行動」ととらえています。組織行動という言葉から，「組織の行動」と誤解されることもありますが，そうではないことに注意してください。つまり，**組織行動論**は，組織という器の中で，活躍したり，もがいたり，悩んだり，ハッピーに過ごしたりする人の様子を研究の対象としている学問だと考えています。したがって，組織と人が存在する限り，組織行動が存在するといえます。つまり，そこに組織行動論も存在するのです。

　ところで，組織行動論を学ぶ理由は何でしょうか。組織にいる限り組織行動はついて回るのですが，それだけでは十分な理由とはなりません。もっと積極的に組織行動論を学ぶ理由を述べたいと思います。

　組織行動論は，まず，過去の人間の行動を理解することを助けます。人がなぜ，そのような行動をとったのかを説明する際に，組織行動論の知識が役に立つのです。また，過去の人間行動を説明するだけでなく，将来の人間行動を予測することも可能です。過去の行動を理解することで，将来，環境や条件が変わった場合に，どのような行動をとるのかを予測することができます。

　さらに，人間行動を変化させることができます。人の行動を誘導し，変化させることで，コントロールすることができます。コントロールという用語は，悪い意味にとらえられることもありますが，ここでは，組織にとって望

ましい，個人にとって望ましいという観点から，行動の変化を考えています。行動変化の結果，個人が不幸になるようなことは念頭にないのです。

このように組織における人間行動の理解，予測，統制を可能にすることが，組織行動論を学ぶ一番大きな理由となります。しかし，人の行動を理解，予測することは比較的簡単ですが，統制（つまりは変化させる）ことは容易ではないことにも注意が必要です。

2.2 組織行動論の成り立ち

組織行動論という言葉はいつ頃どのような形で生まれたのかについて，定まった見解は今のところありません。1959年，アメリカにおいて，ゴードン（Gordon, R.）とハウエル（Howell, J.）という2人の経済学者によって作成された報告書が一つの契機になっているとされています（二村［2004］）。この報告書では，経営大学院の教育が批判され，経営学教育における人間行動の重視が主張されています。以来，経営大学院において，心理学関係の講座が増えていき，組織と人に関する学問体系が確立していったと考えられています。

もちろん，それ以前の経営学においても，人に対する関心が全くなかったわけではありません。特にモチベーションの観点から，人の問題を扱った研究はありました。経営学の祖とも呼べるテイラー（Taylor, F.）は，**科学的管理法**という考え方を普及させましたが，彼は出来高によって，従業員のやる気を引き出そうとしました。その後，職場における人間関係が従業員のモチベーションや業績に影響を与えるという人間関係論も生まれました。さらに，アメリカの心理学者であるマズロー（Maslow, A.）は，人が**自己実現**などの高次の欲求を持っており，金銭的報酬や人間関係だけで，モチベーションを刺激することが困難であると提唱しました。

このように，組織行動論の展開は，組織だけでなく，人にも注目しようという経営学の動きと連動してきています。そうした意味で，経営学（特に組織論）と組織行動論は非常に近い存在です。しかし，組織ではなく，人の側

面に注目することは，心理学や社会学といった関連学問の知識を取り入れることになるので，現時点では経営学とは異なる学問体系でもあるのです。

2.3 認知という概念

　組織行動論は上述したように定義されています。組織と人の関わりを研究する学問という性格上，組織に関しては組織論の知識を，人に関しては心理学の知識を取り入れながら，発展しています。組織論の知識については，これまでの説明の中でも出ています。また，心理学の知識も以下の各章においてそれぞれ関連する専門用語なども出てくるのですが，ここでは，特に基本的な概念である「**認知**」を取り上げて，説明します。認知を取り上げるのは，これが組織行動論を研究するうえで，基本的な考え方となるだけでなく，心理学の知識を理解するためにも必須だと考えられるからです。

　認知という言葉は，広辞苑によれば，「事象について知ること，ないし知識を持つこと，広義には知覚を含めるが，狭義には感性に頼らずに推理・思考などに基づいて事象の高次の性質を知る過程」とされています。心理学では，対人認知，認知心理学といった言葉でも取り上げられています。つまり，認知とは，人が物事をとらえることであるといえます。

　ある光景をみた個人がその光景をどのように解釈し，理解するかのプロセスが認知ということになります。たとえば，販売員の業務報告をみた上司は，その成績が期待したほどではなかったので，「悪い成績」だと解釈します。この悪い成績という結論までの判断の過程が認知ということになります。また，別の上司が同じ業務報告をみたところ，あまり期待していなかったので，「それほど悪くない成績」だと判断することもあります。どちらの上司も，同じ部下からの業務報告という情報を認知した結果なのですが，結論は異なっています。このように認知は，客観的な事実とは別個の存在です。客観的な事実がどうあれ，その認知は1人ひとり異なっているからです。

2.4 組織行動論の今後と重要性

人間モデルとも関連していますが，自律した個人と組織の関わりは今後ますます重要になると考えられます。

たとえば，サービス経済化が進んでいることを取り上げれば，サービス業では人のマネジメントが製造業に比べるとより重要です。製造業とは異なり，オートメーションで商品を大量生産したり，あらかじめ在庫として抱えたりすることはサービスの提供では不可能です。また，機械が製造する商品の品質は一定ですが，サービスの提供は人の感情やモチベーションによって，変化することが一般的です。満足した販売員と不満を抱えた販売員では，お客に接する態度が変わってしまうことは容易に想像できます。このようにサービス経済化が人に対する関心をより高めているといえるでしょう。

また，近年，**プロフェッショナル化**が進んでいることも指摘できます。大学，さらには大学院へと進学する人が増えていますが，これは仕事の内容がより複雑で，高度な知識や技能を必要とするものへと変化していることと連動しています。企業においても，ゼネラリスト（何でもそこそこできるタイプ）よりも**プロフェッショナル**や**スペシャリスト**（ある分野では，非常にできるタイプ）を求める動きがあります。プロフェッショナル志向は，組織に従属するよりも，自律的に行動しようというものです。この点については，第16章で詳しく説明されますが，プロフェッショナル化によって，組織と人の関わりはより独立したものへと変化するでしょう。

さらに，人材の多様化です。多様化のことを**ダイバーシティ**と呼ぶこともあります。第15章で詳しく説明されますが，人にはさまざまな個性があります。年齢，性別，国籍といった属性の違いから，家庭環境，社会における役割といった社会的属性，価値観や趣味といった個性の違いが指摘できます。こうした違いについて，従来の企業組織はあまり寛容ではありませんでした。男性が家庭を支え，女性は育児に専念するという画一的な家庭の理想像を過度に強調してきたのです。人材不足が顕著になるとともに，今後は女性や高齢者，外国人を企業において活用する必要性が高まっています。そこでは，

従来の組織行動論が取り上げてきた人とは異なるタイプの人に関する知識が必要となります。くわえて変化の激しい経済社会では，課題解決における創造性の発揮やイノベーションの必要性が高まっています。そこでは，多様な人材を組織の中に統合するインクルージョンという考え方が重要となります。

こうした社会の変化を踏まえて，組織行動論は今まで以上に組織マネジメントにとって，重要な役割を果たすことになります。人の問題をきちんと扱わない限り，人材の活躍や発達が果たせないだけでなく，結果的に組織の発展も望めないからです。

3 本書の構成

このテキストは組織行動論全体を俯瞰するために以上のような16章構成となっています。第1章は組織行動論とはどのような領域なのかについて，概略を述べました。第2章では，組織行動論の基礎的領域であるモチベーションを説明します。

モチベーションとは何か，モチベーションの源泉は何か，モチベーションはどのように起こってくるのか，を代表的理論に触れながら説明します。

第3章では，組織コミットメントについて触れていきます。組織コミットメントは組織と個人の関係を表現する概念ですが，その性格はさまざまです。また，それらの関係を強くする要因，強いことがもたらす成果など，組織コミットメントの概念をもとに紹介していきます。

第4章では，組織の中で行われるさまざまな意思決定のありようについて，利害対立のなかでの合意形成という側面から考察しています。複数の人が存在する組織における合意形成は最も基礎的な組織行動であるともいえます。

第5章では，職業経験であるキャリアを組織と個人の双方からとらえ，両者の要求をすり合わせるためにはどのようなキャリア・マネジメントが必要かを考察しています。従来の企業主導で画一的なキャリアではなく，従業員主導で多様なキャリアの構築が必要になってきていることを指摘しています。

第6章では，組織内の職務に関連する多様な行動を，OCB（Organizational Citizenship Behavior：組織市民行動）という考え方をベースに説明していきます。具体的には，OCBとはどのようなものなのか，いかなるメリットやデメリットを組織にもたらすのか，組織ではいかにしてOCBが実践されているか，などについて説明します。

　第7章では，個人が組織との間で知覚するストレスが，個人の心理・身体・行動にどのような影響を与えるのかについて学習し，それらが組織の生産性や業績に対してどのような影響を与えるのかについて説明します。

　第8章では，チームにはどのようなタイプがあるのか，チームとして意思決定を行うとどのような結果が生じるのかについて説明しています。また，チームを成功に導くためにはどのような条件が必要になるかについても取り上げています。

　第9章では，リーダーシップを取り上げます。たとえば，よきリーダーになるにはどうしたらいいのでしょうか。何か特別な資質や能力が必要なのでしょうか，何か特別な行動パターンがあるのでしょうか。この章では，こうしたリーダーとリーダーシップに関する基本的な考え方を説明しています。

　第10章では，組織における知識やスキルの獲得がどのように行われているのかという課題について，組織学習という概念を用いて説明しています。知識社会とも言われる現代では，組織における知識の蓄積やその活用は重要となっています。

　第11章では，組織変革とは何か，そして，なぜ・どのように変革が行われるかについて説明しています。また，組織メンバーによる変革への抵抗に対処するための具体的な方法が論じられます。

　第12章では，組織文化とはどのようなものか，個人や組織に対してどのようなメリットやデメリットをもたらすものであるか，組織ごとに異なる文化をどのように把握することができるか，それをどのように管理し，組織成果に結びつけることが可能であるのかについて述べます。

　第13章では，従業員のモチベーションや満足，組織の生産性や業績に対して，公正の認知がどのような影響を与えるのかについて考え，従業員によ

る公正の認知の重要性について，説明します。

　第14章では，組織に新しく加入した人の行動を，組織社会化という概念を使い，説明します。新卒者が組織になじみ，だんだんと一人前になるまでの過程を説明しています。

　第15章では，組織が性別，人種などにおいて多様な人々から協働を引き出すために必要なマネジメント（ダイバーシティ・マネジメント）について取り上げ，ダイバーシティが注目される理由，多様性を高めることの是非に対する基本的なとらえ方，多様性が高まった場合の対応方法の選択肢，ダイバーシティ・マネジメントを行う際のポイントなどについて説明します。

　第16章では，プロフェッショナルを取り上げます。近年，企業経営では，より高度化・複雑化した業務に対応するために，プロフェッショナルのマネジメントが注目されています。プロフェッショナルとは何か，その特徴はどのようなものか，ということを理解することがこの章のねらいです。

　以上のように，第2〜7章は，組織の中での1人ひとりの心の動きや具体的な行動に関するトピックを取り上げています。これらのトピックは組織行動論の基礎的な理解のためには必要不可欠な知識を読者に提供することを目的として記述されています。次に，第8・9章はチームや集団といった複数の人の存在を前提として，1人ひとりの認知や行動が複数の人の存在によってどのように影響を受けるかについて記述されます。さらに，第10〜12章はチームや集団よりもさらに大きな組織全体に焦点を当てたトピックについて説明されます。つまり，個人，集団，組織へと組織行動論を学ぶレベルが変わっていくというイメージで構成されています。また，第13・14章では組織と個人との接点（インターフェース）に焦点を当てて，公正感や社会化といった近年わが国でも注目を集めるようになってきたトピックについて解説しています。最後に，第15・16章では日本企業という組織の中で今後ますます活躍が期待される専門的な人材，女性，高齢者といった新たなプレーヤーに焦点を当てたトピックが展開されます。

　個人，集団，組織という組織行動を分析する3つの異なるレベル・次元を

俯瞰すること，昨今のトレンドについても学習すること，今後拡大すると想定される新たなプレーヤーに関する組織行動に触れることを通じて，組織行動論に関するベーシックな知識を習得してほしいと願っています。

Working　　　　　　　　　　　　　　　　　　　　　調べてみよう

あなた自身が関わりを持つ組織をリストアップし，それらと自分自身との関わりの成り立ちやその強さや深さについて調べてみよう。

Discussion　　　　　　　　　　　　　　　　　　　　　議論しよう

あなた自身が関わりを持っている組織との関わり方をグループのメンバーと共有し，似ている部分と異なっている分を議論してみよう。特に異なっている部分がなぜ生じているのかについて議論を深めてみよう。

▶▶▶さらに学びたい人のために

- Hersey, P. B., & Blanchard, K. H. & Johnson, D.E. [1996] *Management of Organizational Behavior: utilizing human resources*, Prentice-Hall.（山本成二・山本あづさ訳 [2000]『入門から応用へ 行動科学の展開（新版）——人的資源の活用』生産性出版，2000 年）
- Robbins, S. P. [2005] *Essentials of organizational behavior*, Pearson.（髙木晴夫訳）『(新版) 組織行動のマネジメント——入門から実践へ』ダイヤモンド社，2009 年）

参考文献

- 二村敏子編 [2004]『現代ミクロ組織論』有斐閣。

第 2 章 モチベーション

Learning Points

- ▶企業組織では，しばしば従業員のやる気・意欲の問題が取りざたされます。それは企業以外の組織，たとえば大学のサークルやスポーツチームにおけるメンバーについても同様です。なぜ管理者やリーダーは，人のやる気に関心を寄せるのでしょうか。
- ▶人は，何によって動機づけられるのでしょうか。どのような心理的プロセスでやる気は生起するのでしょうか。
- ▶人のやる気を，どうすれば喚起できるのでしょうか。人間のやる気の問題について，研究者はこれまで，どのように考えてきたのでしょうか。

Key Words

動機づけ　欲求　内発的動機づけ　期待理論　誘意性

1 モチベーションとは

1.1 モチベーションとは

モチベーション（Motivation）とは，ひらたく言えば，人の「やる気」や「意欲」の心理学用語で，「ヒトはなぜその行動をするのか」を説明する概念です。**動機づけ**とも呼びます。またミッチェル（Mitchell, T. R.）のように，モチベーションを，人の行動の強度・行動の方向・行動の持続性という3側面から捉える立場もあります。

このモチベーションを企業組織のマネジメントの文脈で論じれば，それは仕事や役割を遂行する意欲，ワーク・モチベーションを意味することになります。人はなぜ働くのか，あるいは働こうとするモチベーションがどのよう

なメカニズムで生起していくのか，がモチベーション研究の主要なテーマです。

1.2 なぜモチベーションを考えるのか

　なぜ人のモチベーションを考える必要があるのでしょうか。それはモチベーションが，組織の成果とポジティブな因果関係を持つ基本的なインプットと考えられているからです。いくら能力の優れたメンバーが揃っていても，彼らが意欲を失い何もせずただそこにいるだけでは，組織として何も成果があがらないことは明白です。逆に，組織内の個々のメンバーが強い意欲を持ち，役割遂行に取り組めば，組織としてはより多くの努力・貢献を得ることができますから，それを活用してより高いレベルの目標達成が期待できます。

　人のモチベーションにまつわる因果関係が明らかにされれば，組織内のメンバーの意欲を向上させるような適切なしくみ（人事制度）が設計可能となります。結果として，組織の成果の向上が期待できます。モチベーションを議論する理由は，究極的にはこの点に求められます。

　ところで，モチベーションに関するこれまでの理論は，大きく2つの流れがあると考えられてきました。1つは「人が何によって動機づけられるのか（欲求・動機の内容）」で，もう1つは「人はどのように動機づけられるのか（やる気が起こるプロセス）」です。前者はモチベーションの内容理論（content theory）と呼ばれ，人を行動に動機づけていく要因そのものを明らかにしようとするものです。後者は過程理論（process theory）と呼ばれ，人にモチベーションが湧き起こってくる心理的メカニズムを説明しようとするものです。

　次節以降では，2つの流れそれぞれについて，代表的な研究を紹介します。

2 何によって動機づけられるか

2.1 欲求階層説とE.R.G.モデル

2.1.1 欲求階層説

　まず，人が何によって動機づけられるか，すなわち内容理論についてみてみましょう。内容理論には2つの系譜があるといわれています。そのうちの1つの代表的なものは，マレー（Murray, A. H.）の研究です。マレーは，人間は何らかの**欲求**を持ち，人間の行動はそういった欲求を満足させるプロセスと考え，人間が持ついくつかの欲求を列挙しました。それは「欲求リスト」と呼ばれ，実に30もの多種多様な欲求を仮定しています（欲求の詳細は，二村［1982］，50頁や坂下［1985］，12頁を参照して下さい）。ただしそのような欲求の列挙は，欲求間の関連性が明確でないばかりか，多すぎてわかりにくいという問題を残しています。

　内容理論のもう1つの代表的研究は，マズロー（Maslow, A. H.）の**欲求階層説**（Need Hierarchy Theory）です。欲求階層説の特徴は，人の欲求にはいくつかのタイプがあり，それらが階層をなしていることを示した点です。具体的には，人には5つのタイプの欲求があって，それらは相対的優勢度により階層をなしています。人の行動は，欲求を満足させるためのものであり，通常その行動は欲求の優勢度の順に起こる，としています。彼のあげた欲求を，順に説明してみましょう。

　第1は，「生理的欲求（physiological）」です。それは，食事をとりたいとか何かを飲みたいとか眠りたいという欲求，すなわち原始的な生物としての人間の生命維持本能といえます。衣食住などに必要な金銭を獲得するための経済的欲求も含まれます。

　第2は「安全欲求（safety）」です。それは，命を危険にさらさずに平穏に生活していきたいという欲求を意味します。所属組織の安定や終身雇用へ

の期待，保険等への加入は，安全欲求の表れです。

　第3は「所属と愛の欲求（belongingness）」です。それは，家族・地域社会・職場などに所属し，そこで他の人と良好な関係を保ち仲良くしたい，誰かから愛されたいという欲求です。社会的欲求（social）とも呼ばれています。

　第4は「自尊欲求（esteem）」です。それは，他人から尊敬され，自分の存在を承認・評価してもらいたいという欲求です。典型的には，周囲から高く評価されたい，組織で昇進し地位を得たいという願望が考えられます。

　そして最後は「**自己実現欲求**（self-actualization）」です。それは，自分自身で何かを成し遂げたい，なりたい自分になりたい，という欲求です。

　欲求階層説をさらに詳細に説明してみましょう。マズローは，人は優勢度の高い欲求から順番に充足しようとする，と考えています。人は，まず生理的欲求を満たそうと行動します。ただ，永遠に生理的欲求ばかりを満たし続けるのではありません。それが比較的よく満たされれば生理的欲求の重要性は小さくなり，次第に安全欲求が喚起されます。以降も同様です。シンプルにまとめれば，欲求の出現→欲求充足の行動→欲求の満足→当該欲求の重要性減少→高次の欲求出現，という経過をたどります。その際，特定のレベルの欲求を飛び越えることは想定されていません。生理的欲求が満たされたからといって，いきなり，自尊欲求が喚起されるとは考えないのです。

　次に，特定の欲求が満たされないからといって，下位の欲求を満たすよう充足行動を変化させることもありません。欲求の不可逆性です。周囲となかなかうまく人間関係を構築できないという人が，安全欲求を満たそうと後戻りするような行動はとらない，と考えるのです。

2.1.2　自己実現欲求の特性

　さらに，自己実現欲求に関しては，他の4つの欲求とは異なって，いくら充足しても満足することはない，という性質があります。生理的欲求から自尊欲求までは，"足りないから満たす"という性質のものであって，満たされれば消滅する欲求です。それに対し自己実現欲求は，"足りないから満た

す"という性質を超越しています。それは"自分の理想像"という到達点のない境地に向かって成長していくという欲求です。ある理想像を設定し，それへ自分を一致させることをさしあたり実現したとしても，人はさらに高水準（または別）の理想像を持つようになります。そして再びそこに到達すべく次の行動が始まります。生理的欲求から自尊欲求までを欠乏欲求（欠乏を意味する Deficiency の頭文字をとって D 欲求ともいう）と呼ぶのに対して，自己実現欲求は自分という人間の存在そのものに関わる欲求なので存在欲求（存在を意味する Being の頭文字をとって B 欲求，あるいは成長欲求ともいう）と呼ばれています。

　自己実現欲求とその他の欲求の違いを，充足されるまでの時間幅で考えましょう。欠乏欲求が比較的短い時間・期間で充足しうるものなのに対し，自己実現欲求は生涯をかけて充足・追求していくものです。その意味で自己実現欲求は，厳密には動機づけの問題ではなく，生涯にまたがる成長・発達の問題であるという指摘があります。また，どういう状態であれば人は自己実現しているのか，という操作的定義が困難である点も他の欲求との大きな差異です。事実マズローも，著書の中で箇条書き的に多彩な自己実現の状態を記述しているにすぎません。自己実現欲求は，他と比べてひときわ性質が異なるのです。

　欲求の階層性，およびあるレベルの欲求の満足が次のレベルの欲求を喚起するのか，という点は，今のところ実証されていません。しかしシンプルかつ大胆な欲求階層説の発想は，今もなお多くの人々に親しまれています。

2.1.3　欲求階層説の修正―E.R.G.モデル―

　さて，欲求階層説は，大胆な仮説設定と「自己実現」という言葉から発せられる不思議な魅力により大きな反響を巻き起こしました。その反面，欲求階層説の妥当性を証明する研究結果はなかなか出現しませんでした。そのような状況の中，欲求階層説を修正するモデルとして，アルダーファー（Alderfer, C. P.）は **E.R.G. モデル**を提示しました。

　アルダーファーは，マズローの5つの欲求区分があいまいであることを指

図表 2 − 1 ▶▶▶ マズローとアルダーファーの欲求分類の対比

マズローの分類	アルダーファーの分類
生理的欲求	生存の欲求
安全欲求（物的）	
安全欲求（対人的）	人間関係の欲求
所属と愛の欲求	
自尊欲求（対人的）	
自尊欲求（自己確認的）	成長の欲求
自己実現欲求	

出所：Alderfer [1972], p.25 をもとに筆者作成。

摘し，分類の再構成・簡略化を試み，以下の3つの欲求を提示しました。

　第1は「生存の欲求（Existence）」です。これは，飢えや渇きを癒したいという生理学的欲求，お金や物を手に入れたいという経済的欲求です。

　第2は「人間関係の欲求（Relatedness）」です。これは，家族・所属組織のメンバー，友人などといった他人との関係に対する欲求です。

　最後が「成長の欲求（Growth）」です。これは，自分の能力を最大限に発揮して人間らしく生きたいという欲求です。

　E.R.G. モデルという呼称は，これら3つの欲求の頭文字に由来しています。

　マズローの欲求の分類とアルダーファーの欲求の分類を対比すると，**図表2−1**のようになります。

　E.R.G. モデルは，あるレベルの欲求が満たされていけばより上位の欲求を充足するようになる，という点で欲求階層説の考え方を踏襲します。生存の欲求が満たされていけば人間関係の欲求が喚起され，人間関係の欲求が満たされていけば成長の欲求が喚起される，というのです。

　ただし欲求階層説との相違点として，あるレベルの欲求がうまく満たされない場合，下位の欲求が強まるという「欲求の逆行・移動」を認める点を指摘することができます。つまり，成長の欲求が満たされないときは人間関係の欲求が，人間関係の欲求が満たされないときは生存の欲求が強まる，というように一種の退行現象が生じると考えています。さらに，アルダーファー

は複数の欲求が同時に喚起される可能性も認めています。生存の欲求を満たしながら同時に人間関係の欲求をも満たそうとする行動もありうる、と考えるのです。

2.2 動機づけ－衛生理論

　動機づけ－衛生理論（motivation-hygiene theory）とは、ハーズバーグ（Herzberg, F.）によって提唱されたモチベーション理論です。ハーズバーグは、特殊なインタビュー方法（臨界事象法と呼ばれている）を駆使し、人が際立って満足を感じた出来事、際立って不満足を感じた出来事にある程度の共通点があることを発見しました。

　満足を感じたという出来事の話には、「達成」、「承認」、「仕事そのもの」、「責任」、「昇進」が頻出しました。逆に、不満足を感じたという出来事の話には、「会社の政策と経営」、「監督」、「給与」、「対人関係」、「作業条件」などが頻出しました。このことから、人に満足を感じさせる要因と不満足を感じさせる要因は別のもの、ということが明らかになりました。ハーズバーグは、前者の満足感に作用する要因を動機づけ要因（ないし満足要因）と呼び、後者の不満足感に作用する要因を衛生要因（ないし不満足要因）と呼びました。

　さらにハーズバーグは、動機づけ要因と衛生要因を、相互に独立のものと考えました。満足の対極は、不満足ではなく満足なし（没満足）で、不満足の対極は、満足ではなく不満足なし（没不満足）としました。動機づけ要因の欠如は、不満足には作用しません。衛生要因の充足は、せいぜい不満足解消には役立ちますが、満足を高める方向には作用しません。満足かつ不満足という状況や、満足していないが不満足でもないという状況も、可能性としてありうるのです。

　動機づけ－衛生理論の特徴は、満足に作用する要因と不満足に作用する要因を独立のものととらえたことですが、特に注意が必要なのが、「給与」が衛生要因に含まれていることです。直感的に考えれば、あるいは日常の感覚

からすれば，金銭的報酬は満足に影響するようにも思えます。ハーズバーグが，金銭的報酬は不満足解消しかならないと主張する点は重要かつ吟味が必要です。そして「達成」，「承認」，「仕事そのもの」，「責任」が動機づけ要因に含まれていることも見逃せません。退屈でつまらない仕事を与えていては，人は満足しないのです。

2.3 内発的動機づけ

内容理論の最後に，**内発的動機づけ**（intrinsic motivation）に触れておきましょう。これは人から与えられるご褒美（外的報酬）によってではなく，自分自身の内面から湧きあがる意欲や関心に基づいたモチベーションです。

子供の頃，誰に勧められるでもないのに，ゲーム・スポーツ等に熱中した経験はないでしょうか。大人になってからでも，実際に賞金がもらえるはずもないのに，テレビの前でクイズ番組の問題を懸命に解答してしまったという経験はないでしょうか。行動の結果から得られる報酬とは無関係に，何かに没頭した，という経験は誰もが身に覚えがあるのではないでしょうか。これこそ，内発的動機づけに突き動かされた行動と考えられています。

デシ（Deci, E. L.）によれば，内発的動機づけには，有能感（competence）と自己決定（self-determination）の感覚が強く関わっています。有能感とは，人が職務環境との相互作用において効果的だと感じることです。また自己決定とは，自分が原因となる因果律の実感，つまり自分自身で計画立案・実行・目的達成等ができていると感じることです。

内発的動機づけと対をなす概念は，**外発的動機づけ**（extrinsic motivation）です。お駄賃など，外側から与えられるものによる動機づけです。達成できないときにペナルティが課される宿題や，お小遣い稼ぎのアルバイトがその典型です（ただし，先にあげたゲーム・スポーツ等の行為でも，職業としてそれを生計の手段としている人ならば，外発的に動機づけられている部分はもはや小さくないでしょう）。

さて，内発的動機づけの議論の中では，しばしば，金銭的報酬が否定的に

扱われます。自分の興味・関心に突き動かされ自ら行動していることに金銭的報酬が絡んでくると，すすんで楽しんでやっていたことが，他者から強制された"仕事"のように感じられるようになって，報酬の代わりに苦痛を引き受けるという感覚が芽生える，と考えられるからです。金銭的報酬が内発的動機づけを低めてしまうことは，「**アンダーマイニング**（undermining）**効果**」と呼ばれています。内発的動機づけを議論するとき，金銭的報酬の取り扱いには細心の注意が必要といえます。

その一方で，褒め言葉のような無形の言語報酬が，内発的動機づけを強化するという「エンハンシング（enhancing）効果」を示す実証研究もあります。このように内発的動機づけには，人から与えられるご褒美が逆効果あるいは無関係，と言い切れない部分があることに留意しなければなりません。

3 どのように動機づけられるか

3.1 期待理論

この節では，人がどのように動機づけられるのかというモチベーションが生起していく心理的プロセス，すなわち過程理論についてみてみましょう。

過程理論でも，2つの系譜があるといわれています。そのうちの1つが，アダムス（Adams, J. S.）を代表とする衡平理論（equity theory）です。衡平理論は第13章「組織的公正」において取り上げられますので，この節では，もう1つの系譜の代表である**期待理論**（expectancy theory）について説明しましょう。

期待理論を最も早い時期に定式化したのが，ブルーム（Vroom, V. H.）です。多くの研究者がブルームの研究を基礎として理論の洗練化・緻密化を進めたといわれています。

期待理論の要点は，「人の行動は，その行動がご褒美をもたらす見込みと，そのご褒美がどれほど魅力的なのかによって規定される」ということです。

ブルームによれば，ある行動への「意欲（Force：F）」は，その行動を起こせば何らかの仕事成果が出るであろうという見込み，すなわち「期待（Expectancy：E）」と，その行動の結果の「魅力」の積（かけ算）で表されます。その「魅力」は，仕事成果がもたらす多様なご褒美（報酬）の魅力度，すなわち「誘意性（Valence：V）」と，仕事成果がご褒美をもたらすのにどれだけ役に立つかという見込みの積に分解されます。この見込みは，仕事成果が報酬を生み出す手段になるかどうかの見込みなので，「**道具性**（Instrumentality：I）」と呼ばれています。したがって，ある行動への動機づけの強さは，

$$F = E \times I \times V$$

で表されます。結果が複数あれば，以下のようになります。

$$F = E \times \Sigma (I \times V)$$

　ちなみに「期待」と「道具性」は，人がどの程度ありそうかと見込む主観的な"確率"ですから，0～1.0の間の値をとります。誘意性に関しては，金銭的報酬のように数値で表現可能なものやそうでないもの，昇進・称賛など人に都合の良いものから，ねたみなど都合の悪いもの，そのどちらでもないものまでありますから，便宜上，－1.0～1.0の間（ゼロも含む）の値をとることにします。このようにして，モチベーションの強さを算定できるのです。
　ここでポイントになるのは，モチベーションが，期待・道具性・誘意性の積（かけ算）で表されていることです。どれか1つでもゼロになってしまえば，行動を起こす意欲はなくなってしまうということです。
　その後，基本的にはブルームを踏襲しながらも，期待や道具性の認知に影響を与えるフィードバック・ループをつけ加えるといった理論の精緻化が進みました。"前の経験"が，"次の機会"に与える影響を組み込み，より現実に即した理論へと発展しました。

3.2 職務特性理論

前節の動機づけ−衛生理論や内発的動機づけの理論から明らかなように，人は，他人からもらう"ご褒美"的な報酬のみに動機づけられるのではなく，仕事そのものが面白いということからも強く動機づけられます。仕事が持つ動機的効果に着目した**職務特性理論**（Job Characteristics Model）にも触れておきましょう。

職務特性理論とは，組織の中の特定の職務（人が担当する一連の意味のあるひとまとまりの作業のこと）の「どのような側面」が，「どのような過程を経て」，人の仕事意欲（ここでは内発的動機づけ）をもたらすのかを明らかにしようとした理論です。簡潔にいえば，「やる気の出る面白い仕事とは何か？」を追求する理論です。一般的に職務特性理論は，職務拡大や職務充実などのジョブ・デザイン（職務設計）の基礎理論ないし職務満足の理論と理解されていますが，内発的動機づけのみという限定があるにしろモチベーションが生起するプロセスを考察の対象としていますので，過程理論の一種と考えられています。

ハックマンとオールダム（Hackman, J. R. & Oldham, G. R.）は，以下の5つの条件（中核的職務次元）をより多く備えた仕事ほど，人の内発的動機づけが高まるとしました。

第1は，「技能多様性（skill variety : V）」です。これは，職務の遂行にどの程度多様な技能や能力が要求されるか，の度合いです。第2は，「タスク完結性（task identity : I）」です。これは，まとまった一連の仕事にどの程度関与できるか，の度合いです。第3は，「タスク重要性（task significance : S）」です。これは，自分の職務が周りの人にどの程度影響を与えるか，の度合いです。第4は，「自律性（autonomy : A）」です。これは，仕事の計画や作業遂行の手続き決定における自由裁量の程度です。第5は，「職務自体からのフィードバック（feedback from the job itself : F）」です。これは，職務の遂行を通じて自分の仕事の出来栄えがわかる程度です。

これら5つの次元は，3つの認知的心理状態をもたらします。技能多様性，

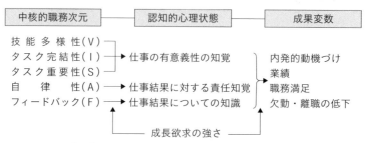

図表2-2 ▶▶▶ 職務特性モデル

出所：Hackman & Oldham [1980], p.90をもとに筆者作成。

タスク完結性，タスク重要性の3つは，"足し算"的に作用して「仕事の有意義性の知覚」をもたらします。また自律性は「仕事結果に対する個人的責任の知覚」をもたらし，同様にフィードバックは「仕事結果についての知識」をもたらします。そしてこれら3つが"かけ算"的に作用し，「高い内発的動機づけ」（および「高い職務満足」，「業績の向上」，「欠勤率・離職率の低下」）という成果をもたらすのです。ただしこれらの因果関係は，「個人の成長欲求の強さ」という要因次第で変化します（**図表2-2**）。

また，ハックマンとオールダムは，特定の職務が内発的モチベーションをもたらす度合いを示す指標として，**MPS**（Motivating Potential Score，潜在的に人を動機づける程度）を提示しました。それは，先述した中核的職務次元で以下のような算定を行います。

$$\text{MPS} = [(V + I + S) \div 3] \times A \times F$$

このMPSの高い職務ほど，高い内発的モチベーション・業績・満足などをもたらす，と考えます。高MPS職務を，成長欲求の強い人が担当すれば，それはより高いモチベーションにつながります。しかし成長欲求の弱い人が高MPS職務を担当すれば，それはつらさ・困難さ・プレッシャーをもたらし，時にはその人を離職等に追い込んでしまうかもしれません。

4 多様なモチベーション理論とそのとらえ方

4.1 過程理論の多様性

　前述の通り，期待理論では，行動によってご褒美が得られそうな見込みが高いとき，人の行動への動機づけが高くなると説明します。そのような考え方は，もちろん納得的ですが，その期待理論と異なる主張をする過程理論も，実は存在します。以下で，2つのモチベーションの過程理論を紹介します。

　たとえば，アトキンソン（Atkinson, J. W.）の**達成動機づけ理論**（achievement motive theory）では，高い達成意欲を持つ人という限定がつきますが，仕事を成し遂げられそうな見込みが中程度のときに，最も高いモチベーションを感じるだろうとしています。期待理論は，確実に達成可能な事柄（成果を挙げられる期待が高い仕事）で動機づけの強度が高まるとの想定を置くのに対し，達成動機づけ理論では職務遂行の期待が五分五分のときに最も動機づけられると考えます。五分五分より高くなっても低くなっても，達成の期待は下がっていくとします。達成動機づけ理論は，期待理論から派生した過程理論の1つなのですが，そこから得られる含意は，期待理論のそれとはずいぶん異なります。

　また，ロックとレイサム（Locke, E. A. & Latham, G. P.）を嚆矢とした**目標設定理論**（goal setting theory）は，設定する目標のあり方が人のモチベーションや成果に影響すると主張します。目標設定理論の諸説を検討すれば，人のモチベーションに作用する以下の4つの要素が重要だとしています。

　第1が，目標の困難度（goal difficulty）です。これは容易に達成可能な低水準の目標よりも，高く困難な目標のほうがモチベーションを引き出すのに役立つということです。第2に，目標の具体性（goal specificity）です。「最善を！」というような漠然とした目標設定では，人は，雲をつかむような気持ちで仕事せざるを得ません。何を，どのように，どの程度取り組めばよいのかを具体的に明確化することで，人のやる気は喚起されるのです。第3が，

目標の受容（goal acceptance）ないしは目標へのコミットメント（goal commitment）です。目標が上司などから一方的に降ってくるような状況で，人は，真の使命感を持って目標達成に邁進できないかもしれません。しかしながら自分のものとして目標を受け入れられる場合，人は高い当事者意識を持って努力・没頭できるかもしれません。第4が，フィードバック（feedback）です。仕事プロセスにおいて，自分の仕事の進捗や出来栄えを理解することができれば，いっそう高いモチベーションを持って取り組めるということです。

　つまり，具体的かつ受容的なものならば，仕事目標のレベルや困難度は高い方が動機づけ・成果を高めるということです。もちろん，達成不能なほど高すぎる困難度の目標は，極端な例外として，理論の説明からは除外されます。この目標設定理論のあらましからわかるように，期待理論や達成動機づけ理論と，明らかに理論上の主張・得られる含意が異なります。

4.2　理論とどう向き合うか

　このように同じワーク・モチベーションを説明する過程理論でも，その主張が大きく異なることがわかります。繰り返しますが，期待理論では，遂行・達成が確実な事柄に対しては動機づけの強度が高まると考えているようです。達成動機づけ理論では，達成の見込みが五分五分という適度なチャレンジが，動機づけの観点からは望ましい状況とみなします。目標設定理論では，困難な目標が人のやる気を喚起すると想定します。

　異なる主張を展開する理論が並存することは，学ぶ側に混乱をもたらしそうです。しかし，どれかの理論が正しく，どれかが誤っているという問題ではないかもしれません。これは，それぞれの理論提唱者の人間のとらえ方（＝**人間モデル**）に関する見識の相違に由来しているかもしれません。ですから，自分が組織の中の人間をどのようにとらえているのかという実務家としての持論によって，しっくりくる（腑に落ちる）理論は違ってくるかもしれません。また自分が組織をマネジメントする立場になったとき，組織が定

めたポリシー・望ましい人材像によって依拠すべき理論が変わってくるかもしれません。

時と場合によって妥当な理論が変動するというのは"科学"的でないと不安になってきそうですが、それだけ、人のモチベーションというのは複雑でとらえどころのないものなのかもしれません。そしてそのモチベーションを促進するような施策を設計・運用するのも、大変な仕事だということです。

Working　　　　　　　　　　　　　　　　　　　　　調べてみよう

本テキストで紹介したもの以外に、ワーク・モチベーションに関する研究・理論は膨大に存在しています。自分で興味あるワーク・モチベーション理論を1つ取り上げ、その概要をまとめてみましょう。

Discussion　　　　　　　　　　　　　　　　　　　　議論しよう

近年、「自己実現」「内発的動機づけ」による動機づけをリスクと認識する研究者・実務家が登場しています。なぜ問題といえるのでしょうか。そのような考え方が生まれてきた社会的背景とは、どのようなものでしょうか。

▶▶▶さらに学びたい人のために
- 原口俊道［1995］『動機づけ―衛生理論の国際比較』同文舘出版。
- 金井壽宏［2006］『働くみんなのモティベーション論』NTT出版。
- 鹿毛雅治編著［2012］『モティベーションをまなぶ12の理論　ゼロからわかる「やる気の心理学」入門！』金剛出版。

参考文献

- 伊丹敬之・沼上幹・伊藤邦雄・小川英治［2002］『一橋ビジネススクール「知的武装講座」』プレジデント社。
- 金井壽宏［1982］「職務再設計の動機的効果についての組織論的考察」『研究年報 XXVIII』神戸大学経営学部，103-245 頁。
- 金井壽宏［1999］『経営組織』日本経済新聞出版社。
- 坂下昭宣［1985］『組織行動研究』白桃書房。
- 須田敏子［2018］『組織行動　理論と実践』NTT 出版。
- 田尾雅夫［1999］『組織の心理学（新版）』有斐閣。
- 二村敏子編著［1982］『現代経営学⑤　組織の中の人間行動　組織行動論のすすめ』有斐閣。
- Alderfer, C. P.［1972］*Existence, relation, and growth: human needs in organizational settings*, Free Press.
- Atkinson, J. W. & Birch, D.［1978］*An Introduction to Motivation (2nd ed)*. Van Nostrand.
- Deci, E. L.［1975］*Intrinsic motivation*, Plenum Press.（安藤延男・石田梅男訳『内発的動機づけ―実験社会心理学的アプローチ』誠信書房，1980 年）
- Hackman, J. R. & Oldham, G. R.［1980］*Work redesign*, Addison-Wesley.
- Hertzberg, F.［1966］*Work and the nature of man*, World.（北野利信訳『仕事と人間性動機づけ―衛生理論の新展開』東洋経済新報社，1968 年）
- Locke, E. A. & Latham, G. P.［1984］*Goal Setting: A motivational technique that works*, Prentice-Hall.（松井賚夫・角山剛訳『目標が人を動かす―効果的な意欲づけの技法』ダイヤモンド社，1984 年）
- Maslow, A. H.［1954］*Motivation and personality*, Harper & Row.（小口忠彦訳『（改訂新版）人間性の心理学』産能大学出版部，1987 年）
- McClelland, D. C.［1987］*Human motivation*, Cambridge University Press.（梅津祐良・横山哲夫・薗部明史訳『モチベーション―「達成・パワー・親和・回避」動機の理論と実際』生産性出版，2005 年）
- Mitchell, T. R.［1997］Matching motivational strategies with organizational contexts. *Research in organizational behavior*, Vol.19, pp.57-149.
- Vroom, V. H.［1964］*Work and motivation*, Wiley.（坂下昭宣・榊原清則・小松陽一・城戸康彰訳『仕事とモティベーション』千倉書房，1982 年）

第3章 組織コミットメント

Learning Points

▶ 離職や転職につながる組織に対する態度を組織コミットメントといい，組織コミットメントには情緒的コミットメント，功利的コミットメント，規範的コミットメントの3つのタイプがあります。

▶ 組織コミットメントが強いことは離職や転職を減らすだけではなく，さまざまな行動につながると考えられ，特に情緒的なコミットメントは組織にポジティブな成果をもたらすことが多いとされています。

▶ 伝統的な日本企業の雇用慣行の特徴は，情緒的コミットメントと功利的コミットメントが高まるような効果があったと考えることができます。

Key Words

情緒的コミットメント　功利的コミットメント　規範的コミットメント
見えざる出資　企業特殊スキル　離職

1　組織コミットメントとは

　組織コミットメントとは，一般に組織と個人の関係を規定する概念ということができます。仕事上の付き合いや家族や親友のような付き合いといったように，人間関係にもいろいろありますが，同じように組織と個人の関係，組織コミットメントにもいくつかの形があります。

　これまでの組織コミットメントの研究は多岐にわたっていて，ひと口に組織コミットメントと言っても，その意味するところは研究者によってさまざまです。それは，組織コミットメントの研究が，社会学や社会心理学といった異なる学問領域によってそれぞれ議論されてきたこと，コミットメントという言葉自体が日常でも用いられる言葉であること，が理由としてあげられ

図表3-1 ▶▶▶組織コミットメントの3つの側面

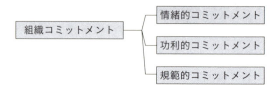

ます。しかし多様に広がってはいるものの，組織コミットメントの概念は**情緒的コミットメント**，**功利的コミットメント**，そして**規範的コミットメント**の3つに集約できます（図表3-1）。

1.1 情緒的コミットメント

　情緒的コミットメントは，その組織に居続けたいと思うから，その組織に居続けるという側面を描写したコミットメントです。たとえば，この会社や仲間が好きだからこの会社に居続けたいというのは情緒的コミットメントの側面です。この情緒的コミットメントは，さらに2つの側面があります。それは**同一化**と**愛着**の側面です。同一化は組織の目標や価値観と自分自身の価値観が同一である程度であり，たとえば，組織で起こる問題が自分の問題であるかのように感じるというような態度を描写したものです。より日常の言葉で言えば，一体感と言い換えてもよいでしょう。一方，愛着は，組織の仲間や職場それ自体が好きである程度であって，たとえば，この組織のメンバーであることを誇りに思う，というような組織に対する好意的な態度を描写したものです。

1.2 功利的コミットメント

　功利的コミットメントは，その組織に居続ける必要があるために，その組織に居続けるという側面を描写したコミットメントです。たとえば，この会社を辞めると生活ができないからこの会社に居続けるというのは功利的コ

ミットメントの側面によるものです。情緒的コミットメントと同じようにこの功利的コミットメントにも2つの側面があります。

1つは，コミットメントに対する対価があるから組織にコミットするといった単純な交換関係によるものです。たとえば，この会社に毎月給料をもらっているから，その分仕事をしようと考えるようなケースです。

もう1つは，これまで投資した価値の結果，この組織を離れることができないといった側面を描写したものです。ここで投資されるものとは，単純に金銭などの物質的なものに限らず，これまでに投入した努力や時間といったエネルギーも含まれます。たとえば，今会社を辞めると，これまで苦労して身につけてきたいろいろな仕事のための技能やスキルが全部ゼロになってしまう。だから，この会社に居続けたいと思うというように，過去に投資してきたエネルギーがコミットメントをやめることによって，無価値になるとき，人はコミットすると考えるのがもう1つの功利的コミットメントの側面です。

1.3 規範的コミットメント

規範的コミットメントは，その組織に居続けるべきだと考えるからその組織に居続けるという側面を描写したコミットメントです。たとえば，ある程度長くいた会社に育ててもらったというような恩を感じている場合，会社を移るべきではないと考えるために組織に居続けるようなケースです。このような規範的なコミットメントは価値に依存することから，国や文化によって違いがあることが指摘されています。

組織コミットメントの研究では，主に情緒的コミットメントと功利的コミットメントのどちらかを組織コミットメントととらえて研究を進めてきました。しかしながら，近年では規範的コミットメントを加え，すべてを組織コミットメントとしてとらえ，3つの種類の組織コミットメントが存在すると考えるようになってきています。また，他の2つのコミットメントに比べて情緒的コミットメントはのちに述べるように前向きな仕事や組織への態度をもたらすことから，組織にとってより良い態度ととらえられ，マネジメン

トにおいてより重要なコミットメントとして扱われています。

2 組織コミットメントが強いことの意味

では、組織メンバーの組織へのコミットメントが強いことは何をもたらすのでしょうか。別の問いでいえば、組織メンバーの組織へのコミットメントが強いことは組織にとってよいことなのでしょうか。

まず、情緒的・功利的・規範的コミットメントに関係なく、組織コミットメントの強い人は組織を離れようという意思が低いことがあげられます。企業にとって、離職する従業員が少ないことは、安定した労働力を確保できること、キャリアが浅い従業員に企業が費やした教育のコストが将来に返ってくるといった点から、プラスになると考えられます。また、情緒的コミットメントが強い人は、組織の価値観を受容した人といえるので、仕事を進めるときに企業の理念や価値観に準じた行動を自然ととってくれます。さらにそのような従業員が多いことは、従業員同士のやりとりがスムーズになり、組織の効率性が高まるといえます。そもそも自分の所属している組織に誇りを持っている人が多いということは、職場の雰囲気によい影響を与えるでしょう。さらには、情緒的コミットメントが強い人は、たとえば、忙しい人の仕事を手伝ったり、残業をしたりといった、組織に対してより積極的な行動をとろうとします。このようなことから、従業員のコミットメントが高いこと、特に情緒的コミットメントが高いことは、組織にとってもメリットがあると考えられ、情緒的コミットメントを高めるようなマネジメントが重要視されてきました。

3 組織コミットメントに影響を与える要因

企業組織にとって、組織へのコミットメント（特に情緒的コミットメン

図表3-2 ▶▶▶ 組織コミットメントの先行要因

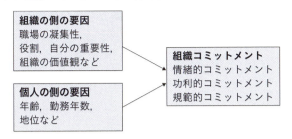

ト)を高めることは，**離職率**や**欠勤率**，仕事への努力投入量の増加といった側面に影響を与えるため，従業員のモチベーションとともに企業組織にとって重要なファクターとしてとらえられてきました。また，単に組織に長く居続けることがそのまま組織コミットメントに影響すると考えるだけでなく，さまざまな要因が組織コミットメントに影響を与えることがわかってきました。ここでは，組織の側の要因と個人の側の要因に分けてこの組織コミットメントに影響を与える要因を説明していくことにします（図表3-2）。

3.1　組織側の要因

　組織の側の主な要因としては，職務や役割の状況があげられます。一般には，仕事が高度で責任の重い仕事をしていると感じている人ほど，情緒的コミットメントが高いことが示されています。また，**職場の凝集性**が高いほど，そこにいるメンバーの情緒的コミットメントが高いことが示されています。凝集性とは，職場や組織のメンバー同士の団結力や一体感を意味します。一方，**役割**に関しては，役割があいまいであったり，複数の役割の間にコンフリクト（対立）がある状況であったり，役割そのものが過剰であったりする状況は，メンバーの情緒的コミットメントを低くしてしまうことが示されています。

　また，一般的に組織の中での自分の居場所や居心地がよいと感じると，その組織に対する情緒的なコミットメントが強くなることが示されています。

責任のある仕事を任されるということは，組織の中での自分の存在意義がはっきりと示されているといえますし，**組織から自分の重要性**が示されているともいえます。反対に，役割があいまいであったり，役割の間にコンフリクトがあったりなど，役割に不満があるということは，組織の中で自分の存在がはっきりしないということでもあります。職場や組織の中できちんとした自分の役割や存在意義が見出せること，そしてそれを組織から明確に示されていること，これが組織への情緒的なコミットメントを強くする要因であるといえます。

これらのことからは，組織が従業員を大事にするようなマネジメントは情緒的コミットメントを高めることが示唆されます。従業員の福利厚生を手厚くしたり，従業員の教育や能力開発に投資をしたりするなど人材を重視したさまざまな施策は，従業員を大事にすることにつながることから，情緒的コミットメントを高め，有能な人材が組織に居続け貢献することを通じて，業績に良い影響を与えると考えられています。

さらには，これらを通じて，「この会社は長く勤められる会社だ」という価値観が組織に根づけば，それは規範的コミットメントを高くすることにつながります。

3.2 個人側の要因

個人側の要因としては，年齢や勤続年数などがあげられます。日本の場合，年齢が高い人は**勤続年数**が長いことが多いのですが，一般には年齢が高く，勤続年数が長い人ほど，情緒的コミットment，功利的コミットメントとも強くなることが示されています。では，なぜ勤続年数が長くなればなるほど，組織へのコミットメントが強くなるのでしょうか。

確かに1つの組織に長くいればいるほどその組織に対して愛着が増し，一体感が増すと同時に離れがたくなるということは経験的に理解できます。しかし，ただ組織の中で時間を過ごすだけでコミットメントが強くなるわけではありません。長くいることによって情緒的コミットメントが強くなる理由

としては，2つ考えられます。

1つは，組織に長くいればいるほど，組織の中での役割が大きくなるからです。一般に組織に長くいれば，組織内での地位が上がっていくように，役割が大きなものになります。役割が大きくなれば，仕事上の責任も重くなっていきます。また仕事自体も自由度が高く，自分なりの裁量で行える仕事が多くなります。このようなことが組織コミットメントに影響を与えると考えられるのです。

2つ目に成熟による効果があげられます。これは，人は成熟するにつれて，組織にコミットするということを重要に考えるようになるということです。つまり，若いうちはいろいろ試すことも大事だと考えるのですが，年をとるにつれて1つの組織で腰を落ち着けてコミットすることが大事だと考えるようになるというものです。

一方，功利的コミットメントが勤続年数や年齢が増加するにつれて強くなっていく理由としては次の2つが考えられます。

1つは，組織に長くいることによって，組織を離れることで失うものが多く蓄積されていくことがあげられます。組織に長くいるにつれ，人的ネットワークや企業特有のスキルなど，組織を離れると無価値になるようなものが，意図にかかわらず大きくなっていきます。結果として，これらを失うことをもったいないと考えるために組織にコミットすることになるのです。

もう1つの理由は転職機会の減少です。勤続年数が長くなるということは，年齢が高くなることを意味します。現在の日本企業は，年齢が高くなるほど転職の機会が少なくなっていきます。それは，単純にその機会が減るということだけではなく，組織内の地位が上がるために，それに見合う機会が減っていくことも意味するのです。この結果として，組織にコミットするようになるのです。

ここで考えねばならないことは，年齢や勤続年数が増えていくと組織へのコミットメントが高くなりますが，それは組織に居続けることがもたらすさまざまな要因がコミットメントを強くしているということです。決して，ただ組織に居続けているだけでコミットメントが強くなるわけではないのです。

4 組織コミットメントの変化

　先に，勤続年数が長い人ほど組織コミットメントが強いことを述べました。しかし，図表3－3にみるように，会社に入って最初の10年の間に功利的コミットメントは勤続年数に沿って直線的に変化しますが，情緒的コミットメントは，J字型に強くなることが示されています。特に情緒的コミットメントに関していえば，なぜこのようなJ字型の変化をするのでしょうか。その背景としては2つの要因があります。1つは，現実への幻滅感，もう1つは昇進です。

4.1　現実への幻滅感とコミットメント

　ほとんどの新人は組織に入ると，期待と現実のギャップを感じることになります。特に仕事に関しては，ほとんどの企業の場合，当たり前ですが新人が任される仕事はそれほど重要な仕事ではありません。しかし仕事への期待を持っている新人にとって，そのような状況は現実への幻滅感とつながります。つまり，「自分はこんな仕事をするためにこの企業に入ったのではない」と思ってしまうのです。これは，入社前に大きな期待を持っていた人ほど大きくなってしまいます。図表3－3で示される入社直後の組織コミットメ

図表3－3 ▶▶▶組織コミットメントの変化

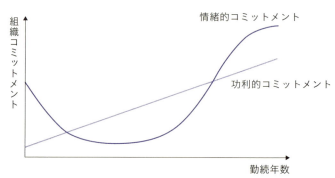

ントの低下は，このような理由が背景にあると考えることができます。

4.2　昇進とコミットメント

　一方，図からわかるように，およそ7年目から情緒的コミットメントは急激に強くなります。これは，この時期に昇進があるからだと考えられます。昇進によって，責任や仕事だけでなく，立場や入ってくる情報も変化します。
　責任が重くなること，仕事がより幅広くなることは，先に示したように情緒的コミットメントに影響を与えます。それだけでなく，これまでは部下として組織の戦略や考え方を受け手として聞いていた立場が，今度はそのような組織の戦略や考え方を送り手として部下や後輩に伝える立場に変わります。
　その結果，より会社自体を理解することにつながり，組織への愛着が強くなるのです。同時に，組織の考え方を代弁することにより，同一化も促されます。また地位や立場が変われば，これまで得ることがなかったような情報も入ってくることになります。それらはより組織を理解することにつながります。結果として，同じように組織への情緒的コミットメントが強くなるのです。
　また，日本の昇進システムの特徴として，「**遅い昇進**」があります。遅い昇進とは，欧米に比べて最初の選抜が遅いということを意味します。欧米であれば，3年ほどで最初の選抜が行われるのですが，日本の場合，平均ではおよそ7年とその時機の遅いことがいわれています。これがちょうど7年目に組織コミットメントが変化する背景と考えられます。
　この7年という欧米に比べて昇進のない長い時期が，逆に組織コミットメントを急激に強くするとも考えることができます。これまで組織の外側部分で働いていた長い経験があるために，昇進することによる組織の内側での経験がより大きな変化となり，その結果組織をより強く理解し，愛着を持つようになると考えられるのです。
　このように，組織コミットメントの変化をみていくと，組織コミットメントは組織にいるだけで単調に増加するわけではなく，またその場その場の状

況で変化するわけでもなく，キャリア上のさまざまな要因の重なり合いによって変化していくと考えることができるのです。

5 日本における組織コミットメント

　日本の企業が世界市場に次々と進出していった時代，日本企業躍進の原動力は，組織へのコミットメントが強い従業員であると言われてきました。またそのような強い企業組織との関係は，日本的経営システムによるものであると言われてきました。ここでは，組織コミットメントを，日本的経営システムと組織コミットメントの視点からみていくことにします。

5.1 見えざる出資と組織コミットメント

　日本企業において，賃金と企業への貢献の関係は，**図表3-4**のようになると言われています。**図表3-4**にみることができるように，賃金と貢献の関係は常に一定ではなく，働き盛りのときには，企業への貢献に比べて賃金が低く，ある段階以後その関係が逆転します。

　日本の年功賃金においては，ある期間をとらえてみると，その関係は不均衡ですが，雇用期間が長期にわたる場合，その関係は均衡関係にあるのです。また別の言い方をすれば，働き盛りの頃は，従業員は企業に対し本来もらうべきものを預けたままで，ベテランになったときにその預けたものを取り返すしくみになっているといえます。

　このような先に預けた部分を「**見えざる出資**」と呼びます。組織コミットメントの考え方にのっとれば，働き盛りの間にその企業を辞めてしまえば，それまでの見えざる出資を受け取らずにやめることになるので，組織に居続けるという行動につながるのです。つまり，この見えざる出資の存在が，功利的コミットメントを強くしているといえるのです。

図表3-4 ▶▶▶ 見えざる出資

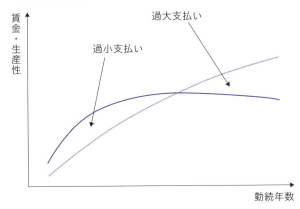

出所:加護野・小林［1989］をもとに筆者作成。

5.2 企業特殊スキルと組織コミットメント

　同じような例としては，**企業特殊スキル**と組織コミットメントの関係があげられます。企業特殊スキルとは，その企業でしか役に立たないスキルのことを指します。たとえば，その企業でしか使っていない大型の機械を扱うスキルや企業内の人間関係をよく知っているために仕事をうまく進めることができるといったスキルのことを指します。このようなスキルは通常，組織に長くいればいるほど（自分の意図とは別に）上達することになります。

　特に日本企業には，職務の割り当てがあいまいであるという特徴があります。その結果，従業員は，状況に応じて柔軟に幅広い職務をこなすことが要求され，それが企業特殊スキルの育成を促すことになるのです。このような企業特殊スキルは，その性格上，企業内では高く評価されるものの，労働市場ではほとんど評価されません。それはすでに述べたように，他の企業ではほとんど役に立たないスキルだからです。

　組織コミットメントの観点からみると，企業特殊スキルを多く持った従業員ほど，組織内での（人材としての）評価と組織外での評価のギャップができるため，1つの企業に勤め続けるほうが得だということになります。

　日本的経営の特徴である企業特殊スキルが大きくなることによって，従業

員の功利的コミットメントが強くなると考えられるのです。このように日本的経営システムは，組織コミットメントの観点からみると，従業員の組織コミットメント，特に功利的コミットメントを強くするしくみがあるということができます。

しかし，日本的経営システムが崩れつつある現代においては，この功利的コミットメントを醸成していくしくみもそれほどうまく働いているわけではないのかもしれず，長期的な従業員との良好な関係を築くうえでは，情緒的なコミットメントを高めるような施策をより強くすることが求められます。

5.3 組織コミットメントの現代的意義

しかし，このような組織へのコミットメントもマイナスの影響が出る場合もあります。それは**変革**や**創造性**を求められるなど，これまでとは異なる状況を生み出す必要がある場合です。情緒的コミットメントが高い人は，組織の価値観や理念と一体化し，それに対し愛着を持った人たちです。そのため情緒的コミットメントが高いことは，逆効果としてこれまでの価値観に縛られてしまうのです。

結果として，これまでのやり方の枠組みから飛び出すような創造的な仕事をすることができなくなってしまいます。また，組織の価値観を大きく変革するような場合には，既存の価値観に縛られているがために，それらの変革に対して大きな抵抗を示すことがあります。コミットメントが強いゆえに，コミットしている組織の成長を阻害してしまうという皮肉な結果を生んでしまうのです。

本来は，組織への愛着が強いからこそ，自分にとってマイナスになることも受け入れる，もしくは組織に意見をぶつけていくという従業員がいてくれたほうが大きな戦力となります。組織が苦境のときこそ，組織をよりよい方向に向くように努力してくれる従業員がいてくれたほうが心強いはずです。苦境のときに逃げてしまうような従業員ばかりでは組織は苦境を脱することができません。組織にとって，組織コミットメントの強い従業員は非常に強

い武器であると同時に,諸刃の剣となる危険性も持っているのです。

しかし一方で,知識社会が進むにつれ,優秀な人材をいかに組織内に確保するか,またそれらの人材を活かしていくかという点はより重要な経営課題となっています。また企業環境が激変しているときこそ,組織の価値観を**内在化**した人材の意義は高まります。その点では,これまでの長期雇用による恩恵といった点での組織コミットメントの重要性ではなく,より現代の経営環境にあった組織コミットメントの意義があると考えられます。

Working　　　　　　　　　　　　　　　　　　　　　　　　調べてみよう

　現在の実際の企業の施策を調べ,組織コミットメントを強くすることに貢献するような施策にはどのようなものがあるかを探してみましょう。それはなぜ組織コミットメントを強くするのでしょうか?

Discussion　　　　　　　　　　　　　　　　　　　　　　　議論しよう

　環境変化のスピードが早い現代の経営環境において,組織へのコミットメントが強いことは,組織にとってあるいは個人にとって,どのようなメリットとデメリットがあるでしょうか。

▶▶▶さらに学びたい人のために
- 小池和男[1991]『大卒ホワイトカラーの人材開発』東洋経済新報社。
- 鈴木竜太[2002]『組織と個人──キャリアの発達と組織コミットメントの変化』白桃書房。
- 田尾雅夫編著[1997]『「会社人間」の研究──組織コミットメントの理論と実際』京都大学学術出版会。
- O'Reilly III, C, A. & Pfeffer, J. [2000] *Hidden Value: How Great Companies Achieve Extraordinary Results with Ordinary People*, Harvard Business Press. (長谷川喜一郎監修・解説,廣田里子・有賀裕子訳『隠れた人材価値──高業績を続ける組織の秘密』翔泳社,2002年)

参考文献

- 加護野忠男・小林孝雄［1989］「資源拠出と退出障壁」今井賢一・小宮隆太郎編著『日本の企業』東京大学出版会。
- 小池和男編［1991］『大卒ホワイトカラーの人材開発』東洋経済新報社。
- 鈴木竜太［2002］『組織と個人―キャリアの発達と組織コミットメントの変化』白桃書房。
- 若林満［1987］「キャリア発達に伴う職務満足度と組織コミットメントの変化について」『日本労務学会年報』，105-113頁。
- Hecksher, C.［1995］*White - collar bruce*, Harper Collins Publication Inc.（飯田雅美訳『ホワイトカラー・ブルース』日経BP出版センター，1995年）.
- Meyer, J. P. & Allen, N. J.［1997］*Commitment in the workplace*, Sage pub.
- Whyte, W. H.［1956］*The organization man*, Simons and Schuster Inc.（岡部慶三・藤永保訳『組織の中の人間（新版）（上）』東京創元社，1971年；辻村明・佐田一彦訳『組織の中の人間（下）』東京創元社，1959年）

第4章 意思決定と合意形成

Learning Points

- ▶組織を意思決定（decision making）する人たちからなるしくみとみなす考え方は、経営学を代表するものの1つです。
- ▶組織は意思決定のシステムとして考えるとよく理解でき、また組織の構成員それぞれがよりよい意思決定を行えば、組織全体の成果も高まります。
- ▶二者以上の間でものごとを決定するためには合意が必要となります。利害の対立などによって合意が得られない状態をコンフリクト（conflict）といいます。コンフリクトをどのように乗り越えて、みんなにとって価値のある結論を導くかも、組織の中で重要なマネジメントの課題です。

Key Words

満足化意思決定　ヒューリスティック　バイアス　統合的交渉
協調的問題解決

1 「経営人」の意思決定

1.1 限定された合理性

　意思決定とは、2つ以上の選択肢から1つを選び行動するプロセスとして一般的に定義されます。Learning Pointsで述べたように、組織の中のあらゆる人がたえず意思決定をしていると考えることができます。トップは全社の今後にかかわる戦略や管理についての大きな意思決定をしています。ミドルは、自分が責任と権限を預かる部署の業務目標、役割分担やスケジュールなどをさまざまに考えて意思決定しています。また一般の従業員も、どのような手順で、どのくらいの頑張りで、仕事をするかを考えて意思決定し、遂

行しています。

　経営学・行動科学における意思決定論の基本的な考え方は次のようなものです。人間は最善の意思決定を求めてはいるが，それができないことがしばしばあります。最善でない意思決定をしてしまう理由やプロセスが明らかになれば，私たちはそのような落とし穴に落ちることを未然に防ぎ，よりよい意思決定の実践に活かすことができます。

　限定された合理性（bounded rationality）は，そのような考え方の鍵となる概念です。この概念は，意思決定に必要な人間の認知能力の限界を示すものです。人は最善の意思決定のための選択肢となるあらゆる行動から，実際にはほんのいくつかを思い起こすことしかできません。また，どの行動を選択すれば，どのような結果が得られるかについて，事前に把握できる完全な情報や知識があるわけでもありません。さらには意思決定の結果，どの程度の満足が得られそうか，さまざまな選択肢について予測や評価することは，きわめて難しいのです。

1.2　満足化原理の意思決定

　アメリカの経営学者サイモン（Simon, H. A.）は，限定された合理性が示すような，さまざまな制約があるなかで意思決定を行う人を**経営人**（administrative man）と位置づけました。さらに経営人が行う意思決定を**満足化意思決定**（satisfactory decision）と名づけました。これは，人は意思決定を行うにあたり，ベスト（最適）な選択肢ではなくても，この程度の結果が得られれば十分満足できるだろうという基準を持っていて，その基準を満たす選択肢があれば，選び，行動するという考え方です。

　サイモンは同じくアメリカの経営学者のマーチ（March, J. G.）とともに，このような前提のほか，現実の意思決定では，さまざまな選択肢は人の目の前に一斉に現れるというよりは，順番（逐次的）にやってくるという考え方も加味して，**図表４－１**のようなモデルを示しています。このモデルを，仕事探しという具体例をもとに説明してみましょう。

図表4－1 ▶▶▶ 満足化原理の意思決定モデル

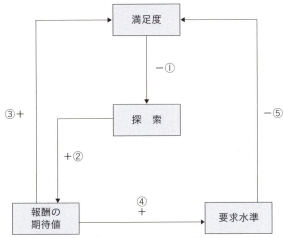

出所：March & Simon［1993］（高橋伸夫訳［2014］, 64頁）をもとに筆者作成。

　「あなたは現在の仕事に対する満足度が下がってきたので，他の仕事を探すことにしました（①）。やりたい仕事はある程度絞られているので，いつも求人が出ているわけではなく，出たその都度応募を検討するという探索が続きます。
　探索を粘り強く続けるほど，新しい仕事でよりよいものが得られそうだという確からしさ（報酬の期待値）が高まります（②）。そのような確からしさが高まれば，満足度も高まるでしょう（③）。一方で，こんなに探しているのだから新しい仕事でこの程度のものまでは得たいという要求のレベル（要求水準）も高まってきます（④）。要求のレベルが高まれば，生半可な仕事では満足度が下がってしまうでしょう（⑤）。
　③と⑤の間で揺れるなか，あなたはようやくこれらのバランスがとれ，十分に満足できそうな仕事に出会うことができたので，探し続けることをやめ応募することにしました」
　もちろん，あなたが仕事探しをもっと続ければ，もっといい候補が出てくるかもしれません。しかし，ベストな仕事に出会うまでどこまでも探し続けるというのは現実的ではありません。その意味でこの意思決定モデルは，何

をもとにどの程度で、人は意思決定するのかの現実をよく説明するものであるといえます。

2 意思決定におけるヒューリスティックとバイアス

2.1 行動的意思決定論

　サイモンらの基本的なアイデアをうけて、意思決定の現実が、あるべき姿からどのように逸脱していくかのパターンの研究が盛んになりました。経営学だけではなく、心理学から経済学にまたがり展開するこの種の研究は、行動意思決定 (behavioral decision making) 論と呼ばれるようになりました。
　行動意思決定論のキーワードとして**ヒューリスティック** (heuristic) と**バイアス** (bias) があげられます。サイモンがいうように、人間の認知能力には限界があるので、意思決定に関連する複雑な要因を、過去の例などに基づき単純化して考えやすくします。この単純化のパターンを整理するのがヒューリスティックです。これに関連して、意思決定プロセスや結果が本来あるべき姿から偏って逸脱していくパターンが、さまざまなバイアスとして整理されます。次項ではアメリカの意思決定研究者ベイザーマン (Bazerman, M. H.) とムーア (Moore, D. A.) によるまとめを中心に、代表的なヒューリスティックとバイアスについてみていくことにしましょう。

2.2 さまざまなバイアス

2.2.1 利用可能性ヒューリスティックによるバイアス

　私たちは判断に必要な状況の単純化の際に、自分にとって入手しやすい情報や思い出しやすい記憶に頼る傾向があります。これを利用可能性ヒューリスティックといい、バイアスの一因になります。たとえば、日本において胃

がんによる1年当たりの死者数は，交通事故による死者数のおよそ10倍にのぼります。しかしながら後者の報道は前者と比較して1件当たりはるかに大きくなされることが多く，そのような情報や記憶に頼る人は，前者よりも後者のほうが多いのでは？　と考えがちになります。

2.2.2　代表性ヒューリスティックによるバイアス

私たちは多様な現象に，主観的な因果関係やパターンを無理やりあてはめることで，確率的な理解をゆがめることがあります。これを代表性ヒューリスティックといいます。たとえば，宝くじを何回買っても，毎回当選の確率は大きく変わりませんが，「これまで～回買って外れたから，次は当たるんじゃないか」と考えるとすれば，確率の誤認によるバイアスに陥っているということができます。

2.2.3　確証バイアスとアンカリング

私たちは一般に，自分が正しいと思っていることを支持・追認するような情報には敏感になりますが，それを否定・反証するような情報をあえて求めることは苦手としています。これを確証バイアスといいます。また私たちはよくわからない問題に直面したとき，利用可能な情報があれば，たとえその情報が客観的な判断の参考にあまりならないとわかっていても，必要以上にそれにこだわってしまうことが知られています。このようなメカニズムは**アンカリング**と呼ばれます。

2.2.4　フレーミング

フレーミング（framing）とは，私たちがものごとを判断する際に，客観的な基準ではなく，自分の心の中の基準を参照するので，外部からその基準が影響を受けることで，判断全体が変化することを示すものです。

たとえば，あるペットボトル入りの飲料が100円であったとします。それを売っている場所がディスカウントストアであれば高く感じるかもしれませんし，高級ホテルのプールサイドであれば安く感じるかもしれません。また

別の例では，同じ 1,000 円の値引きであっても，元値がいくらであるかで，その値引きの印象は全く異なってきます。このように，状況をどのようにとらえるか，何と対比するかなどで，同じものについての判断が変化しうるのです。

また，フレーミングには，言葉遣いやイメージが大きな影響を与えることが知られています。ギャンブル好きの多くは，はじめは少額の賭けをしていても，負けが込んでくると，それを一気に取り返そうとして，大博打をしがちです。

これまでのフレーミングの研究でも，人が潜在的な利得に直面している（得ができるかも，と考えている）ときはリスクを冒さない行動傾向があり，潜在的な損失に直面している（損をしてしまうかも，と考えている）ときはリスクを好む行動傾向のあることが知られています。

2.2.5 コミットメントのエスカレーション

われわれは日々意思決定を繰り返していくなかで，その都度判断すべきところを，過去の意思決定に必要以上にこだわってしまうことがあります。たとえば投資の意思決定は，毎回リスクとリターンを天秤にかけながらなされるべきところ，それまでの利益や損失を気にしすぎてしまい，冷静な判断が行われない場合があります。特に損失が続いているときは，それを取り返そうと，さらに無理な決定を行いがちです。このような時系列的な意思決定バイアスを**コミットメントのエスカレーション**といいます。

3 合意形成

3.1 2つの合意形成モード

意思決定を行う複数の人や集団・組織の間で，選択肢の優先順位（選好）が異なっている場合，合意を得るために何らかのアクションをとることが必

要となります。利害関係が衝突し，相手の行動が自分の損害に結びついていると認識されている状態がコンフリクトです。コンフリクトという問題を解決するためのコミュニケーションの過程を一般的に**交渉**（negotiation）と呼びます。

古典的には，コンフリクトは個人の生産性や組織の有効性に悪影響を及ぼすだけの存在として否定的に考えられてきました。しかし近年では，コンフリクトは悪いばかりではなく，うまくマネジメントがなされれば，組織の活性化や変革に寄与したり，さらには価値を創出（value creation）しうると考えられるようになりました。

有効なコンフリクト解決，交渉とはどのようなものでしょうか。研究者はおおむね一致して，合意の形成には大きく2つのやり方があり，そのうちの1つが望ましいと指摘しています。その第1は，自分の取り分を増やすためには相手の取り分を犠牲にしなければならないという前提で，それを奪い合うかたちでの合意形成です。一方が勝てば，もう一方は負ける（Win-Lose）というプロセスです。このような合意形成のやり方は，分配的（奪い合い型の）交渉（distributive negotiation/bargaining）とか，競合的な問題解決と呼ばれます。本章では，これらをまとめて「合意形成のAモード」と呼ぶことにしましょう。

もう1つは，互いに信頼できる関係を構築しながら，両者の取り分を全体でできるだけ増やして，お互いによりメリットの得られる解決策を共同で模索するというやり方です。両者の勝ち（Win-Win）を目指すプロセスです。このような合意形成のやり方は，**統合的交渉**（integrative negotiation/bargaining）とか，**協調的な問題解決**と呼ばれます。本章ではこれらを「合意形成のBモード」とまとめることにしましょう。双方にとって望ましいのはAモードではなくBモードであることはいうまでもありません。

3.2 問題解決方略と選択

合意形成のBモードは，自分の求めるものも主張し，相手の求めるもの

も尊重するという，2軸の高いレベルでの両立を図るものであるということができます。社会心理学やコミュニケーション論をベースとした交渉論では，これらの2軸をもとに，問題解決の方略（ストラテジー）を5つに分類したモデルが知られています。それは，**図表4－2**のように示されます。

5つのストラテジーを順にみていきましょう。「回避」は，コンフリクトそのものを見て見ぬふりする方略です。「強制（競合）」は，自分の利益を一方的に主張して押しつける方略です。「妥協」は双方痛み分けで解決しようという方略です。「服従（適応）」は，相手の協力を引き出したり，相手にあわせることで処理する方略です。最後に「協調」は，自分の主張するべきところはして，かつ相手との積極的な協力や連帯をも模索し，両方にとってWin-Winとなる解決策を目指す方略となります。

強制，妥協，服従を合意形成のAモード，協調を合意形成のBモードと位置づけることができます。問題が重要かつ複雑で，当事者がみな解決のための意思やスキルを有しており，十分な時間などの資源がある限り，協調の方略が最も有効であることは明らかです。しかしながら条件がさまざまに異なってくれば，適切な方略も異なってきます。**図表4－3**に示すように，適切な方略の選択が鍵となります。

図表4－2 ▶▶▶ 問題解決の5方略と合意形成の2モード

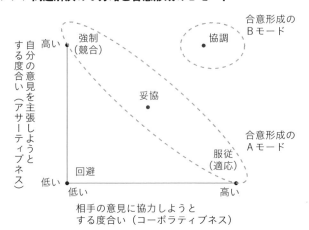

出所：八代・鈴木 [2004]，61頁をもとに筆者作成。

図表4－3 ▶▶▶ 問題解決方略の適切・不適切な選択

方略（ストラテジー）	適切なとき	不適切なとき
回避	・問題が些細なとき ・差し迫った，より重要な問題があるとき ・相手方と対立することで起こる問題のほうが，協調的な問題解決の結果より，深刻であると考えられるとき ・一度，冷却期間を置くことが必要なとき ・情報収集が必要なとき ・相手に任せておいたほうが，よい解決になると判断したとき	・問題が自分にとって重要なとき ・意思決定を下すのが自分であるとき ・当事者双方が問題解決を延期したくないときは，問題は解決されなければならない ・素早い対応が必要なとき
強制（競合）	・問題が些細なとき ・緊急事態と判断できるとき ・即断が望まれるとき ・重要な問題であるが，周囲からの支持が得られそうにない場合（経費の削減，嫌がられそうな規則の施行など） ・組織の発展にとって，非常に重要な問題で，自分の考えが正しいと判断した場合 ・主張の強い部下を押さえる必要のあるとき ・相手側によってなされた決定が自分にとって，不本意なもので，負担のかかるものであろうとき ・経験の浅い部下が技術的な決定をしようとしているとき ・自分が競合しないことによって，得をする人たちがいると判断した場合 ・問題が自分にとって重要なとき	・問題が複雑なとき ・その問題が自分にとって重要でないとき ・当事者双方が同等な力を持っているとき ・即座に決定が下される必要がないとき ・部下が高い能力を持っているとき
服従（適応）	・自分が間違っていると思うとき ・自分より，相手側にとって，その問題が重要であると思うとき ・相手方から引き換えとして何かの将来的な見返りを考えて，今はあきらめようと考えているとき ・将来への社会的信用のために，問題を今，顕在化させないほうがいいと判断したとき ・自分が弱い立場から問題に対処しているとき ・人間関係の維持をより重要なことと思っているとき ・失敗から学ぶことで，部下が成長すると思われるとき	・問題が自分にとって，重要なとき ・自分が正しいと思っているとき ・相手側が間違っていたり，倫理的でないとき
妥協	・双方のゴールが相容れないとき ・当事者双方の力が同等であるとき ・コンセンサス（意見の一致）が得られないとき ・結果は重要であるが，これ以上，主張し続けることに伴う労力や混乱が見合うものではないと判断した場合 ・協調的ストラテジーや強制的ストラテジーが失敗した後に使うとき ・複雑な問題で，一時的な解決が必要なとき ・時間的制約の中で，臨機応変な解決が求められている場合	・一方がもう一方より強力なとき ・協調的問題解決アプローチが必要なほど，問題が複雑であるとき

協調	・問題が複雑なとき ・学ぶことが目的のとき ・よりよい解決策を得るためにアイデアの統合が望まれるとき ・異なった人々の見解を取り入れることが目的の場合 ・問題解決案の実行に成功するには相手側からのコミットメントが必要なとき ・問題解決するための時間があるとき ・当事者の一方だけでは問題が解決されないとき ・問題解決をするために，双方の当事者が所有するリソースが必要であるとき ・さまざまな主張をまとめ上げることで，関係者の責任感を高めることが目的の場合 ・人間関係を阻害するような感情を克服することが目的の場合	・課題や問題が単純なとき ・即断が必要なとき ・相手側が結果に関心を持たないとき ・相手側が問題解決のスキルを持っていないとき

出所：八代・鈴木［2004］，65-66 頁をもとに筆者作成。

3.3 交渉者の陥りがちなバイアス

　行動意思決定の研究者は，個人の意思決定だけではなく，交渉の当事者が陥りがちな認知的な過ちについても指摘しています。ここでは，ベイザーマンとムーアがまとめている代表的なものをあげながら，それらを乗り越えるためにはどうすればよいかを考えていくことにしましょう。

3.3.1 両立不可能性バイアス

　第1のバイアスは，交渉者が，当事者全体での取り分が固定されていると思い込むことです。それはすなわち，こちらのより多くの望みは，相手のより多くの望みと相容れないという錯覚です。これは「固定パイの神話」とか，**両立不可能性バイアス**」と呼ばれます。このようなバイアスは当事者の視野を狭め，双方の利益となる創造的な解決案の探索を妨げてしまいます。「1つのオレンジを取り合っているきょうだい，じつは1人はオレンジの果肉でゼリーを作りたいだけ，もう1人は皮でマーマレードを作りたいだけだった」という有名な例のように，自分の望む条件と相手の望む条件は本当に競合するのか，両立させるための手立てはないか，当事者全員でつねに考え続けることが大切です。

3.3.2 判断のフレーミング

　第2のバイアスはフレーミングです。2.2項で述べたように，交渉における諸要因の状況が当事者に「得をするかもしれない（得をしたい）」と認識されるか，「損をするかもしれない（損をしたくない）」と認識されるかで，その後の姿勢や行動が大きく変化しうるということです。交渉において望ましいのは，交渉者全体が過度に損失のフレームに陥ることを避け，適度な利得のフレームで交渉を展開することです。もちろん先述の，いずれかの利得がいずれかの損失につながるというようなバイアスの排除も前提となります。

3.3.3 コンフリクトのエスカレーション

　第3のバイアスはエスカレーションです。交渉の途上でいちど対立的な条件提示などをしたり，「この点については，こちらが折れるわけにはいかない」という姿勢を暗黙にでも定めてしまうと，その後の交渉も必要以上にとらわれてしまうことが多くなります。特に競合的な交渉姿勢はエスカレーションをさらに悪化させてしまう傾向があるので，互いにかたくなな要求の表明を行うことは極力避け，個別条件レベルでの譲歩や創造的な解決策への柔軟性を維持しておくことが求められます。

3.3.4 自己の価値の過大評価と自己奉仕バイアス

　第4のバイアスは，自分自身の評価と，公正さの判断に関連するものです。私たちは交渉において，自分自身が必要不可欠であるという評価を過大に行いがちです。それはつまり，自分が諸条件について折れることがなければ，きっと相手のほうが折れてくれるだろうという確率を高く見積もりがちだということにつながり，互いに譲歩を引き出しにくくなります。また一般に，私たちは自分に都合がいいことが公正なことだと考えがちであることが知られています。これを自己奉仕バイアスといいます。自己奉仕バイアスの原因がさまざまな研究によって探られ，自分が知っていて相手が知らないかもしれないことがあるということ，あるいは相手が知っていて自分が知らないか

もしれないことがあるということ，という情報の非対称性が原因となっていそうだということがわかってきました。交渉プロセスにおいてオープンな情報のやりとりをし，互いに信頼できるような関係でコミュニケーションを構築することが，この種のバイアスの排除に有効であると考えられます。

3.3.5 アンカリング

私たちは，あいまいな状況では，気づかないうちに最初の条件や情報が錨（アンカー）となってしまい，過度の影響を受ける傾向があります。先行研究では，最初に極端な条件提示を出した側が，その後の交渉を有利に進める傾向があることを示しています。他方でそのような交渉姿勢は，競合性を高め，しばしば決裂にもつながるというリスクがあります。他の研究では，自分自身の選好や目標に集中している交渉者は，相手の最初の条件提示にほとんど引きずられないことが明らかとなっています。操作的・戦術的な相手のオファーには「乗らない」ことが，最も有効なアンカリング排除の方策であるといえます。

4 問題解決の実践と第三者による支援

現実の問題解決は，個人のレベルでも，集団や組織のレベルでも，諸要因がさまざまに絡み合うなかで，またさまざまな制約があるなかで行われるのが普通です。有効な問題解決のためには，本章であげてきたさまざまな認知バイアスに自覚的になり，適切な方略を選択することが必要となります。集団や組織での問題解決については，第8章で議論されるようなチーム・マネジメント（グループ・ダイナミクス）の知見を活用することも有効です。さらには，集団や組織の何らかのかたちで変えていくことに関わる問題解決のためには，第11章の組織変革に示されるようなアプローチも考慮されるべきでしょう。

無自覚な意思決定や合意形成は好ましくない結果をもたらしがちだという

考え方から、問題解決の実践の場では、これらを第三者がどのように支援するかという方法論も模索されるようになりました。**ファシリテーション**という方法論は、ゼネラル・エレクトリック（GE）などの欧米の有名企業が、組織的に導入してよく知られるようになりました。ファシリテーションとは、集団による問題解決やアイデア創造などについて、ファシリテーターと呼ばれる人が場づくりを行い、論点を整理・明確化しメンバーのコミュニケーションを促しながら、合意・結論に導いていく活動全般を指します。

また、**ミディエーション（メディエーション）**は、コンフリクトに直面している当事者が第三者（ミディエーター）の手助けを受けながら、問題解決をする方法論です。両者の理論的基盤は基本的に共通する部分が大きいですが、前者は問題の焦点化や発想の拡大のためのツールを多彩に紹介していることが特徴的です。他方で後者は、相手の言い分に耳を傾け、自分の主張を適切に伝達するためのコミュニケーション・スキルの形成に重点を置く傾向があるようです。いずれにしても、さまざまな問題解決が、当事者すべてのWin-Winに向かうべきであるという考えが理論的にも、実践的にも定着してきたことは喜ばしく、また今後もさらに模索されていくべきだといえるでしょう。

Working　　　　　　　　　　　　　　　　　　　　　　　　調べてみよう

　最近自分が行った意思決定の中で、満足化原理でよく説明できそうなものをあげ、図表4－1を用いて説明をしてみましょう。

Discussion　　　　　　　　　　　　　　　　　　　　　　　　議論しよう

　あなたの身の回りの顕著なコンフリクトに注目し、本章の記述をもとにその原因を議論してみましょう。どのように解決を支援すれば、よい結果になりそうかも考えてみてください。

▶▶▶さらに学びたい人のために

- 田村次朗・隅田浩司［2014］『戦略的交渉入門』日本経済新聞出版社。
- 長瀬勝彦［2008］『意思決定のマネジメント』東洋経済新報社。
- 堀公俊［2003］『問題解決ファシリテーター──「ファシリテーション能力」養成講座』東洋経済新報社。

参考文献

- 八代京子・鈴木有香［2004］『交渉とミディエーション──協調的問題解決のためのコミュニケーション』三修社。
- Bazerman, M. H. & Moore, D. A. ［2009］ *Judgement in Managerial Decision Making*（7th ed.）, John Wiley & Sons.（長瀬勝彦訳『行動意思決定論──バイアスの罠』白桃書房，2011年）
- Kahneman, D. ［2013］ *Thinking, Fast and Slow*, Farrar, Straus and Giroux;Reprint edition.（村井章子訳『ファスト＆スロー──あなたの意思はどのように決まるか？（上）（下）』早川書房，2012年）
- March, J. G. & Simon, H. A. ［1993］ *Organizations*（2nd ed.）, Wiley-Blackwell.（高橋伸夫訳『オーガニゼーションズ（第2版）──現代組織論の原典』ダイヤモンド社，2014年）
- Simon, H. A. ［1997］ *Administrative Behavior: A Study of Decision Making Process in Administrative Organizations*（4th ed.）, Free Press.（二村敏子・桑田耕太郎・高尾義明・西脇暢子・高柳美香訳『（新版）経営行動──経営組織における意思決定過程の研究』ダイヤモンド社，2009年）

第5章 キャリア・マネジメント

Learning Points

▶キャリア・マネジメントに対する関心は，日本でも徐々に高まっています。その理由は，これまで企業主導で行われていたキャリア・マネジメントが，個人主導へと変化しつつあるからです。そこで，なぜ，このような変化が生じているのかを，組織と個人の関係性の変化から考えます。

▶本章では，キャリアを仕事に関連した経験から積み重ねられる職業人としての経歴としてとらえますが，キャリア概念そのものは，実に多様なとらえ方がなされます。そこで，皆さんのよりよいキャリア・マネジメントのために，いくつかの切り口から，キャリア概念に迫ることにします。

Key Words

キャリア　客観的キャリア　主観的キャリア　自律的キャリア
エンプロイヤビリティ

1 キャリアに対する関心の高まり

キャリアウーマンやキャリア官僚など，キャリアという言葉には成功というイメージが結びつけられがちです。しかし，本来，**キャリア**は，長期的に仕事に携わっている人であれば，誰もが築いているものなのです。そのため，長期的な観点から，どのようにして，個人のキャリアを築いていくのかを表すキャリア・マネジメントは，働く者にとって重要な考え方です。

このキャリア・マネジメントへの関心が，日本で高まり始めたのは，日本社会の中で，組織と個人の関係性が変化し始めた頃と重なります。

経済成長の低迷，雇用環境の変化，情報通信技術（Information and Communication Technology：ICT）の発展といった急激な経営環境の変化に対

応するため，①日本企業は組織のフラット化や成果主義の導入など，さまざまな組織変革に取り組んできました。そのなかで，従来「日本的経営」として守られてきた長期にわたる雇用保障が崩壊し，企業内での成功を目指すキャリア・マネジメントだけでは，従業員を一企業にひきつけるのが難しくなっています。

また，②転職を可能にする労働市場の発展に伴い，人々は自分の企業外での価値を知ることができるようになりました。そのため，従業員は企業に依存することなく，自分の働く場所や働き方を選択することが可能になり，キャリア・マネジメントの可能性が高まりつつあります。

このような状況の下，③従業員の働くことに対する価値観も変化しています。従来は個人の意思に多少反しても，組織の要求を優先すれば，安定した生活を手に入れることができました。しかし，①のように終身雇用が崩れてしまった今，従業員が自分を犠牲にして企業に勤めても，生活の安定を得られる保障はなくなったのです。そこで，企業のためではなく，自分の能力やキャリアの可能性を広げるために働きたいと考える従業員が増えてきました。

上記のような組織と個人，そしてそれらを取り巻く環境の変化により，人々は職業経験を自分のものとして考えるようになったのです。この風潮と，もともとキャリア概念が有していた独立独行（self-reliance）の精神が重なり合うことによって，日本でもキャリア概念が注目されるようになったと考えられます。本章では，企業（組織）と従業員（個人）の関わりに着目しながら，また，上記の①から③の変化を紐解きながら，キャリアやキャリア・マネジメントについて考えることにします。

1.1　企業のキャリアに対する考え方の変化

企業は，従業員のキャリアをどのように形成してきたのでしょうか。日本企業は，日本的経営といわれるように，終身雇用と年功賃金を前提とした一企業内でのキャリア形成を行ってきました。

終身雇用とは，企業と個人双方が定年までの長期的雇用を暗黙のうちに期

待するという「**心理的契約**」に基づいて成り立つ慣行です。これを可能にするために，企業は原則として，以下のことを行っていました。

　募集は，原則新規学卒者を対象とし，採用基準は，即戦力となるような専門的知識を問うのではなく，学歴を含む経歴，人物，そして一般的な能力を総合的に判断しました。また，採用後に，企業内での教育を通じて，仕事に必要な専門能力を企業主導で，長期的に形成しました（Abegglen [1958]）。

　また，年功賃金は，勤続年数や年齢と，人事考課と呼ばれる成績評価の結果に応じて，給与が上昇するしくみです。この賃金の背後には，能力に応じて給与を払うという考え方があります。終身雇用の下では，能力はその企業での実務を通じて伸ばされると考えられるので，その企業での勤続年数が長ければ長いほど能力が高く，その分給与が高くなるというわけです。

　この終身雇用と年功賃金を前提に，一企業内で必要な能力形成が，企業主導によって行われ，給与もそれに応じて支払われました。また，企業は，従業員に対し，雇用を保証し，年功に応じて報酬を支払うかわりに，企業の方針に沿ったキャリアを形成してもらうことは当然であると考えていました。

　従業員も，終身雇用による安定した身分や，それに必要な能力開発を保障されるのであれば，多少個人の意思が反映されなくても仕方がないとして，その関係性を受け入れてきました。そのため，会社の方針で数年ごとに転勤を伴う異動を繰り返す，「転勤族」と呼ばれる人々が存在したのです。

　こうして，これまでの日本企業においては，組織・個人双方が，企業主導でのキャリア形成を暗黙に期待し，その結果，企業主導によるキャリア・マネジメントが行われてきました。

　しかし，グローバル化による競争の激化や，平成の大不況と呼ばれる不況の時代を迎え，従来はタブー視されていたリストラが多くの日本企業で行われた結果，定年まで雇用を保障される可能性が低くなりました。また，一企業でずっと働き続けることができたとしても，日本企業がこの時期にこぞって取り入れた成果主義により，従来のように年功により報酬が上がることはなくなり，同期の従業員間の給与格差は大きくなってきています。

　このような環境の変化から，従来の心理的契約は成り立たなくなり，企業

主導ではなく，個人が自分のキャリアを考えて選ぶ，従業員主導の**キャリア・マネジメント**の意識が高まってきたのです。

1.2　労働市場の発達

　経済成長の鈍化，ICTの発展，そして1.1項でみた雇用環境の変化により，一企業で働くことを前提としない，新たな働き方が生じています。それに伴い，専門的能力を評価するための市場が発展し，日本社会でも転職が徐々に一般化しつつあります。また，企業によっては，給与を市場価値と連動させるところも出てきています。

　今までの日本社会では，一企業内に人材を囲い込む企業内労働市場が発達していたため，自分のキャリアを測る尺度は，企業内にしか存在せず，個人が社会全体での自分の地位や評価を知ることは難しかったのが現状です。そのため，企業の中でどれだけ昇進しているのかが，自分の社会的地位を知るうえで，重要な基準であると考えられてきました。さらに，昇進するためには，学歴も重要であるとされたため，幼いときからいい学校いい大学に行けるように，受験戦争が激化していきました。

　しかし最近では，労働市場の発達により，自分の企業外での価値を知ることができるようになり，企業に依存することなくキャリアを発達させることが可能になってきました。また徐々に，そのような外部労働市場へのキャリアパスも構築されてきています。このような社会的基盤が構築されたことにより，キャリアに対する価値観や成功基準に変化が生じているのです。

1.3　働くことに対する個人側の意識の変化

　1.1項でみたように，日本的経営の根幹であった終身雇用が崩れたことで，従業員にも，個人的側面から自律的にキャリアを考える必要性が生じています。その一方で，従業員の求める働き方そのものが，変化しています。たとえば，女性の社会進出が進み，共働きの家族（dual-career family）が増え

ることで、転勤そのものやタイミングを、企業の方針だけでは決められない状況が多発しています。それに加え、育児や介護など、それぞれの家族が抱えている事情に合わせた多様な働き方が、求められるようになってきました。

たとえば、日本生産性本部が毎年実施している「新入社員春・秋の意識調査」では、子供が生まれたときに育児休暇を取得したいと考えている新入社員が、毎年7割に達しています。これは、若い世代の従業員では、男女双方に、家庭生活にも力を入れたいと考えていることの表れと言えます。

このような仕事と家庭の両立は、**ワーク・ライフ・バランス**（work life balance）として、多くの従業員の課題となっています。それに伴い、家族の事情を考慮し、仕事と家庭の両立のために、企業のペースではなく自分のペースに合わせた、キャリア構築の必要性が生じているのです。

以上の3側面からの変化により、キャリアに対する関心は日本でも高まり、かつ企業主導ではなく個人主導でのキャリア・マネジメントへの移行が進んでいます。今後は、女性だけでなく、定年退職した人々や外国人など、今まで以上に多様な人材が、同じ企業内で働くことになります。そのような状況では、企業にとっても働く個人にとっても、キャリアをどのように構築し、マネジメントしていくのかが、ますます重要になります。そこで、次節では、キャリアをどのようにとらえればよいのかを考えることにします。

2　キャリアとは

2.1　キャリアの定義

キャリアは、実に多様な観点からとらえられる概念です。人生そのものを経歴としてとらえるライフ・キャリアという考え方があります。また、仕事に関わる経歴とするワーク・キャリアという考え方もあります。本書は、組織と個人の関わりの観点から、後者の仕事に関連した経験から積み重ねられる職業人としての経歴をキャリアと考えます。

この観点からキャリアをとらえると，大きく2つのとらえ方があります。第1に，いくつもの組織にわたる職務経歴をキャリアとする考え方で，組織間キャリアと呼ばれるものです。たとえば，転職した経験を持つ人は，このキャリア概念でとらえられます。第2に，終身雇用のように，一組織の中で積み重ねる職務経歴をキャリアとする考え方で，組織内キャリアと呼ばれるものです。

　従来は，キャリアといえば，後者の組織内キャリアが一般的でした。しかし，必ずしも一企業で働くことが当たり前ではなくなるなかで，前者の広い意味でのキャリアが一般的になりつつあります。

　また，最近の研究者の世界でも，前者の組織間キャリアにあたる，境界のないキャリアを意味する**バウンダリーレス・キャリア**（boundaryless career）（Arthur & Rousseau [1996]）が注目を集めています。これに伴い，キャリア・マネジメントも組織という境界にとらわれずに考えることが，近年求められています。ただし，境界の意味を，組織に限定するのか，組織内の職務やチームというより狭い境界を含むのかは，研究者によって異なる点には，注意が必要です。

2.2　組織内キャリア

　従来，一般的なキャリアとされてきた組織内キャリアを，シャイン（Schein, E. H. [1978]）のキャリア・モデルを通して，考えてみましょう。シャインは，キャリアを誰の目からみても，客観的にわかる外的キャリア（**客観的キャリア**）と，個々人がそのキャリアをどのように受け止めているのかという心理的側面の内的キャリア（**主観的キャリア**）に分類しています。外的キャリアの観点から組織内キャリアをとらえたのが**図表5−1**です。

　シャインは組織内の3方向の動きから，組織内キャリアをとらえています。

　第1に，組織内の職階における移動です。これは職位や資格上の移動を表し，具体的には係長から課長への昇進は，まさにこの方向での移動になります。

第2に，円周上に沿った水平方向での移動です。これは職能（専門領域）での移動を表し，所属部署が他部門に移る異動はまさにこの移動にあたります。

　第3に，円の中心である中枢と外縁を結ぶ線上の移動で，**部内者化**とも表現される移動です。この移動は，第1の垂直方向の移動と密接に関連し，また上記の2つの移動に比べ，客観的に把握するのが困難であるとされます。この移動をしているかどうかは，その人が組織の中でどれだけ重要な役割を果たしているのかや，組織の秘密に関わるような重要な情報にどれだけアクセスできるのかで，わかるとされています。

　以上の3つの移動からキャリアを考えることで，組織内での自分の経歴がどのように積み上げられているのかを客観的にとらえることができます。

図表5－1 ▶▶▶ シャインの組織内キャリア・モデル

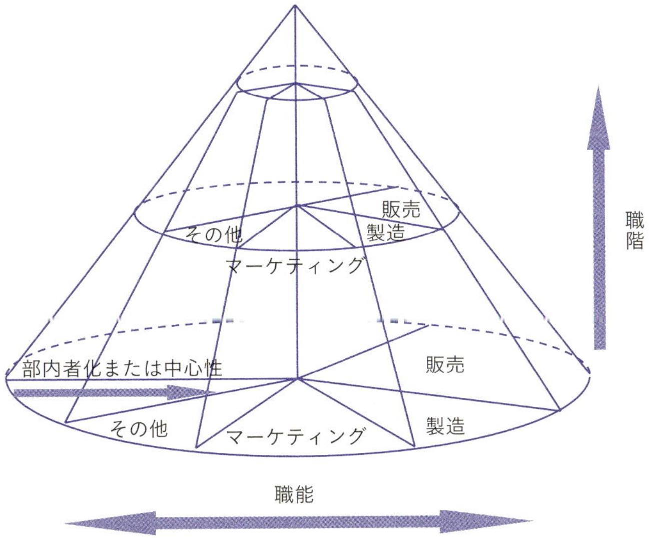

出所：Schein［1978］，p.39（二村敏子・三善勝代訳［1991］，41頁）をもとに筆者作成。

3 何がキャリアを形づくるのか

3.1 2つのアプローチ

　実際にキャリアをとらえる場合には，2つのアプローチがあります。1つは，キャリアを形成する機会を提供する組織側の観点からとらえる方法です。もう1つは，個人が自分のキャリアをどのように形成していくのかという個人の側面からとらえる方法です。

　まず，組織の側から，キャリアを考えてみましょう。企業にとって，組織の中で働く従業員は，貴重な資源であると考えられます。そのため，経営学では人を扱う分野を，人的資源管理（Human Resource Management：HRM）と呼びます。

　組織はこの貴重な人的資源を活用し，組織の目的を達成するために，個人のキャリア・マネジメントをすることとなります。たとえば，大学生の皆さんが体験する就職活動は，企業側からみると採用活動の一環ということができます。また，採用後には，企業の中でどのように従業員を育成し，どういった部門に配属するのか，あるいはどの人材を企業の中核となるコア人材として育てるのかという選抜が行われます。こういった採用や教育・研修，配属，選抜あるいは人事考課という人的資源管理の制度や慣行は，組織側からキャリアをとらえた際のキャリア・マネジメントといえます。

　一方，個人の側からキャリアをとらえるためには，どのように考えればよいでしょうか。その1つが，シャインが提唱した**キャリア・アンカー**という考え方です。シャインは，アンカー（錨）という比喩を用いて，自分のキャリアがどのような志向に根ざしたものかをキャリア・アンカー（「自覚された才能と動機と価値の型」）と表現しました。このキャリア・アンカーを明らかにするためには，①自分がどういう能力を有しているのか（才能），②仕事を通して何がしたいのか（動機と欲求），③自分がどういうことをしているときに価値を感じるのか（価値）を，自分に問いかけることが必要です。

人は仕事を通じて，この3つの問いを考えるなかで，自分と組織の関わり方を発見していくのです（Schein［1978］）。

このように組織と個人のどちら側からキャリアにアプローチするのかによって，見えてくるものが違ってきます。この2つのアプローチを，組織と個人と表現せず，客観的・主観的ととらえる場合もあります。つまり，客観的側面とは，組織の構造など外部から観察可能な側面を，主観的側面とは，認知や意味づけなどの個人的側面をとらえています。以下では，この組織と個人両方の側面からキャリア・マネジメントを考えます。

3.2　組織からみたキャリア・マネジメント

キャリア形成において重要な役割を果たす企業のしくみとして，研修制度，昇進および異動が挙げられます。たとえば，従業員に必要な知識を提供するために，企業は定期的に研修を企画しています。また，広範な仕事の知識を従業員に身につけ，仕事の全体像を理解してもらうために異動させることもあります。しかし，従業員が組織内で高い賃金やより広範な権限を得ようと思えば，昇進することが必要になってきます。

先にも言及したように，従来は組織内キャリアを構築していくのが一般的でしたが，そのような状況においては組織内での地位がそのまま社会的な評価にも反映されていました。そのため，企業内で組織階層を順々に昇っていく昇進は，個人のキャリアにとって重要な意味を持ち，従業員のやる気を高めるためのしくみとしても機能していたと言えます。

日本企業における昇進の特徴としては「**遅い選抜**」（小池［2005］）といわれるように長い時間をかけて選抜する方式が一般的でした。そのため，日本企業では，すべての従業員が一律に昇進できるような印象を持たれがちです。しかし，昇進は男性の正規雇用者でかつ大卒であることが基準にされ，また，組織内でのキャリア発達の段階によって，適用される昇進のルールも異なっていました（図表5-2）。

たとえば，入社後しばらくは**一律年功モデル**と呼ばれるように，従業員は

図表 5 − 2 ▶▶▶ 組織内キャリア（昇進）の 3 類型

出所：今田・平田［1995］，8頁をもとに筆者作成。

勤続年数に応じて一律に昇進します。企業の意図としては，従業員をこの時期に一律に昇進させることで，同期意識を植え付けます。その後しばらくは，**昇進スピード競争モデル**と呼ばれるように，昇進するスピードの差こそあれ，結果的には必ず同じ地位にまで昇進することができるという昇進ルールがとられていました。この時期に昇進の速度に差こそあれ，いつかは必ず同期に追いつくことができるというメッセージを企業が送ることで，従業員は頑張っていれば必ず昇進できると考えるようになります。そして，課長から部長に昇進する頃から，**トーナメント競争モデル**と呼ばれる敗者復活なしの昇進ルールが適用されます（今田・平田［1995］）。従業員は以上のような企業の準備したキャリアのレールに乗せられることで，自然と昇進することに意義を見出し，企業内で昇進できるようにと一生懸命働くことになります。

3.3 個人からみたキャリア・マネジメント

企業内で全く同じキャリアパスを経験していたとしても，人によってそのとらえ方はさまざまです。自分の身に生じている客観的キャリアの事項を，主観的にどう認識もしくは理解するのかということが，主観的キャリアです。

たとえば，客観的には昇進が止まっている状態にあったとしても，その人が管理職に魅力を感じないために，あるいは家族の事情により，あえてその状態を選択している場合は，主観的にはその人はその状態に満足していると

いうことができます。このように，企業が考え提供するキャリアと個人が望むキャリアは，必ずしも一致しないのです。

今までは企業が提供するキャリアが唯一と思われていましたが，環境が変化し，仕事に対する従業員の価値観が変化するなかでは，個人が自分自身のキャリアをどのような方向に持っていきたいのかという個人の側面からのキャリア・マネジメントがより重要になります。

たとえば，個人的側面からキャリア・マネジメントをする際に重要なのが，移行期や転機，あるいは金井壽宏が節目と呼ぶ局面である**トランジション**（transition）に注目する考え方です（金井［2002］；Anderson, Goodman & Schlossberg［2012］；Bridges［2004］；Nicholson［1984］）。人生やキャリアには転機や移行期と呼ばれる局面が必ず生じますが，トランジションの考え方は，この局面にいかに順応して乗り越えるかが，人生やキャリアにとって重要であることを示しています。

大学生の皆さんにとっての身近なトランジションの例としては，大学への入学や就職などが，働いている皆さんにとってのトランジションの例としては，転勤や昇進などがあげられます。また，個人的なトランジションの例としては，結婚や出産などが考えられます。いずれも，自分が担ってきた役割が変化することを経験するものであり，これこそがトランジションなのです。

人は，トランジションを迎えると，当然に不安を感じるものですが，この不安定な時期を乗り越え，順応することが必要になるのです。たとえば，ブリッジス（Bridges, W.）は，トランジションを乗り越える方法として，次のことを述べています。トランジションは必ず(1)終わり，(2)ニュートラルゾーン，(3)新たな始まりの3つから成っています。大抵の場合，人がトランジションに差し掛かると，(3)新たな始まりのほうに意識がいきます。しかし，トランジションを乗り越えるためには，まず何が終わるのかという(1)終わりのほうに意識を向けることが重要になります（Bridges［2004］）。

このように，個人のキャリア・マネジメントには，自分でキャリアを選択する部分と，すでに生じている変化を受け入れ，それを乗り越える部分が必要になると言えるでしょう。

4 キャリア・マネジメントにおける今後の課題

4.1 多元化するキャリア・マネジメント

　企業のキャリア・マネジメントといえば，従来は企業主導で，かつ企業内での階層を昇りつめる昇進に期待を持たせることで，従業員のモチベーションや企業に対するコミットメントを引き出すことが主流でした。

　しかし，日本企業がリストラやフラット化を進めた結果，これまでのように昇進できる確率は，低下しています。このようなキャリアの発展可能性が低い状態を，**キャリア・プラトー現象**と呼びます。従業員は，昇進でのキャリア構築が難しい場合に，いかに自分のキャリアを発展させるかを考える必要性があります（櫻田［2016］）。

　この問題を解消するためには，さまざまな方法が考えられます。そのため，この問題をどのようにとらえるべきかが研究されていますが，1つの方法としては，従業員が管理職に就かなくても，専門能力を高めることで管理職に匹敵する給与をもらえる専門職制度という方法が考えられます。

　たとえば，先にみた個人の働き方に対する意識の変化にもあったように，現在企業で働いている従業員は，自分の能力を活かせる場や仕事と仕事以外の生活を両立させられるような環境を企業に対して求めています。このような欲求を持った人にとっては，管理職を無理やり目指させるよりも，専門的知識を身につけることや仕事のやり方を自分で決定できる自律性を高めることによって，その企業で働き続けようというモチベーションを起こさせることができると考えられます。

　また，人材の特徴も，これまで企業が想定していたものに比べ，より多様になっています。そこで企業も従来の画一的なキャリアパスだけではなく，転勤の方法や働く時間の選択可能性も含め，多様な選択肢を提示することが，求められています。

　そのなかで，自分から手をあげて，自分の能力が活かせる部署やこれから

挑戦したい部署に移ることができる制度として，社内 FA（Free Agent）制度や社内公募制があります。ただ，制度としては，これだけではまだ十分と言えず，共働き世帯の従業員が，転勤を経験しなくてもキャリアに必要な経験をする方法など，従来とは異なる方法でのキャリア・マネジメントの可能性が模索されています。

これまでは個人の課題として，企業が踏み込まなかった，仕事以外での生活や人生そのものを含むより広い意味でのキャリア形成に，企業が関わる必要性が生じています。

4.2 自律的キャリアの形成

個人の側にも，従来の企業に頼ったキャリア形成ではなく，自分の価値観や人生観にあったキャリアを形成しようという意識が生まれつつあります。そこで最近よく言われるのが**自律的キャリア**という言葉です。

自律とは，広辞苑によれば「自分で自分の行為を規制すること。外部からの制御から脱して，自身の立てた規範に従って行動すること」という意味です。自律的キャリアとはつまり，外的条件（ここでは企業の都合）に左右されず，自らコントロールすることができるキャリアです。

では自律的キャリアは，具体的にどうすれば形成することができるのでしょうか。現在注目されている1つの方法としては，転職を常に見据えながら企業内で自分のキャリアを構築するというものです。これは何も転職をすればいいという考え方ではなく，結果としてずっと1つの組織内に留まるとしても，常に自分の能力やしたいことを意識的に考えるという思考を持つということです。

また先にあげた専門職制度や社内 FA 制度等を利用することも，自律的な働き方につながると考えられます。自律的に働くということは，自分が何をしたいのかあるいは何ができるのかを明確に認識しなければならないので，ある意味では今までよりもシビアであるとも考えられます。

4.3　組織と個人双方のニーズに応えるために

　ここまで見てきたように，これからは組織と個人双方のニーズをかなえるようなしくみを築いていくことが必要になります。組織と個人双方の要望をかなえるという意味で昨今使われるようになった概念が「雇用されうる能力」を表す**エンプロイヤビリティ**（employability）です。

　この考え方は，能力を2つのタイプとしてとらえます。1つは自分の努力で身につける能力，もう1つは当該企業の中で，企業による支援や仕事を通じて身につけた能力です。この2つの能力を養うことで，所属している企業で必要とされている能力だけではなく，市場で評価される能力を身につけることが可能になります。これがエンプロイヤビリティの考え方です。

　日本でのエンプロイヤビリティを表す概念として，NED（Nikkeiren Employability Development）モデルがあります。このモデルでは，従来の長期雇用を肯定しながらも，外部でも通用する能力を身につけることにも主眼が置かれています。

　従来の企業主導のキャリア・マネジメントでは，後者の当該企業内で培われた能力が大部分を占めていました。しかし，これからは個人の思い描いたキャリア・プランに従って，自律的キャリアを築くことが重要になります。そこで，前者の自助努力で身につける能力が占める割合を増やすことで，企業と対等な関係で自分のキャリアを構築することができるようになります。

5　キャリア・マネジメントを実践するために

　この章では，企業の中でどのようにして自分のキャリアを形成し，マネジメントしていくのかを検討しました。キャリア・マネジメントとは，キャリアに対する個人の要求と組織の要求とをすり合わせるためのしくみあるいは取り組みであるといえます。就職してから，仕事にまつわるさまざまな事柄が起きることが想像されますが，キャリア・マネジメントとはそれに対処し

ながら，自分の経歴をコントロールし，築き上げることを意味します。

　自分の経歴を作り上げる要素には，組織的要因も個人的要因もありましたが，何よりも大切なのは，自分が将来何をしたいのかを，明確に思い描くことです。また，企業もそれぞれの従業員が，どのようなキャリア・プランを描いているのかをくみ取る必要があります。従来は昇進により一元的に決定されてきたキャリアですが，今後は従業員自身が自律的に開発していく必要があります。それに伴い，企業には，従業員の多様な要求に応えられるようなキャリア・マネジメントのしくみを構築することが求められているのです。

Working　　　　　　　　　　　　　　　　　　調べてみよう

1. シャインの①才能，②動機と欲求，③価値の3点を，自分に当てはめて考え，今後どのようなキャリアを築きたいのかを考えてみましょう。
2. あなたの身の回りの人が，これまでどのようなトランジションを経験したのか，聞いてみましょう。

Discussion　　　　　　　　　　　　　　　　　　議論しよう

　自分が企業で働くとき，どういうことが働きがいになるのか，それはなぜかを話し合ってみましょう。

▶▶▶さらに学びたい人のために

- 金井壽宏［2002］『働くひとのためのキャリア・デザイン』PHP研究所。
- 宗方比佐子・渡辺直登編著［2002］『キャリア発達の心理学』川島書店。
- Schein, E. H.,［1978］*Career Dynamics: Matching Individual and Organizational Needs*, Addison-Wesley.（二村敏子・二善勝代訳『キャリア・ダイナミクス』白桃書房，1991年）

参考文献

- 今田幸子・平田周一［1995］『ホワイトカラーの昇進構造』日本労働研究機構。
- 小池和男［2005］『仕事の経済学（第3版）』東洋経済新報社。
- 櫻田涼子［2016］「第6章 組織フラット化との関係にみる新たなキャリア・プラトー現象の考え方」山本寛編著『働く人のキャリアの停滞―伸び悩みから飛躍へのステップ』創成社, 133-156頁。
- 日経連教育特別委員会［1999］『エンプロイヤビリティの確立をめざして』日本経営者団体連盟。
- 日本生産性本部「新入社員春・秋の意識調査」（2018年9月末現在）
  https://www.jpc-net.jp/new_recruit/
- Abegglen, J. C. [1958] *The Japanese Factory: Aspects of Its Social Organization*, Free Press.（山岡洋一訳『日本の経営（新訳版）』日本経済新聞社, 2004年）
- Arthur, M. B. & Rousseau, D. M. [1996]（eds.）, *The Boundaryless Career: A New Employment Principle for a New Organizational Era*, Oxford University Press.
- Anderson, M. L., Goodman J. & Schlossberg, N. K. [2012] *Counseling Adults in Transition: Linking Schlossberg's Theory with Practice in a Diverse World* (4th ed.). New York, NY: Springer.
- Bridges, W. [2004] *Transitions: Making Sense of Life's Changes* (2nd ed.), Da Capo Press.（倉光修・小林哲郎訳『トランジション―人生の転機を活かすために』パンローリング, 2014年）
- Nicholson, N. [1984] A Theory of Work Role Transitions, *Administrative Science Quarterly*, 29, pp.172-191.

第6章 組織市民行動

Learning Points

- ▶人々が組織で働いているとき，個人の役割はある程度決まっており，その範囲内で仕事を行うことになりますが，現実の職場では同僚を手助けするなど，個人の役割を超えた行動がしばしば見受けられます。
- ▶組織行動論の領域では，これらの行動を組織市民行動（Organizational Citizenship Behavior：OCB）と呼びます。では，具体的にOCBとはどのようなもので，それはいかなるメリットやデメリットを持つのでしょうか？
- ▶また，OCBを促進する規程要因にはどのようなものがあり，いかなるマネジメントが求められるのでしょうか？

Key Words

組織市民行動（OCB）　役割外行動　自己裁量的個人行動　宣言的知識　手続き的知識

1　組織市民行動（OCB）とは

1.1　組織市民行動の定義

　OCBとはどのような概念なのでしょうか。まずはこの基本的な事柄について，OCB研究の代表的な存在であるアメリカの経営心理学者オーガン，ポザコフとマッケンジーの議論をもとに，皆さんと理解を深めていきたいと思います（Organ, Podsakoff & McKenzie [2006]）。

　OCBは組織における**役割外行動**の一種です。この章ではOCBをオーガンらに従い「自己裁量的で，公式的な報酬体系では直接的ないし明示的には認識されないものであるが，それが集積することで組織の効率的および**有効的**

機能を促進する個人行動」と定義します。

1.1.1 組織に対して有効的機能を持つ行動

まずポイントとなるのが，組織に対して有効的機能を持つ行動という点です。ただし，1つひとつの行動は組織全体の営みと比較してあまりにも小さく効果が見えません。しかし，それらが蓄積して組織に何らかの形でプラスの影響をもたらすのです。

1.1.2 公式的な報酬体系では直接的ないし明示的には認識されない行動

次のポイントは，公式的な報酬体系では直接的ないし明示的には認識されない行動という点です。これは，公式の職務として，職務記述書に明記され，役割要件として定められている行動ではないことを意味します。

したがって，OCBを行ったとしても，人事制度上公式化された形で，その行動自体を直接評価し報酬などに反映するということはありません。一方で，OCBを行わなかったとしても，同様の形で処罰の対象になることも評価を下げられることもありません。ただし，OCBの蓄積が結果的に評価に反映する可能性は存在します。この点については後ほど説明します。

1.1.3 自己裁量的個人行動

最後のポイントは，誰かから強制されて行うものではなく，自らが必要であると判断して行う，**自己裁量的個人行動**であるという点です。

次に，OCBを構成するいくつかの要素を説明します。

1.2 組織市民行動の構成要素

OCBの構成要素に関しては，多くの研究者がさまざまなものを示していますが，本書ではオーガンが提唱した，**愛他主義**（altruism），**誠実さ**（conscientiousness），**スポーツマン精神**（sportsmanship），**丁重さ**（courtesy），

公衆道徳（civic virtue）の5要素をもとに説明します。日本の心理学者でOCBを多方面にわたって研究している田中堅一郎によると，数多くの因子モデルが存在するなかで，この5要素をもとにした尺度による研究が，かなりの数に上ることが報告されています（田中［2004］）。

1.2.1 愛他主義

愛他主義とは，職務上の困難に直面したメンバーを支援する行動のことです。たとえば，同僚が急病で欠勤したときに，上司の命令なく即座にフォローする行為などはその典型です。また，機械やソフトウェアなどの操作を必要とする職場では，既存のメンバーが初心者や非熟練者に使用方法を説明する行為などをよく見ることがありますが，これも愛他主義に相当します。

この種の支援行動は，支援者が本来の職務から離れて行うことが多いので，生産性が一時的に低下します。しかし，支援を受けた人の生産性が高まることから，組織全体の生産性は向上すると考えられます。また，欠勤への対応などは，本来ならば業務命令によって組織的に行うべきものです。しかし，それでは責任や権限をどう付与するのか，など煩雑な検討や手続きが生じます。愛他主義的行動は，そのようなプロセスの省略を可能にします。

また，この種の行動は組織内に限ったものではありません。組織外の人々に対する親身になった支援行動は，支援を受けた人の組織に対する感情に作用し，組織への好意を高めることになるともいわれています。

1.2.2 誠実さ

誠実さとは，要求水準以上の役割を果たそうとする行動のことです。たとえば，管理されているか否かにかかわらず，組織のルールに自主的に従うことや設定した目標以上の結果を出そうとする行為などが該当します。

1.2.3 スポーツマン精神

スポーツマン精神とは，つまらないことでは不平を漏らさず，とるに足らないことで騒ぎ立てないことです。たとえば，職場で多少不利益を被ったと

しても，不平・不満を唱えないことなどが該当します。このような自制的行動は，組織全体の利益になるという見通しのもとに行われているものです。

1.2.4 丁重さ

丁重さとは，関係者への自発的な事前接触などのことです。たとえば，自らの意思決定に影響を受けそうな関係者に，事前連絡を入れておくことなどが典型です。また，何か問題が発生したとき，その問題が波及しそうなメンバーに対し，あらかじめ注意を喚起する行為なども同様です。

1.2.5 公衆道徳

公衆道徳とは，組織の政策決定に対して，責任を持って参加することです。たとえば，関係する会議に参加し積極的に議論や発言を行うことや，組織に影響を与えそうな問題へ自主的に注意を払うことなどが該当します。このような組織の政策決定に対して従業員が建設的に参加する行為は，多様な視点や新しい知識を組織にもたらすことになり，組織にとってプラスの効果を与えるものだととらえることができます。

1.3 隙間を埋めるものとしての組織市民行動

以上がOCBの構成要素です。ではOCBは全体として，職務とどのような関係にあるのでしょうか。それをイメージで表した田中の研究をもとに説明します（田中［2004］）。**図表6−1**は通常の職場をイメージしてください。Aさん，Bさん，Cさんの実線で囲んだ円は，職務記述書や業務分担表に記載している公式の職務を指します。3人の誰の円にも入っていない色のついた部分は，個々の**職務の隙間**で，明確な担当が決まっていないところです。この部分があまりにも大きいと，アウトプットの水準の低下や，組織的エラーを引き起こす可能性が高まります。

3人の実線の外側から点線の間の白い部分はOCBによる活動部分です。OCBが活発化すればこの白い部分が広がり，色のついた部分の隙間が狭ま

図表 6 − 1 ▶▶▶ OCB と公式な職務のイメージ

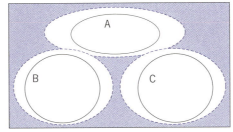

出所：田中 [2004]，11 頁。

ります。つまり，OCB は個々人が担当している公式の職務同士の隙間を埋める役割を果たしているのです。このようにイメージすると OCB をより明快にとらえることができるでしょう。

2 組織市民行動がなぜ必要なのか

2.1 業績評価行動

　本節では，組織にとって OCB が必要な理由について理解を深めていきたいと思います。OCB は先に説明したように，公式に奨励されているものではない任意の行動です。したがって，公式化された形で直接的に個人の評価や報酬に反映されるものではありません。しかし，皆さんが組織メンバーを評価する管理者の立場だとしたらどうでしょうか。先に説明したさまざまな OCB を全く評価しないのでしょうか。

　実は，管理者はメンバーの OCB を肯定的にとらえていることが多いのです。そのため，評価に管理者の主観が入る余地がある場合などに，OCB を行うメンバーが若干肯定的に評価されやすい可能性があります。そして，そのような微妙な評価が積み重なることで，長期的評価結果に何らかの反映がなされることも考えられます。また，人事上の評価という形ではなくとも，管理者から肯定的にみているメンバーに対して，成長が望める仕事や研修の

機会を優先的に与えることなどはよく行われています。

では、なぜ管理者は OCB を評価する傾向にあるのでしょうか。営業職を例に考えてみましょう。営業職の場合、業績評価基準として売上高や契約件数などの客観指標が比較的重視されます。しかし、職場では困難に直面した同僚をサポートし、組織の営業全体に役立つ行動を積極的にとる従業員が存在していることがあります。また、事務職を考えてみましょう。事務職でも、自らの職務範囲にこだわらず、さまざまな問題に対して柔軟に対応できる従業員が頼りにされる場面がよくみられます。

ここにあげたタイプの従業員は、「彼は数字をあげているだけではなく、もう一歩進んだ幅広い視点から仕事を見ることができる」などという言葉とともにしばしば称賛を受け、上司である管理者から頼りにされます。

これは、OCB が管理者の組織マネジメントを補完する役割を一部担っていることから起こります。管理者は、この補完活動を維持・継続させるために、OCB の実践者に高い評価を与える傾向にあるのです。わが国の経営学者で OCB を詳細に研究している上田泰は、このように互恵的な理由から、管理者は OCB を評価する傾向にあることを指摘しています（上田 [2004]）。

しかし、互恵的な評価は、OCB が組織パフォーマンスの向上に寄与するという経験的な確信が管理者にあるがゆえに生じるものです。もし、その確信がなければ OCB は無駄なものと映り、評価の対象にはなり得ないでしょう。そこで、次に OCB と組織パフォーマンスについて考えてみましょう。

2.2 組織パフォーマンス

OCB は組織パフォーマンスと関連があると考えられています。組織パフォーマンスとしては、まず、販売実績といった財務指標に直結するものがあげられます。次に、単位当たりの生産量や歩留まり率といった生産効率などを含めた組織全体の生産性なども重要な組織パフォーマンスの1つです。

また、製造業ならば製品の品質、サービス業ならばサービス品質、それら品質の結果として導かれる顧客満足などもその1つです。顧客満足は、製品

やサービスそのものだけでなく，製品やサービスの提供過程ならびに消費者がそれを消費する消費過程において，企業から消費者に提供されるさまざまな付随的行為によって大きく影響されます。OCBはこれら多様な組織パフォーマンスに影響を及ぼしていると考えられています。

2.2.1 資源の有効活用

では，なぜこのような関係が生じるのでしょうか。第1の理由は，OCBが限られた**資源の有効活用**に寄与しているからです。具体例として，管理者の時間を考えてみましょう。管理者は，メンバーが職務を円滑に遂行できる環境を整備し，遂行状況を把握するなどの管理的業務を行います。さらに，社内外の関係者との接触や政策の立案，組織の革新推進といった戦略的業務をも担っています。両業務の時間配分は管理者がおかれている状況によって異なりますが，一般的に管理者が管理的業務に専念してしまう状況よりは，両者のバランスのとれた時間配分を実現するほうが適切だと考えられます。

そして，OCBの諸活動の中には，管理的業務を代替するものを含んでいます。したがって，OCBが活発化すると，管理者は管理的業務からある程度解放されることになります。その結果，戦略的業務に対しても適切な時間を振り分けることが可能になります。

2.2.2 部門間・メンバー間の調整効果

第2の理由は，部門間やメンバー間の調整効果です。日常のちょっとした情報提供は，関係者の協業を円滑にします。そのため，問題が発生した場合の組織的対応を容易にします。このように，OCBは部門間やメンバー間の日常活動の調整を円滑に進める効果的な手段として役立ちます。

2.2.3 リテンション・アテンション効果

第3の理由は，**リテンション・アテンション**効果です。たとえば，不平や不満が鬱積している職場と比べ，蓄積していない職場のほうが働きやすく，従業員の定着率が高まることが期待できます。また，OCBによって要求水

準以上の仕事を行おうとする組織が形成されていれば，高い成長意欲を持つ人はそこに魅力を感じ，参加を希望することでしょう。このようにOCBはメンバーを組織にひきつけ，ひきとどめることを可能にします。

2.2.4 安定性と柔軟性の確保

第4の理由は，安定性と柔軟性の確保です。欠勤者に対する自主的なフォローアップは，安定した活動を可能にします。円滑な情報交換は，環境変化に対する柔軟な対応を可能にします。このようにして，OCBは組織活動の安定性や柔軟性を確保することに役立ちます。

OCBが活性化すると，上述のメカニズムが働き，生産性やサービスの質などが向上し，組織パフォーマンスの向上を促進することになると考えられています。

3 組織市民行動は何に影響されるのか

3.1 職務満足感

前節の説明で，OCBが組織パフォーマンスに影響を与えることがわかりました。では，OCBに影響を与える規定要因にはどのようなものがあるのでしょうか。実はOCBの規定要因には，きわめて多様なものがあります。本節では，そのなかでも代表的なものについて説明していきます。

最初にあげられるのは**職務満足感**です。職務満足感とは従業員が仕事自体および仕事の関連事項に対して抱く感情のことで，仕事，労働条件，人間関係など多岐にわたります。職務満足感とOCBの関係を示す研究は数多く存在し，OCBの規定要因の中でも主要なものと位置づけられています。

たとえば職場内の人間関係が悪く，従業員が不満を感じている場合，愛他主義に基づいた支援行動などを期待するのは難しいでしょう。反対に人間関係が良好ならば，同僚への支援行動や，丁重さに基づいた積極的なコミュニ

ケーションが期待できます。また，従業員が仕事や賃金に満足しているならば，職務遂行上多少の不満があっても，とるに足らないことと考える可能性が高まります。このようにして，職務満足感は OCB に影響を与えると考えられています。

3.2 組織コミットメント

組織コミットメントも OCB の規定要因です。この概念には，組織と個人の感情的な結びつきを示す情緒的コミットメント，両者の物質的なつながりを示す功利的コミットメント，両者の規範的な価値に基づくつながりを示す規範的コミットメントという 3 つの概念が内包されています。これらのうち，特に OCB との関係が数多く議論されてきた，情緒的コミットメントおよび功利的コミットメントを取り上げ，OCB との関係を考えてみましょう。

まず，情緒的コミットメントですが，組織に対し感情的な愛着を抱くメンバーは，たとえ自分の職務としてではなくても，組織にとって重要だと思う行動を積極的にとりやすいと考えられます。

一方，功利的コミットメントですが，メンバーが組織から得るものが貴重だと感じていれば，組織との関係を維持するために，OCB を行うことは十分に考えられます。しかし，功利的コミットメントにおける交換関係が，公式的に定められた報酬システムを基盤として成立しているならば，報酬システムの対象にならない OCB を積極的に行う理由は見当たりません。したがって功利的コミットメントは，情緒的コミットメントほど OCB に影響を与えるものではないと考えられます。組織コミットメントと OCB の関係を調べた研究をみても，情緒的コミットメントと比較すると，功利的コミットメントと OCB の結びつきを明らかにしたものは少ないのが現状です。

3.3 リーダーシップ

リーダーシップとは，集団の目標達成や維持・強化のために，メンバーに

よってとられる影響力行使の過程を意味し，その形態には，道具型リーダーシップ，支援型リーダーシップをはじめさまざまなものがあります。

オーガンらは，メンバーに対する道具的および支援的なリーダーシップ行動が，OCB に影響を与えるという研究結果が数多く報告されていることを指摘しました（Organ, Podsakoff & MacKenzie [2006]）。リーダーからサポートを受けることで，自ら要求水準以上の仕事を行おうと試み，他のメンバーに対して積極的な支援行為をとるようになることから，このような傾向がみられるのです。

また，リーダーがメンバーの人間性や将来に心を配り，職務上においても信頼できる相談者・支援者としてふるまうことは，リーダーに対する信頼感を向上させることになります。このリーダーに対する信頼感が OCB を促進することにもなります。

リーダーの賞罰行動も OCB に影響しています。賞罰行動には，業績など組織パフォーマンスと関連した基準を条件として賞罰を行う条件づけ賞罰行動と，組織パフォーマンスと関連しない理由によって賞罰を行う非条件づけ賞罰行動があります。そして，彼らは，条件づけ賞罰行動が OCB と正の関係にあること，一方で，非条件づけ賞罰行動が OCB と負の関係にあることを示した研究が比較的多いことを明らかにしています。

3.4　組織的公正

組織的公正とは，組織における諸機能に関する公正のことです（詳しくは第 13 章を参照）。主要なものとして，資源配分の結果の公正さに対する認知を表す分配的公正と，資源配分が決められる手段・方法・過程の公正さに対する認知を表す手続き的公正があります。

組織的公正の中で OCB と関係が深いのは手続き的公正といわれています。手続き的公正に対する認知が高いメンバーは，組織に対し安定的で長期的な関係を期待でき，OCB という直接評価されない行動を選択しやすくなります。また，上田のように，手続き的公正や分配的公正の確保は報酬に対する

図表6-2 ▶▶▶ 組織的公正とOCBの関係

出所：上田 [1994], 56頁。

満足感を生み，職務満足感を経由しOCBに作用することを指摘した研究もあります（上田 [2004]）。このように，組織的公正は，直接的に間接的にOCBに影響を与えていると考えられるのです（図表6-2）。

4 組織市民行動を促進するマネジメントとは

4.1 組織市民行動を促進するメンバーの能力

　これまで，OCBとは何か，それはいかなる組織パフォーマンスをもたらし，どのような規定要因を持つのかなどについて検討してきました。OCBが組織にとって望ましいものならば，組織の政策として，その促進を考えていくことも重要になるでしょう。そこで，本節では，OCBを促進する要件を先にあげた規定要因とは異なる視点から整理し，OCBを促進するマネジメントについて考えていきたいと思います。

　さて，組織メンバーがOCBを活発に行うには，特定の能力要件が必要だと考えられます。具体的な例を想定しながら考えていきましょう。OCBを活発に行うには，少なくとも自らの仕事に精通しているだけでなく関連する他の仕事も把握しておく必要があります。同僚の仕事内容や状況を把握していなければ，同僚が困っているときにうまく支援できません。

　これは部門間にわたる支援行動や調整などにおいても同じです。他部門の関係者に事前連絡を行うには，関連部門の仕事に関する情報だけでは不十分です。相手方の処理能力や置かれている状況の把握，情報を提供すべき適切

な相手の把握など,関連部門に対するより具体的な理解が必要です。さもなければ,先方に意味のない情報を提供することになり,組織パフォーマンスの向上に寄与しないばかりか,無用の混乱を引き起こしかねません。

さらに考えてみましょう。現実の組織メンバーは,スポーツマン精神といった自制的な行動と,公衆道徳という積極的な参加や発言の間で判断に苦慮している存在です。どこまでがとるに足らないことで,異議を唱えずに目前の職務に専念すべきか,どこからが組織のための建設的で積極的な参加なのか。この両者の間には不明瞭で流動的な境界線が存在しています。このあいまいな状況下で的確な判断を行うには,組織や部門全体の現状を把握するだけでなく,その状況下でいかなる行動をとることが,全体にとって適切なのかという,組織の状況を踏まえたうえでの判断能力が求められます。

4.2　2つの知識

知識には,客観的で確定的な認識内容を示す**宣言的知識**(declarative knowledge)と,構造を読み解き状況にうまく対処するための一連の内容を示す**手続き的知識**(procedural knowledge)があるといわれています。先に説明した具体例をもとに考えると,自らの仕事や密接に関連する仕事に対する情報は,宣言的知識のウェイトが高いといえます。しかし,関連部門や組織の状況を理解し,それを踏まえた対応策を考える仕事の場合,手続き的知識のウェイトが高い情報が必要になると考えられます。

メンバーがOCBを積極的に行い,活動範囲を広げるにつれて,事実の把握だけではなく,状況に対応し組織のためになるような行動が必要とされます。そのような行動を的確に遂行するには,それぞれのメンバーに手続き的知識を定着させ,そのウェイトを高めていかなければなりません。

4.3 組織市民行動を促進するマネジメント

4.3.1 職務態度のマネジメント

では，OCB を促すマネジメントとはどのようなものでしょうか。職務態度のマネジメントと能力のマネジメントの2つの側面から考えましょう。

前節で説明しましたが，職務満足感や，情緒的コミットメント，配慮的行動に基づいたリーダーシップ，組織的公正感が OCB の主要な規定要因であることは，近年の研究で明らかになりつつあります。これら規定要因は組織や管理者に対する感情に作用するものです。仕事や人間関係に満足しているメンバー，組織への愛着が強いメンバー，心配りや信頼を寄せてくれるリーダーの下で働くメンバー，処遇やその決定プロセスが公正であると感じているメンバーは組織に対して肯定的な感情が高まることでしょう。

田中は，管理者や組織に対するポジティブな感情は OCB を誘発する一方，ネガティブな感情は OCB を抑制し，逸脱的行動をとる原因となり得ることを指摘しています（田中［2004］）。OCB を促進するには，このような組織メンバーの感情面に配慮した職務態度のマネジメントが必要であると考えられます。

4.3.2 能力のマネジメント

OCB を促進する職務態度に加え，メンバーの能力に関しても触れておきたいと思います。OCB を活発に行うには，メンバーが職務上の手続き的知識を蓄積する必要があります。手続き的知識は短期間で獲得できるものではありません。この種の知識の獲得には経験が必要です。知識の獲得に関する研究分野では，たとえば，わが国の経営学者の松尾睦が，特定分野で優れた業績をあげるようになるには，段階を踏んだ長期の知識獲得プロセスを経ることが必要であることを指摘しています（松尾［2003］）。

また，手続き的知識は具体的経験の蓄積，範囲の拡大と新たな経験，というサイクルを通じてメンバーに定着し，OCB の促進を可能にします。した

がって，OCB を促進するには，比較的中長期にわたる関係をメンバーと構築する必要があります。そのうえで，手続き的知識獲得のサイクルが可能となるような，職務配置を行っていくことが効果的であると考えられます。

4.4 組織市民行動の問題点

OCB は手放しで促進すべきものなのでしょうか。言い換えれば，OCB は無限定に組織に対して肯定的な影響を与えるのでしょうか。

OCB は本来の職務として明確に定められていない行動です。それがあまりにも頻繁に行われることは，本来メンバーが行うべき職務にマイナスの影響を与えることが考えられます。たとえば，困っている同僚を積極的に支援し相談にのることは重要ですが，肝心の担当職務がおろそかになってしまっては結果的に組織パフォーマンスに対して悪影響を与えかねません。

多少のことでは不平や不満を持たないという自制的行動は，組織の安定をもたらすものです。しかし，それが過度に行われると，変革が必要とされている状況に対しても，沈黙を守るといったことになりかねません。このような事態を放置しておくと，いずれ組織は外部環境と不適応を起こし，活発なイノベーションが起こせなくなり，組織の存続が危うくなります。

また，先ほど，管理者は業績だけでなく OCB を高く評価する傾向にあると説明しました。このことをメンバーが経験的に知覚した場合，メンバーは管理者が抱く印象を操作し，自己の評価を高めようとすることが予想されます。このような行動は**印象操作**（impression management）と呼ばれるもので，それ自体は即座に否定すべきものではありません。しかし，管理者が OCB を評価する理由は，それが組織パフォーマンスに対して間接的にプラスの影響を与えているという経験的な確信を持っているからです。

これに対し，印象操作をもとに行われる行動は組織への成果に結びつかず，管理者に対する表面的なアピールでしかない可能性を持っています。その結果，組織パフォーマンスの低下をもたらすかもしれません。また，この種の行動が組織内に頻発することは，評価の公平さに対する組織メンバーの不満

の高まりを誘発することも考えられます。その結果，メンバーの組織的公正感の低下を促してしまうかもしれません。

　以上のように，OCB で示されるような行動は，場合によっては組織に否定的な影響を与える可能性があるのです。そして，実はそのような問題は決してまれなものではないことにも留意すべきでしょう。

5　組織市民行動の実践に向けて

　これまでの説明で OCB の全体像が理解できたと思います。OCB は組織パフォーマンスに影響を与え，管理者の評価行動も左右します。また，OCB は組織内で起こるさまざまな現象とも密接な関係を持つ存在です。

　読者の皆さんには，OCB を頭の中で理解するだけでなく，ぜひ組織の中で実践しながら考えてほしいと思います。自分がとっている行動は OCB といえるのでしょうか。その OCB はどのような影響をもたらすのでしょうか。本当に組織パフォーマンスを向上させるのでしょうか。なぜこのような行動をとろうと考えるのでしょうか。

　これらの問いを思い浮かべながら，OCB を実践することで，その必要性や限界がより深く理解できるようになるのではないかと思います。

Working　　　　　　　　　　　　　　　　　　　　調べてみよう

　OCB には，本書であげた 5 つの種類（構成要素）の他にどのようなものが考えられますか？　働く場における実例を調べながら，考えてみましょう。

Discussion　　　　　　　　　　　　　　　　　　　　議論しよう

　あなたが関係している組織では，OCB が活発に行われていますか。活発に行われている場合，あるいはそうでない場合，どちらもその原因を議論してみましょう。

▶▶▶さらに学びたい人のために

- 鈴木竜太［2013］『かかわりあう職場のマネジメント』有斐閣。
- Organ, D. W., Podsakoff, P. M. & MacKenzie, S. B. ［2006］ *Organizational citizenship behavior : its nature, antecedents, and consequences*, Sage.（上田泰訳『組織市民行動』白桃書房，2007 年）

参考文献

- 上田泰［2003］『組織行動研究の展開』白桃書房。
- 上田泰［2004］「組織市民行動研究の系譜：予備的考察」『成蹊大学経済学部論集』第 34 巻第 3 号，1-87 頁。
- 田中堅一郎［2004］『従業員が自発的に働く職場をめざすために―組織市民行動と文脈的業績に関する心理学的研究』ナカニシヤ出版。
- 松尾睦［2003］「営業スキルの獲得―営業エキスパートの特徴とは」小口孝司・今井芳昭・楠見孝編著『エミネント・ホワイト―ホワイトカラーへの産業・組織心理学からの提言』北大路書房。
- Organ, D. W., Podsakoff, P. M. & MacKenzie, S. B. ［2006］ *Organizational citizenship behavior : its nature, antecedents, and consequences*, Sage.（上田泰訳『組織市民行動』白桃書房，2007 年）

第7章 組織ストレス

Learning Points

- ▶組織の中で発生するストレスは，さまざまなかたちで従業員の行動に影響を与えます。それは，企業における各従業員の生産性を左右するだけでなく，その人自身の人生をも変えてしまいかねない重要な問題です。
- ▶組織ストレス研究では，ストレス源を除去することよりも，人がストレスにどのように対処するか，ストレスをどのように軽減するかに焦点が当てられることが多く，特にソーシャル・サポートへの関心が高まっています。

Key Words

ストレッサ　ストレイン　モデレータ　コーピング　ソーシャル・サポート

1 人間と環境の相互作用としての組織ストレス

　現代人はさまざまなストレスを抱えているといわれています。**ストレス**という概念は，もとは，「外圧が加わった際に生じる物質のゆがみ」を表す物理学の専門用語でしたが，現在では学術用語にとどまらず，日常生活の中でも頻繁に使われる用語になっています。

　しかし，学術用語としてのストレスの概念は，必ずしも研究者間で共通する定義があるわけではありません。ただし，組織行動論の立場からは，人間の特性と環境の特性の相互作用という枠組みの中でストレスをとらえる傾向が強く，ラザルスは「個人が環境に適応するとき，自分自身が環境を，あるいは適応しようとする自己をどのようにとらえているかによって決定される」心理的状態，と説明しています（Lazarus［1966］）。

　たとえば，ある人が会社から異動や転勤の命令を受けた場合に，それを新たなチャンスととらえるのか，それとも不安でいっぱいになってしまうのか

という違いは，異動や転勤そのものすなわち外的な要因だけでなく，異動や転勤に対する個人の認知にも関係があります。つまり，ある人にとって特定の出来事がどの程度のストレスを生じさせるかは，その出来事（＝環境）の刺激としての強弱だけではなく，それに対してその人がどのような**認知的評価**（cognitive appraisal）を与えるか，特に自分にとってどの程度の脅威を与えるものと評価するかによっても大きく左右されることになります。簡単にいえば，何がストレスとなり，それがどの程度の強さのストレスとなるのかは，人の感じ方によって全く異なってくるのです。

そもそも，ストレスという用語が心理学や経営学の分野で研究されるようになるきっかけを作ったのは，カナダの内分泌学者であるセリエによる研究であるといわれています（Selye [1956]）。その後，ラザルスによる心理的ストレスの研究を経て，組織行動論でも，1980年代以降，アメリカを中心に組織ストレス研究が進展してきました。なぜなら，モチベーション，リーダーシップ，コミットメントなどと同様に，組織の中で発生するさまざまなストレスが，従業員の合理的な行動を妨げ，生産性にも大きな影響を与えるのではないかと考えられるようになってきたからです。

それでは，組織ストレス研究で用いられる概念やモデルについて，順にみていきましょう。

2　組織の中の人間に対する外圧とその反応

2.1　組織ストレスのモデル

組織におけるストレスに関する用語は，英語では「organizational stress」「job stress」「occupational stress」など，さまざまなものがあります。これらに対応する日本語も同じように「組織ストレス」，「職務ストレス」，「職業ストレス」，「職場ストレス」など，さまざまな訳語があてられています。しかし，これらの用語については，これまでのところ概念上の区別が明確に

図表7-1 ▶▶▶ 組織ストレスのモデル

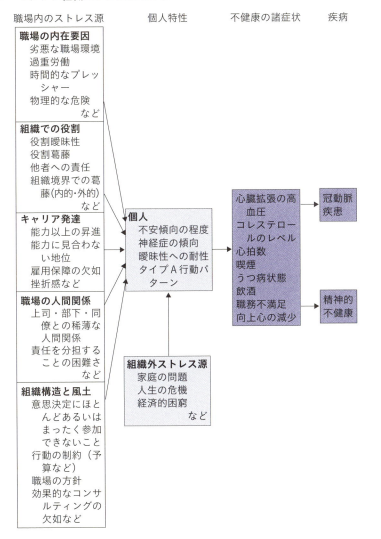

出所：Cooper & Marshall［1976］.

なっているとはいえません。ここでは，以上のような語を含めて「**組織ストレス**」という語に統一することにします。

　クーパーとマーシャルの研究は，それまでの組織ストレスに関する研究をもとに，ストレスの原因となる刺激であるストレッサを組織内ストレッサと

組織外ストレッサに分類して検討しており，組織ストレスの代表的研究として位置づけられています（Cooper & Marshall [1976]）。

組織内ストレッサとしては，①職務そのもの（物理的に不適当な仕事条件，過剰な仕事量，締め切りのプレッシャー，物理的な危険など）②組織内での役割（役割葛藤，役割あいまい性，人々への責任，組織と組織間または組織内での葛藤など）③キャリア開発（地位が高すぎること，地位が上がらないこと，雇用が保証されないこと，昇進可能性がないことなど）④職場の人間関係（上司や部下，同僚とうまくいかないこと，責任が重すぎることなど）⑤組織構造や組織風土（組織の意思決定にほとんどあるいは全く参加できないこと，予算などできることに制限があること，職場の方針など）をあげており，組織外ストレッサとしては，①家庭の問題，②人生の危機，③経済的困窮などをあげています。これを示したものが**図表7−1**です。

彼らは，こうした組織内外のストレッサが，個人の特徴（不安のレベル，神経質さ，あいまいさへの耐性，タイプA行動）によって調整され，職場での不健康の兆候（高血圧，高コレステロール，心拍数上昇，うつ，現実逃避的な飲酒，職務不満足，希望を捨てるなど）に結びつき，長期間にわたるそうした不健康の兆候の結果として疾病（心臓疾患や精神的不健康）に至ると考えたのです。

2.2　ストレッサ

有機体ないし生体にストレスを発生させる刺激のことを**ストレッサ**（stressor）といいます。つまり，組織の中の人間に対して外的な圧力として加えられるもののことを指しています。ストレッサには，職務そのものの特徴・組織での役割・キャリア発達・職場の人間関係・組織構造や組織風土・個人的な次元に関するものなど，さまざまなものがあります。これらのストレッサの分類は，どういった組織ストレスモデルを想定するかによって異なってきますが，ここでは，先に述べたクーパーとマーシャルのモデルにしたがって，組織内ストレッサと組織外ストレッサに区分して説明します。

2.2.1 組織内ストレッサ

　組織内ストレッサに関しては，職務の特徴について取り上げた研究が多く行われています。それらの研究から，労働の過重や過少・役割葛藤（role conflict）・役割あいまい性（role ambiguity）・職務の自律性のなさ・時間的なプレッシャーなどが，有意なストレッサであるとされています。

2.2.2 役割葛藤

　カーンらによれば，「役割葛藤」とは，「ある圧力に従えば，他の圧力に従うことがより困難になるような，2つまたはそれ以上の圧力が同時に発生する状態」と定義されます（Kahn et al. [1964]）。たとえば，完全に矛盾する2つの要求を受けるというような場合に感じるストレッサのことを意味しています。ただし，一般に，個々の人間は1つの役割を果たすことだけを期待されているのではなく，複数の役割を同時に果たさなければならない状況に置かれています。また，自分が果たしたいと考えている役割と他者から期待される役割との間の食い違いもあるでしょう。役割葛藤が発生する場面は決して珍しいものではありません。

2.2.3 役割あいまい性

　「役割あいまい性」とは，文字どおり役割のあいまいさを指しています。役割葛藤は，期待される役割が明確であっても，それらが矛盾しているという状況の中での葛藤ですが，そもそも期待される役割が明確でない状況もあるでしょう。これが役割あいまい性です。

　ここで，もし自分に期待される役割があいまいであれば，いろいろな役割を担わされることが考えられます。それらの役割の中に，相互に矛盾するものがあっても不思議ではありません。こうして役割あいまい性から役割葛藤が発生することになります。逆に，矛盾する役割を期待されることによって，自分の果たすべき役割がいったい何であるのかがはっきりしなくなってくることも考えられます。こうして役割葛藤から役割あいまい性が発生する場合

もあるでしょう。このように，役割葛藤と役割あいまい性は，それぞれ別の概念であっても，お互いに関係があるということに注意する必要があります。

2.2.4 職務の自律性のなさ

「職務の自律性のなさ」とは，自分の仕事を自分でコントロールできないことを意味しています。自分の仕事のコントロールとは，主に仕事内容や仕事のやり方を自分自身で選択し，決定できることを意味しています。より広い意味では，自分の持っている能力や技術を仕事に活かすことができるかどうかということも含んでいます。

2.2.5 時間的なプレッシャー

職場における「時間的なプレッシャー」が，あらゆる職場で強まってきました。サービス産業における人手不足や製造業における合理化・効率化の進展もあり，現在では顧客や市場に対する迅速な反応が求められるようになってきています。こうしたことから，それぞれの職場においても，より時間的なプレッシャーが強まっており，ストレッサとなっているのです。

2.2.6 働く女性のストレス

最近では働く女性を対象としたストレス研究も活発に行われるようになっています。たとえば，**セクシュアル・ハラスメント**（sexual harassment），性差別賃金，性による昇進差別である**グラス・シーリング**（glass ceiling：**ガラスの天井**），女性の管理職に関する研究などです。

セクシュアル・ハラスメントは，必ずしも女性だけを対象とする語ではありません。しかし，実際に女性が被害者となる場面が多く，また研究も女性を対象としたものがほとんどです。少子高齢化社会へと進んでいる日本においては，これまで以上に女性の労働力が重要なものとなっており，働く女性のストレスに関する議論や研究は，活発に行われるようになってきました。

2.3 組織外ストレッサ

一方，組織外ストレッサとしては，夫婦関係や子供の成長といった家庭の問題，家族が重い病気にかかったり死亡したりするといった人生の危機，失業や賃下げなどによる経済的困窮などがあります。この組織外ストレッサという概念は，先に述べたクーパーとマーシャルの組織ストレスモデルの特徴にもなっています。

このようにみてくると，組織内ストレッサと組織外ストレッサは，仕事生活に関するストレッサと家庭生活に関するストレッサに，ほぼ対応しているといってよいかもしれません。重要なことは，組織ストレスにおいて，組織内のストレッサはもちろんのこと，組織外のストレッサについても注意する必要があるということなのです。

2.4 ストレイン

ストレッサを受けた後に生じる結果としての反応を**ストレイン**（strain）といいます。ストレインは，生理的または身体的反応（physiological responses, physical responses）・心理的反応（psychological responses）・行動的反応（behavioral responses）を含んでいます。

2.4.1 ストレインの3つの反応

生理的反応は，一般に心身症（psychosomatic disease）と呼ばれる身体症状となって発現することが多いといわれています。心身症とは，「身体疾患の中で，その発症や経過に心理社会的因子が密接に関与し，器質的ないし機能的障害が認められる病態をいう。ただし，神経症やうつ病など，他の精神障害に伴う身体症状は除外する」と定義されています（日本心身医学会［1991］）。

心身症という語は特定の病名を表しているわけではありません。また，その語感から「心の病気」を思い浮かべてしまいがちですが，心身症とはあくまでも身体に現れる病気のことを指しています。主な症状としては，胃潰

瘍・十二指腸潰瘍・気管支ぜんそく・高血圧・自律神経失調症・アトピー性皮膚炎などです。簡単にいえば，ストレスが原因となって発症した病気はすべて心身症であるといえます。

次に，心理的反応は，職務満足感の低下，意欲の低下，自尊感情の低下，不機嫌さ，神経症およびうつ病などが考えられます。この心理的反応に関する最も重要な問題は，長期間にわたるストレスの結果であることに，周囲の人々が気づきにくいところにあります。したがって，心理的反応は生理的反応や行動的反応とは違い，職場内での影響が大きくなってはじめて明らかになることが多いのです。

さらに，行動の反応は，喫煙・飲酒などが兆候としてあげられます。また，欠勤・怠業・遅刻なども考えられ，転職という行動に至る場合もあります。人の目に見えやすいという意味では最もわかりやすい反応ですが，病気ではないために放置されやすく，生理的反応や心理的反応を誘発する可能性があります。

2.4.2 VDT症候群

近年，VDT（visual display terminals）作業に従事する人が増加しています。VDT作業とは，コンピュータや携帯端末の画面を見ながら機器を操作する仕事のことです。代表的な仕事としては，データ入力，工場や警備関連企業でのモニター監視などがあげられます。VDT症候群とは，このVDT作業従事者に多くみられる症候群のことを指していますが，具体的には，肩こり・疲労性腰痛・眼精疲労・下痢や便秘・頻尿や膀胱炎などといったものを指しています。VDT症候群は，こうした身体的障害ばかりでなく，不安や抑うつなどの精神的・神経的症状を伴う場合も多いことから，2002年に厚生労働省が「VDT作業のための労働衛生上の指針」を定めましたが，そこでは作業環境や健康管理の基準が示されています。

合理化を目的とするコンピュータ化が進んだ現在では，作業現場での多くの仕事がモニター監視といったVDT作業となっており，今後もVDT症候群は増加傾向にあるとみられています。

2.4.3 テクノストレス

テクノストレス(technostress)とは，広義にはVDT作業を含めたコンピュータ作業に伴う職務全般におけるストレスを指しますが，狭義には「コンピュータと人間の関係が崩れたときに生じる疾病」であると定義されます(Brod [1984])。これは，コンピュータとの関わり合いのなかで生じる心理的要因を問題とする用語なのであって，作業環境などの物理的要因を問題とする用語ではないということを意味しています。

また，狭義のテクノストレスは，コンピュータ・テクノロジーを受け入れようとするが身体が拒絶反応を示し，出社拒否やうつ病などになってしまう「テクノ不安症」とコンピュータ・テクノロジーへの過剰適応の結果としてコンピュータ中毒になり，人間的な感情を喪失してしまう「テクノ依存症」の2つに分けられて研究されています。

2.4.4 バーンアウト

バーンアウト(burnout syndrome：**燃え尽き症候群**)とは，「長期間にわたる過度のストレスに対処できず，張りつめていた緊張が緩み，意欲が急速に萎えてしまった結果として表出される極度の身体疲労と感情の枯渇を主な症状とする症候群」を意味しています。具体的には，意欲の低下，情緒不安定，自分に対する無力感などです。ここではストレインに関する3つの反応(生理的・心理的・行動的)の分類とバーンアウトとを区別していますが，このバーンアウトを心理的反応に含める研究もあります。

バーンアウトは，特に医療や福祉，教育など，長期間にわたって頻繁に何らかの対人援助を行う仕事に携わっている人々に多くみられます。この理由の1つは，たとえば，救命救急の医師がいくら懸命に治療をしても亡くなってしまう患者が絶えることはないというように，人間を相手に行う仕事は，努力が報われない状態に陥りやすいということにあります。また，看護や教育などは，仕事の成果が「相手の満足」であることが多く，目に見えにくいものであるという理由もあります。つまり，かなりの精神的・身体的エネ

ギーを注いだにもかかわらず，自分が望んでいた結果が得られなかったり，自分にとって辛い現実を突きつけられたりすることを，長期間にわたって何度も経験することで，バーンアウトに陥ってしまうのです。

2.4.5 過労死

過労死とは，長時間労働や不規則な勤務，疲労やストレスの蓄積の結果，身体に異常をきたし，ついには死亡したり，重い病気にかかったりしてしまうことを指しています。過労死をもたらす疾患としては，脳出血・くも膜下出血・狭心症・心筋梗塞などがあります。また，過労による身体的な異常だけでなく，過労によるうつ状態から引き起こされる自殺などもあります。過労死は，英語でも'karoshi（またはkaroushi）'という語で通用しますが，これは，過労死が日本に特有の現象であり，なおかつ世界からも重要な問題であると認識されていることを示しています。

2.5 モデレータ

モデレータ（moderator）とは，ストレッサとストレインの間に介在する緩衝要因（buffer）を意味しています。このモデレータによって，ストレインが強められたり，逆に弱められたりします。

組織ストレスにおいて，ストレッサの除去は確かに重要です。しかし，ストレッサを完全に除去することは難しいでしょう。そもそも組織に所属すること自体がストレッサになりかねません。したがって，組織ストレスの管理は，実際にはストレッサの除去よりもモデレータの制御に重点が置かれます。

2.5.1 タイプA

組織ストレスのモデレータとして取り上げられる代表的なものは「**タイプA行動**（Type A behavior）」という個人特性です。フリードマンとローゼンマンは，冠動脈疾患の患者に共通する行動パターンについて研究し，その特徴的な行動パターンをタイプA行動と名づけました（Friedman &

Rosenman [1974]）。タイプAは，外面に現れる行動的な症候群ないしは生活スタイルを意味しており，極端な競争心，達成欲，高い攻撃性，いらだち，危険に対する敏感さ，時間に対する切迫感などといった特徴を持っています。これに対して，攻撃性や競争心が低いというタイプAとは対極にある行動パターンを，タイプBと呼びます。

2.5.2 ローカス・オブ・コントロール

ローカス・オブ・コントロール（locus of control：**制御の所在**）も，モデレータとして取り上げられます。ローカス・オブ・コントロールとは，「自分自身の行動の結果が何によって決定されているか」に関する認知を意味しています。自分の行動の結果は自分自身で左右できるという考え方を「内的統制（internal control）」といい，結果は運や偶然や他者の行動に左右されるという考え方を「外的統制（external control）」といいます。

一般に，外的統制の人は，環境に影響を与えられないと考えているため，ストレインを発生させやすく，逆に，内的統制の人は，強いストレッサに対してそれほど強いストレインを発生させないといわれています。

しかし，マリノとホワイトは，ローカス・オブ・コントロールがモデレータとして機能するためには，仕事の自律性との関係が問題と指摘しています（Marino & White [1985]）。すなわち，高い自律性が要求される仕事では外的統制の人が強いストレインを発生させやすく，作業手順が厳密に決定された仕事では内的統制の人が強いストレインを発生させやすいというのです。

タイプAもローカス・オブ・コントロールも個人の性格面に関するものですが，これら以外でモデレータとして取り上げられる要素としては，ストレッサに対する感受性（ストレスに対してどの程度敏感に反応するか），ストレス耐性（ストレスに対してどの程度耐えることができるか），個人の信念や価値観など，個人の性格面に関するものが，やはり多く取り上げられています。たとえば，ストレス耐性の高い人は，過去に起こった出来事を否定的にみないため，自然災害などの被害にあった場合でも，ストレス耐性の低い人と比べて再起が早いと考えられています（Anderson [1977]）。

3 ストレスへの対処

3.1 コーピング

　人間は，ストレスの発生を感じた場合にどのように対処するのでしょうか。この「対処」のことを「**コーピング**（coping）」といいます。人間は，組織ストレスを回避し，問題を解決しようと努力します。強いストレスを感じている状況で適切に対処できれば，ストレッサの除去やストレスの緩和が行えます。

　コーピングは，問題焦点型（problem focused）と情動焦点型（emotion focused）の2種類に区分されます（Folkman & Lazarus [1980]）。

3.1.1 問題焦点型コーピングと情動焦点型コーピング

　問題焦点型コーピングは，ストレスを発生させる状況を評価し，それを何とか変化させて，原因となっているストレッサを除去したり軽減したりしようとする努力のことを指しています。一方，情動焦点型コーピングとは，問題自体の処理ではなく，自分の情緒的不安を軽減させる方向での努力のことを指しています。より簡単にいえば，問題焦点型コーピングは自分の行動を変化させてストレスを回避する方法であり，情動焦点型コーピングは自分の考え方や気持ちを変化させてストレスを回避する方法です。ただし，飲酒や喫煙といった回避行動は，問題を解決するための直接的な行動ではありませんから，行動を変化させるといっても情動焦点型コーピングに含まれます。

　簡単な例でいえば，職場内禁煙が定められているためにストレスを感じているヘビースモーカーが，喫煙所を探して歩き回るのが問題焦点型コーピングであり，他の喫煙者も我慢しているのだから自分も我慢しようと考えて納得するのが情動焦点型コーピングです。

　情動焦点型コーピングは，ストレッサへの直接的な働きかけをしないため，一時的なストレス軽減には有効であっても，根本的な問題は解決しておらず，

同じストレッサにさらされると再び同様のストレスを感じることになります。しかし，ストレッサに対して具体的な解決手段が存在しない場合には，問題焦点型コーピングではかえってストレスを強めてしまいかねません。

したがって，問題解決のために状況を変化させることができそうな場合には問題焦点型コーピングが有効であり，変化させることができそうにない場合には情動焦点型コーピングが有効であるということになるでしょう。

3.2　ソーシャル・サポート

コーピングの中で効果的な方法の1つが，**ソーシャル・サポート**です。

たとえば，職場の上司や同僚からのソーシャル・サポートの程度が高いほど，バーンアウトの傾向が低いという調査研究があります。さまざまな職場の人間関係の中でも，上司との関係が非常に重要であることは容易に想像できるでしょう。実際に，上司からのソーシャル・サポートによるストレス軽減効果だけでなく，上司のリーダーシップが部下のメンタルヘルスに多大な影響をおよぼすことを示した研究もみられます。

また，職場内の人間だけでなく，家族，職場外の友人や知人もソーシャル・サポートの源泉になります。たとえば，働く女性が職場と家庭での2つの役割を負った場合，これを十分に果たすことはたいへんな負担であり，ストレスを感じることになります。そうした場合には，当然のことながら家事の分担など，家族からのサポートが重要になります。

ハウス（House, J.）は，ソーシャル・サポートの働きとして，①情緒的サポート（emotional support：話を聞いてもらったり慰めてもらったりという人間の情緒をサポートする機能）②評価的サポート（appraisal support：意見に賛成してもらったり仕事ぶりを認めてもらったりという評価をサポートする機能）③道具的サポート（instrumental support：自分一人ではできない仕事を手伝ってもらったりお金を貸してもらったりという直接的な行動によるサポート機能）④情報的サポート（informational support：専門的な知識を持つ人物を教えてくれたり何を調べれば知りたいことがわかる

のか教えてくれたりという問題解決のための情報提供によるサポート機能）という4つの機能を示しています（House［1981］）。

　ソーシャル・サポートは、モデレータとしての効果も発揮します。そもそも、モデレータについての最初の研究は、ソーシャル・サポートを研究対象とし、職場の上司・同僚・家族・友人のサポートが取り上げられたのです。

　このように、ソーシャル・サポートは多くの機能を持ち、またモデレータとしてもコーピングの方法としても働くため、こうしたソーシャル・サポートを得られる人ほど、またソーシャル・サポートを得るための人的ネットワークを持っている人ほど、ストレスを感じることが少なくなるのです。

4　組織ストレスに関する課題

　ストレスが業績に与える影響については、図表7－2で示したような逆U字型カーブの関係が存在すると考えられてきました。つまり、ストレスは、ある水準までは積極的に労働意欲を高め、業績を向上させるが、最適なレベルを超えると肉体的、精神的に悪影響をおよぼし、業績を低下させていくものであると考えるのです。そして、中程度の強度のストレスが適度なストレスであるとされ、組織の成果を高めるとされてきました。

　しかし、現在では、ストレスと業績との関係は、さまざまな実証研究によって、それほど単純ではないと考えられるようになっています。

　わが国では、業績に対するプレッシャーや人員削減による1人当たりの仕事負担の増大によって、個人レベルでのストレスは強まる方向にあると考えられます。しかし、組織ストレス研究は、離職者の多い業種といわれる医療、介護、IT企業等の職員を対象としたものが多く、実証研究の蓄積には依然として業種・職種の偏りがみられます。一方で、組織ストレスを個人レベルの問題としてとらえるのではなく、組織レベルの問題としてとらえる研究も行われるようになってきました（Obholzer & Roberts［1994］）。

　また、企業の現場においては、従業員がストレスに関して相談できる

図表7-2 ▶▶▶ ストレスと業績の関係

EAP（Employee Assistance Program：従業員支援プログラム）という制度を導入したり，カウンセラーを企業内に配置したりするといった方策がとられています。さらに，2015年以降，50人以上の事業所には年1回の「**ストレスチェック**」が義務づけられるようになりました（50人未満の事業所については「努力義務」とされています）。ストレスチェック制度は，定期的に労働者のストレス検査を行い，本人にその結果を通知して自らのストレスの状況を認識させ，企業が職場環境の改善策を講じることによって，労働者がメンタルヘルス不調になることを未然に防止するために行われるものです。

このように，研究と実践の両面で，組織ストレスへの関心が高まっているのです。

Working　　　　　　　　　　　　　　　　　　　調べてみよう

この章であげたモデル以外の組織ストレスモデルについて調べ，それぞれの特徴と実践上の問題点を指摘・比較してみよう。

Discussion　　　　　　　　　　　　　　　　　　議論しよう

あなた自身が関わりを持っている組織の組織ストレスに関して，特に，コーピングとソーシャル・サポートの具体的な方法とその有効性について，グループのメンバーと議論してみよう。

▶▶▶さらに学びたい人のために

- Cooper, Cary L. & Dewe, P. [2004] *Stress : A Brief History*, Blackwell Publishing.（大塚泰正・岩崎健二・高橋修・京谷美奈子・鈴木綾子訳 [2006]『ストレスの心理学―その歴史と展望』北大路書房）
- 松井豊・浦光博編 [1998]『人を支える心の科学』誠信書房。
- 横山博司・岩永誠編著 [2003]『ワークストレスの行動科学』北大路書房。
- 横山敬子 [2003]『仕事人間のバーンアウト』白桃書房。

参考文献

- 日本心身医学会教育研修委員会 [1991]「心身医学の新しい診療指針」『心身医学』第 31 巻, 537-573 頁。
- Anderson, C. R. [1977] Locus of control, coping behaviors and performance in a stress setting – A longitudinal study –, *Journal of Applied Psychology*, Vol.62, No.4, pp.446-451.
- Brod, C. [1984] Technostress, Addison-Wesley.（池央耿・高見浩訳『テクノストレス』新潮社, 1984 年）
- Cooper, C. L. & Marshall, J. [1976] Occupational sources of stress : A review of the literature relating to coronary heart disease and mental ill health, *Journal of Occupational Psychology*, Vol.49, pp.11-28.
- Folkman, S. & Lazarus, R. S. [1980] An analysis of coping in a middle-aged community sample, *Journal of Health and Social Behavior*, Vol.21, pp.219-239.
- Friedman, M. & Rosenman, R. H. [1974] *Type A behavior and your heart*, Alfred A. Knopf, Inc.
- House, J. S. [1981] *Work stress and social support reading*, Addison-Wesley.
- Kahn, R. L., Wolfe, D. M., Quinn, R. P. & Rosenthal, R. A. [1964] *Organizationalstress : Studies in role conflict and ambiguity*, John Willey & Sons, Inc.（奥田俊介・岡田充雄・篠塚真吾・西昭夫・大滝伊久男訳『組織のストレス（上）（下）』産業能率短期大学出版部, 1973 年）
- Lazarus, R. S. [1966] *Psychological stress and the coping process*, McGraw-Hill.
- Marino, K. E. & White, S. E. [1984] Departmental structure, locus of control, and job stress : The effect of moderator, *Journal of Applied Psychology*, Vol.70, pp.782-784.
- Selye, H. [1976] *The stress of life (revised edition)*, McGraw-Hill.（杉靖三郎・田多井吉之介・藤井尚治・竹宮隆訳『現代社会とストレス（原書改訂版）』法政大学出版局, 1988 年）
- Obholzer, A. (Ed.) & Roberts, V. Z. (Series Ed.) [1994] *The unconscious at work : Individual and organizational stress in the human services*.（武井麻子監訳, 榊惠子他訳『組織のストレスとコンサルテーション―対人援助サービスと職場の無意識』金剛出版, 2014 年）

第 8 章 チーム・マネジメント

Learning Points

- ▶組織におけるチームは，そのデザインの仕方でクロス・ファンクショナル・チームやバーチャル・チーム，セルフマネジング・チームというタイプに分類することができ，それぞれの組み方によって，もたらされる特性が異なります。
- ▶チームの意思決定は，チーム思考や集団極性化，集団思考というタイプに整理することができ，それぞれの状態によって異なるマネジメントやスキルが必要になります。
- ▶チームを成功に導く方法として，チームに対して適切な目標を設定すること，専門スキルや問題解決スキル，コミュニケーション・スキルという3つのタイプのスキルが必要になること，があげられます。

Key Words

クロス・ファンクショナル・チーム　バーチャル・チーム
セルフマネジング・チーム　チーム思考

1 チームとは

1.1 チームの定義

　人は1人で成し遂げることが難しい大きな仕事を行うために組織を設計します。たとえば，空飛ぶ車を開発・生産・販売するという仕事があるとします。このような大きな仕事をたった1人で行うことは大変ですが，その仕事の一部分である開発だけを大人数の組織メンバー全員で行うことも困難です。

　そこで，組織の中でいろいろな目的に合わせてチームを組むことが必要になります。チームとは，個人でも組織でもない，集団という仕事を行う単位

のことです。高い業績をあげる集団の活動がチームであり、その集団レベルの現象を生み出すために必要な管理や運営のしくみがチーム・マネジメントです。

上では、チームは集団という活動を実施する単位であると説明しましたが、そこから1つの疑問が生まれます。チームと集団は同じものかという問題です。

このような問いに答えるために、ここでは、チームとは何かについて説明します。まず、チームの定義を行った後、チームと集団を比較して、チームについての理解を深めます。次に、チームで仕事をすることによって得られる成果についてみていきます。

1.2 複数のチーム・メンバー

ここでは、**チーム**（team）を、「メンバー間の協働を通じて高い相乗効果をあげるために組まれた複数の人々」と定義します。チームの第1の特徴は、「複数の人々」という側面です。これは、チームとして仕事を行うためには、複数のメンバーが必要になるということです。「チーム」という概念で組織の問題について考えるときは、個人ではなく集団における人間関係のあり方を議論の対象にしなければなりません。

組織行動論の集団（group）という考え方においても人間関係に注目します。したがって、「集団」という概念と「チーム」という概念は共に人間関係を扱っているといえます。そこで重要なことは、チームや集団において人々は互いに影響し合うということです。

1.3 チームのデザイン

第2の特徴は、チームが意図的に「組まれた」ものであるということです。チームは、自然に複数の人々が集まって誕生した集団ではありません。組織のトップ（たとえば、経営者）は、組織目的を達成するためにチームを意図

的にデザインします。

このようなチームの特徴を理解するためには，組織行動論における公式集団と非公式集団という2つの集団タイプについての考え方が参考になります。

公式集団（formal group）とは，組織目的を達成するための任務が割り当てられ，その任務を成し遂げるために編成されたものです。たとえば，新製品の開発を任務として組まれたプロジェクト・チームが公式集団に当てはまります。

これに対して，**非公式集団**（informal group）は，組織において公に定められたわけではない人の集まりと表現することができます。たとえば，学校へ一緒に通学する友人や，会社で同じ趣味を楽しむ仲間が非公式集団に当てはまります。

このように，集団の議論には自発的に集まった非公式集団も含まれますが，チームの議論では意図的に組まれた公式集団が主たる対象になります。チームを公式集団としてとらえることで，組織の目的に合わせたチームの設計が取り組むべき課題となります。

1.4　メンバー間の相乗効果

第3の特徴は，チームが「協働を通じて高い相乗効果をあげる」ということです。チームの成果は，個々のメンバーの成果をただ単に足し合わせたものではありません。たとえば，5人のメンバーがチームとして協同作業を行うと，各メンバーが単独で仕事をしたときの成果を5倍したものよりも大きな結果がもたらされる（5人チームの成果＞1人単独成果×5）と考えられています。チームに関する研究では，どのようなチームを編成すれば高い相乗効果が得られるのかに関心があります。

一般的に，組織行動論における集団に関する議論の対象は，集団のプロセスにおける高い相乗効果だけではありません。集団のプロセスにおける損失（プロセス・ロス）についても取り上げます。

プロセス・ロス（process loss）とは，5人の集団で仕事をしたときの成

果は，1人単独で仕事をしたときの成果を5倍したものよりも小さくなる（5人集団の成果＜1人単独成果×5）という現象です。集団の成果にこのような損失が生じる理由として，メンバー間の仕事の分担や受け渡しがうまくいかないことがあげられます。

このように，集団の議論では，組織にとってマイナスに働く集団内の人間関係と，その結果生じるマイナスの効果も対象にします。これに対して，チームの議論では，組織にとってプラスに働くメンバー間の相互作用と，その結果として生じるプラスの効果に注目します。組織目的を達成するうえで，損失を防ぐだけでは十分とはいえず，いかにして利益を獲得するかが特に重要になってくるためです。

1.5 チームのもたらすメリット

それでは，組織においてチームがもたらす高い相乗効果とは具体的にどのようなものでしょうか。チームに関する研究では，メンバー間の相互作用によってもたらされる効果として，次のようなものがあげられています。

チームによって仕事を行うことで得られる効果は，第1に，組織が生み出す製品やサービスに関するものです。たとえば，チームで仕事をすることによって，1日当たりに生産される車の台数を増加させたり，車の納期を短縮させたりすることが可能になります（生産性の向上）。また，チームとして試行錯誤が伴う改善活動を行うことで，燃費といった車の性能が向上したりします（モノやサービスの質の向上）。さらに，チームが生産工程を見直し，さまざまな無駄を排除することで，1台の車を生産するのにかかるコストを減らすことができます（コスト削減）。この他にも，チームでアイデアを出し合うことで，空飛ぶ車という画期的なものを開発できる可能性が高まります（革新の増加）。

第2は，チームで仕事をするメンバー自身が得られる効果です。たとえば，チームで仕事をすることで，チームのメンバー間で新しい技能を身につける機会が増えたり，チームで意思決定を行う機会が増えたりします。そのため，

チームで働く従業員の仕事が充実したものになります（仕事の質の向上）。さらに，仕事が豊かになれば，従業員は仕事そのものに動機づけられて，組織に留まりたいと考えるようになったり，仕事を休みたくないと思うようになったりします（離職や欠勤の減少）。

第3は，組織がチームを用いることで環境（たとえば，市場）の変化に柔軟に対応できるという効果です。チームは環境の変化を予測したり，環境からの新たな要求に迅速に対応したりします（組織の適応力の向上）。チームの利用が組織の柔軟性や適応力を高める理由については，次節においてチームのタイプと関連づけて説明します。

このように，チームで仕事を行うと，製品やサービスの質を高める効果やメンバーを動機づける効果，組織が環境の変化に適応する効果が期待できます。しかしながら，実際にはすべてのチームがうまくいっているわけではありません。好き勝手にチームを設計したからといって，常によい成果が期待されるわけではありません。次節でみていくように，成功しているチームには共通する特徴があります。チームの利用を通じて組織の業績を向上させたいと望むなら，チームがそのような特徴を備えるように注意して設計しなければなりません。

2 チームのタイプとは

2.1 3種類のチーム

なぜチームで仕事をすると前述のような成果が得られるのでしょうか。ここでは，その秘密についてチームのタイプに注目して説明します。組織におけるチームは，そのデザインの仕方でいくつかに分類することができます。この節では，チームの組み方によってもたらされる特性に注目して，とりわけ重要な3つのタイプを取り上げます。クロス・ファンクショナル・チームとバーチャル・チーム，セルフマネジング・チームです。以下では，それぞ

れのチームに異なる特徴があることを説明します。

2.2 多様なメンバーのチーム

第1に，多様なメンバーから構成されるチームは，**クロス・ファンクショナル・チーム**（cross-functional team）と呼ばれています（たとえば，Lindborg [1997]）。このようなチームのメンバーは，開発や生産，販売など多様な職能分野から選ばれます。ある目的を達成するためにメンバーがそれぞれの職能分野をまたいで仕事を行うので「機能横断型」と呼ばれます。

クロス・ファンクショナル・チームの特徴は，チームの構成にあります。それは，同質的なメンバーから構成される均一チームではなく，異質なメンバーから構成される混合チームです。チームのメンバーは，開発や生産のようにただ単に職能が異なるだけではありません。職能が異なれば，視点や意見，専門知識なども違ってきます。また，職能以外にも，性別や国籍の違いによってもたらされる多様性（diversity）もあります。同じ職能でも男性と女性では，思いつくアイデアが異なることもあります。

このようなクロス・ファンクショナル・チームは，前節で示された製品やサービスの改善や革新，組織の柔軟性の向上という効果を生み出すチームといえるでしょう。なぜなら，チームを構成する多様なメンバーがさまざまな知識を用いていろいろなアイデアを提案することや，職能間にまたがるような仕事（たとえば，車の販売店に寄せられたユーザーの要望を新しい車の開発に結びつけるような仕事）について話し合うことが可能になるためです。それゆえ，環境の多様な変化にチーム内の多様な専門性で対応できるようになることが期待されます。

確かに，クロス・ファンクショナル・チームは，組織内のいろいろな分野の人々がチームを組むことで，多様な問題解決を行うことが可能になります。しかしながら，問題解決を行うために必要な人材が組織内にいない場合はどうなるのでしょうか。そこで必要になるのは，組織を越えて問題解決を行うことができるようなチーム・デザインです。

2.3 情報通信技術で結ばれたチーム

　第2のチーム・タイプは，1つの組織に限らず，いろいろな国や地域に散らばるメンバーを情報通信技術（Information and Communication Technology：ICT）によって繋ぎとめる**バーチャル・チーム**（virtual team）です（たとえば，Lipnack & Stamps［1997］）。

　バーチャル・チームが多様なメンバーから構成される点については，クロス・ファンクショナル・チームと同じ特徴を有しています。クロス・ファンクショナル・チームと同様に，多様性のメリットを享受しているといえます。

　しかしながら，チームにおける多様性を追求するうえで，ICTを利用することにより，クロス・ファンクショナル・チームの限界を克服することができる点に，バーチャル・チーム独自の特徴があります。それは，チームのメンバーを組むときやメンバー間のやりとりにおいて，地理的・組織的・時間的な制約を受けにくいことです。

　ICTに基づくバーチャル・チームは，遠く離れた場所（勤務地）にいるメンバーもチームの一員として扱うことができます。また，問題を解決するのに必要な知識を持った人が組織内にいない場合，他の組織のメンバーをチームに含めて問題解決することもできます。さらに，たとえチームのメンバーが時差のある場所にいても，ICTを使って話し合いや協働の場を設けることもできます。地理的・組織的・時間的制約の克服を可能にする具体的なICTとして，電子メールや電子掲示板，電子会議などの機能を含むグループウェアがあげられます。

　このようなバーチャル・チームもクロス・ファンクショナル・チームと同様に，前節で示された製品やサービスの改善や革新，組織の柔軟性の向上という効果を生み出すチームといえるでしょう。問題解決においてさまざまな知識が求められ，その仕事をICTを用いて行うことができれば，バーチャル・チームが改善や革新を行ううえで効果的になります。なぜなら，バーチャル・チームでは，ICTを用いることでメンバーが議論に参加しやすくなるだけでなく，チームにおける議論の流れが記録され，いつでもその議論

に関するデータを手に入れることができるからです。

　確かに、世界中のさまざまな組織に所属するメンバーから構成されるバーチャル・チームは、効果的な製品開発や問題解決を行うことを可能にします。しかしながら、チーム自身で問題解決や意思決定を行うのに必要な権限が与えられていない場合はどうなるのでしょうか。たとえ優秀なメンバーが集まっても、個々のメンバーの能力を十分に活用することができません。そこで、チーム活動において提案されたアイデアを自ら判断し実行することが可能になるようなチーム・デザインが必要になります。

2.4　自己管理を行うチーム

　第3の**セルフマネジング・チーム**（self-managing team）は、クロス・ファンクショナル・チームやバーチャル・チームのように多様性によって問題を解決するだけではありません。その解決策を決定し実行する権限も有する自律的なチームです（たとえば、Manz & Sims［1993］）。ここでの**自律性**（autonomy）とは、チームがチーム自身の活動を管理することです。

　セルフマネジング・チームでは、チームそのものに対して意思決定権限が与えられます。このような権限には、仕事のスケジュールの決定やチーム内における役割分担の決定が含まれます。さらに、チームにおいてチームのリーダーやメンバーを選んだり、メンバー同士でお互いの成果を評価したりすることもできます。

　従来、特定のリーダーのみに与えられていた権限がチームに譲り渡されるために、セルフマネジング・チームではリーダーの役割も変化してきます。特定のリーダーが意思決定の権限を持っているときは、リーダーにはチームにおいて重要な決定を担い、チームをどんどん引っ張っていくような役割が求められていました。これに対して、セルフマネジング・チームのリーダーには、チームの力を引き出すコーチのような役割が求められます。

　このようなセルフマネジング・チームでは、前節でチームの成果として示したメンバーの仕事の質の向上がみられます。なぜなら、チームのメンバー

まってチームを組んで話し合えば，すばらしいアイデアが出てくるといわれています。

もう1つは，「船頭多くして船山に上る」です。チーム内で相談しているときに，指示を出す人が多いとチームの意見がまとまらずに，それどころか予想外の結論に達してしまうといわれています。

このように，諺においてもチームの意思決定がうまくいく場合とそうでない場合で異なる説明がなされています。ここでは，チームの意思決定において特徴的である3つのタイプについて説明していくことにします。それは，チーム思考，集団極性化，集団思考です。

3.2 建設的な意思決定

第1に，チームによる建設的な意思決定をとらえるのは**チーム思考**（team-think）です。チーム思考とは，メンバー間の前向きな批判を通じてチームで効果的な意思決定を生み出すような思考様式です。このような考え方においては，まず，何らかの問題が生じたときに，チームがそれを自分たちにとってのチャンスとみなすかどうかが重要になります。次に，その問題の解決プロセスにおいて，メンバーの異質な視点が活かされていたり，個々のメンバーの関心や意見が複合的に示されていたりすると，そのチームにおいてチーム思考が行われている傾向にあると考えられます。

チームにおいてチーム思考に基づく意思決定を行うことができれば，次のようなメリットがあると推測されます。各メンバーが持っている情報を集めることによって，問題に関する多くの情報をもとにチームの意思決定を行うことが可能になります。また，個々のチーム・メンバーの異なる視点や考え方を取り上げることで，集められた情報をさまざまな角度から建設的に批判・検討することができるようになります。さらに，メンバーが意思決定に参加するために，チームで決めたことを実行に移す際に支持されやすくなります。

チームで意思決定を行うことでさまざまな可能性が広がっていきます。け

が仕事における意思決定に参加できるようになることで、仕事内容そのものが豊かになるためです。権限が与えられたチームにおいては、メンバーが意思決定に参加するため、各メンバーの仕事に対する満足度は高くなるとされています。

また、まさに問題が起こっている現場において、チームで解決策を話し合ったうえで決定することができるので、環境の変化に対して迅速に対応できるようになります。問題を解決するプロセスにおいて、リーダーに対応方法に関する許可を逐一得る必要がないため、解決にかかる時間が短縮されるのです。

以上の3つ以外にもチームのタイプはいくつかありますが、どのタイプを使うかは組織の置かれた状況（環境）も考慮して決める必要があります。クロス・ファンクショナル・チームやバーチャル・チームは、複雑な環境に対応する場合に便利です。これに対して、セルフマネジング・チームは、変化の激しい環境に適応する場合に有効です。

セルフマネジング・チームに限らず、チームではリーダーだけが意思決定を行うのではなく、チームのメンバーが意思決定のプロセスに参加する機会が多くなります。したがって、チームでうまく問題を解決するには、チームにおける意思決定の仕方が重要になってきます。

3 チームによる意思決定とは

3.1　3種類の意思決定

チームで意思決定を行う重要性についてはすでに述べてきましたが、チームの意思決定とはどのようなものなのでしょうか。チームで意思決定を行うといつも効果的な決定を行うことができるのでしょうか。この疑問について考える際にヒントとなるのは、有名な諺です。

1つは、「三人寄れば文殊の知恵」です。たとえ普通の人でも、3人が集

れども，常にチーム思考ができるとは限りません。チームで意思決定を行うことはそれほど容易ではないのです。では，チームで意思決定がうまくいかないときにはどのようなことが起こるのでしょうか。

3.3　極端な意思決定

第2に，チームが極端な意思決定を行う傾向があるという側面は，**集団極性化**（group polarization）と呼ばれています。集団極性化とは，チームで議論を行うことによって，1人で決めたときよりも偏った結論が導き出されてしまうことです。

チームによる意思決定が極端になってしまう理由として，チームで議論を行う際に，複数のメンバーがあるメンバーの意見を裏づけるような理由を述べるため，その意見に対する確信が強化されてしまうことがあげられます。

また，自分と同じ意見を持ったメンバーがチームの中に多くいることを知ったときには，各メンバーの考え方が相互に強化され，チームとして偏った案が選ばれてしまいます。

さらに，チームのメンバーに共通する思考様式であるチームの規範（norm）が，チーム全体の結論をより極端な方向へ移行させます。たとえば，チームの規範がハイリスク・ハイリターンを優先するようなものであれば，より積極的な決定がチームとして選択されてしまいます。反対に，チームの規範がローリスク・ローリターンを優先するようなものであれば，より消極的な選択肢がチームとして採用されてしまいます。

3.4　浅はかな意思決定

第3のタイプは，チームの浅はかな意思決定を導く**集団思考**（groupthink）です。集団思考とは，チームが抱えている問題の適切な解決よりも，メンバーの意見を合わせることを求めてしまう思考様式です。集団思考に基づく意思決定プロセスでは，チームで効果的な決定を行うという意思決定の目的

が，メンバー間の見解を同じにすることに変わってしまいます。そのため，現実的な意思決定が困難になります。

このような集団思考が生まれてしまう理由には，チームの**凝集性**（cohesiveness）が強すぎてしまうことがあります。一般的に，凝集とは，散らばっているものが1カ所に集まることを意味しますが，チームの凝集性とは，メンバーの「チームに留まりたいと思う気持ち」や「チームそのものを魅力的に感じる気持ち」を意味し，チームのまとまりのようなものと考えることができます。

チームの凝集性は，チームで仕事を行ううえで重要なものです。しかしながら，あまりにもまとまりが強すぎると，チームの中で反対意見を言い出しにくい傾向になり，チームが抱えている問題に対して効果的な意思決定を行うことが困難になります。

集団思考では，多数派のメンバーが自分たちの意見に賛成するように少数派のメンバーに圧力をかけるため，少数派のメンバーは反対意見を述べることを諦めてしまいます。また，少数派が発言を控えることは，多数派へ賛成しているものと考えられてしまいます。その結果，メンバーから提供されるはずであった問題に関する情報が限られてしまうため，問題のさまざまな側面を理解することができなくなります。さらに，チームの議論において検討される解決案も少なくなってしまいます。

4 チームの成功に向けて

4.1 チーム成功の条件とは

チームで効果的な意思決定を行うためには，このような集団極性化や集団思考を防ぐための方法について検討する必要があります。また，メンバーの専門分野が異なるクロス・ファンクショナル・チームや，メンバー同士が直接顔を合わせる機会が少ないバーチャル・チームを成功させるためにも工夫

が必要になります。では，チームを成功に導く条件とはいったいどのようなものなのでしょうか。

　この章では，まず，チームの特徴とは何かについて集団と比べながら説明しました。次に，チームはすべて同じものではなく，組織から与えられた目的や役割によっていくつかの種類に分類できることについて述べました。最後に，チームの意思決定がうまくいく場合とそうでない場合に分け，なぜそのような違いが出てくるかについて指摘しました。

　ここでは，チームの成功要因について整理し，この章のまとめに代えたいと思います。チームを成功させるためにはどのようなことを行う必要があるかについてみていきましょう。そのためにチーム目標の設定とメンバーのスキル・アップ（技能向上）を取り上げたいと思います。

4.2　チーム目標の設定

　チームを成功に導く方法の1つと考えられるのは，チームに対して適切な目標を設定することです。

　チーム目標を定めるためには，まず，チームの目的を決める必要があります。なぜなら，チームの目的がメンバーに受け入れられれば，彼（彼女）らの行動を一定の方向に導く効果が期待されるからです。価値観や考え方が異なるメンバーから構成されるクロス・ファンクショナル・チームやバーチャル・チームでは，多様なメンバーの行動をマネジメントするうえで目的の決定が重要になるのです。また，セルフマネジング・チームでは，このようなチームの目的について，メンバー間で議論して合意することが，メンバーの満足感を高めるうえでも大切になります。

　次に，チーム目的をもとに具体的な目標を定める必要があります。はっきりとした目標は，メンバー間においてどのようなコミュニケーションが必要となるかを明確にし，メンバーが何に努力を傾けるべきかを示します。バーチャル・チームでは，たとえメンバー同士が実際に集まらなくても，チーム目標の設定や修正を行うことで，今どのメンバーと頻繁に連絡を取り合うべ

きか，電子掲示板上に示されるどの問題について特に議論すべきかについて明らかになるでしょう。

　また，チーム目標を達成するうえでの責任を明確にしておくことも欠かせません。チームの責任と同時に個々のメンバーの責任についてもはっきりさせておく必要があります。それは，集団極性化を防ぐためでもあります。前述のように，チームで議論を行うと大胆な最終決定がなされることがありますが，その原因の1つとして，チームでは責任があいまいになってしまうことがあげられます。このような決定を回避するためにも，責任の所在を明確にすることが重要になります。

　しかしながら，目的や目標を設定するだけではチームは成功しません。それらの目的や目標を達成するためのスキルが必要になります。

4.3　メンバーのスキル・アップ

　チームの成功に不可欠なもう1つの条件は，メンバーのスキルを向上させることです。ここでのメンバーには，チームのリーダーも含めて考えてみたいと思います。

　一般的に，チームが成功するためには，専門スキル，問題解決スキル，コミュニケーション・スキルという3つのタイプのスキルが必要になるとされています。

　第1に，**専門スキル**とは，ある特定分野の高度な知識に関するスキルです。製品の設計担当者が持っている設計に関するスキルなどが専門スキルに含まれます。このようなスキルは，クロス・ファンクショナル・チームやバーチャル・チームにおいて多様な視点から問題を分析する際に重要になります。なぜなら，専門性の違いが多様な視点を生み出し，問題解決の糸口になるからです。

　専門スキルは，OJT（on-the-job training：職場内訓練）だけではなくOff-JT（off-the-job training：職場外訓練）によっても身につけることができるとされています。したがって，チームを成功させるためには，職場以外にお

中央経済社 ベーシック＋プラス Basic Plus

いま新しい時代を切り開く基礎力と応用力を兼ね備えた人材が求められています。
このシリーズは、社会科学の各分野の基本的な知識や考え方を学ぶことにプラスして、一人ひとりが主体的に思考し、行動できるような「学び」をサポートしています。

シリーズラインアップ（刊行予定）

※タイトルや著者名は変更になる場合があります。

タイトル	著者	判型・頁数
〜の基礎	小川 光／家森信善 ［著］	A5判220頁
〜基礎（第2版）	家森信善 ［著］	A5判212頁
	山重慎二 ［著］	A5判244頁
〜第2版	小川 光／西森 晃 ［著］	A5判248頁
〜版	家森信善 ［著］	A5判260頁
〜2版	小林照義 ［著］	A5判240頁
境経済学 など		
統計学 など		
〜第2版	宮川 努／細野 薫／細谷 圭／川上淳之 ［著］	A5判272頁
	中川雅之 ［著］	A5判258頁
〜2版	山﨑 朗／杉浦勝章／山本匡毅／豆本一茂／田村大樹／岡部遊志 ［著］	A5判272頁
	猪野弘明／北野泰樹 ［著］	近刊
	横山和輝／山本千映 ［著］	近刊
	杉山里枝 ［著］	近刊
	藤田 誠 ［著］	A5判260頁
	井上達彦／中川功一／川瀬真紀 ［編著］	A5判240頁
	安藤史江／稲水伸行／西脇暢子／山岡 徹 ［著］	A5判248頁
	上野恭裕／馬場大治 ［編著］	A5判272頁
	吉村典久／田中一弘／伊藤博之／稲葉祐之 ［著］	A5判236頁
〜理（第2版）	上林憲雄 ［編著］	A5判272頁
	開本浩矢 ［編著］	A5判272頁
〜源管理	関口倫紀／竹内規彦／井口知栄 ［編著］	A5判264頁
	原 拓志／宮尾 学 ［編著］	A5判212頁
〜ン・マネジメント	長内 厚／水野由香里／中本龍市／鈴木信貴 ［著］	A5判244頁
〜ス	井上光太郎／高橋大志／池田直史 ［著］	A5判272頁
〜ジメント	柳瀬典由／石坂元一／山﨑尚志 ［著］	A5判260頁
〜ング	川上智子／岩本明憲／鈴木智子 ［著］	近刊
	渡辺達朗／松田温郎／新島裕基 ［著］	近刊
〜論	田中 洋 ［著］	A5判272頁
〜3版	齊藤 実／矢野裕児／林 克彦 ［著］	A5判268頁
財務会計 など		
社法 など		
	尾島茂樹 ［著］	A5判268頁
〜引法	梅本剛正 ［著］	A5判188頁

中央経済社
〒101-0051 東京都千代田区神田神保町1-35
Tel: 03(3293)3381　Fax: 03(3291)4437
E-mail: info@chuokeizai.co.jp

Let's START!

学びにプラス！
成長にプラス！
ベーシック＋で
はじめよう！

中央経済社

ベーシック＋専用HP

1 あなたにキホン・プラス！

その学問分野をはじめて学ぶ人のために，もっとも基本的な知識や考え方を中心にまとめられています。大学生や社会人になってはじめて触れた学問分野をもっと深く学んでみたい，あるいは学びなおしたい，と感じた方にも読んでもらえるような内容になるよう，各巻ごとに執筆陣が知恵を絞り，そのテーマにあわせた内容構成にしています。

2 各巻がそれぞれ工夫している執筆方針を紹介します

2.1 その学問分野の全体像がわかる
まず第1章でその分野の全体像がわかるよう，○○とはどんな分野かというテーマのもと概要を説明しています。

2.2 現実問題にどう結びつくのか
単に理論やフレームワークを紹介するだけでなく，現実の問題にどう結びつくのか，問題解決にどう応用できるのかなども解説しています。

2.3 多様な見方を紹介
トピックスによっては複数の見方や立場が並存していることもあります。特定の視点や主張に偏ることなく，多様なとらえ方，見方を紹介しています。

2.4 ロジックで学ぶ
学説や学者名より意味・解釈を中心にロジックを重視して，「自分で考えることの真の意味」がわかるようにしています。

2.5 「やさしい本格派テキスト」
専門的な内容でも必要ならば逃げずに平易な言葉で説明し，ただの「やさしい入門テキスト」ではなく，「やさしい本格派テキスト」を目指しました。

〈直感的な図表〉
図表を用いたほうが直感的にわかる場合は積極的に図表を用いています。

3 最初にポイントをつかむ

各章冒頭の「Learning Points」「Key Words」はその章で学ぶ内容や身につけたい目標です。あらかじめ把握することで効率的に学ぶことができ，予習や復習にも役立つでしょう。

4 自分で調べ，考え，伝える

テキストを読むことのほか，他の文献やネットで調べること，インタビューすることなど，知識を得る方法はたくさんあります。また，議論を通じ他の人の考えから学べることも多くあるでしょう。そんな能動的な学習のため，各章末に「Working」「Discussion」「Training」「さらに学びたい人のために（文献紹介）」等を用意しました。

5 …and more !!

実際の企業事例や，知っておくと知識の幅が広がるよど，書籍ごとにその分野にあわせた学びの工夫を盛り込てご覧ください。

＊教員向けサポートも充実！ https://www
- テキストで使用されている図表や資料などのスラ
- 収録できなかった参考資料やデータ、HPの紹介な
- WorkingやDiscussion、Trainingなどの解答や考

講義に役立つ資料や情報をシリーズ専用サイトで順次

6

ミクロ経済学
マクロ経済学
財政学
公共経済学
金融論（第
金融政策（
労働経済学
計量経済学
日本経済論
公共政策論
地域政策（
産業組織論
経済史
日本経済史
経営学入門
経営戦略
経営組織
経営管理論
企業統治
人的資源管
組織行動
国際人的資
技術経営
イノベーシ
ファイナン
リスクマネ
マーケティ
流通論
消費者行動
物流論（第
会計学入門
法学入門
民法総則
金融商品取

（株）中

いても高度な専門知識について学習できる環境を整備する必要があります。

第2に，**問題解決スキル**とは，問題を発見しその解決案を見つけ出すスキルです。仮説を立ててそれを検証するような分析能力をイメージすることができます。セルフマネジング・チームでは，他人から言われたことだけをやっていたのでは仕事になりません。チームのメンバーが自分たちで問題を見つけ，その解決策を探し，自ら最終決定することが求められます。

このような問題解決スキルを向上させるためには，チームに仕事をまかせて試行錯誤を容認するような考え方が重要になります。具体的には，組織のトップやチーム・リーダーのサポート（たとえば，チーム・メンバーが失敗を恐れず新しい課題に挑戦できるような人事評価）が必要です。

第3に，**コミュニケーション・スキル**として，チーム・メンバーの発言を促すようなスキルや，他のメンバーの意見を聞き入れるようなスキルをあげることができます。クロス・ファンクショナル・チームは，異なる専門用語を使いこなすメンバーからチームが構成されるため，チーム内でコミュニケーションをとるのが非常に難しくなります。また，バーチャル・チームでも実際にはメンバー同士が顔を合わせる機会が少ないため，コミュニケーションが難しくなります。このようなチームにおいて，メンバー間での効果的な情報伝達や議論を可能にするコミュニケーション・スキルは不可欠なものでしょう。

さらに，集団思考を防ぐうえで，チーム・リーダーのコミュニケーション・スキルも重要になってきます。メンバーに議論への参加を促したり，少数派の意見をくみ上げたりすることが，チームにおいて現実に即した意思決定を行ううえでの前提条件になるためです。このようなスキルはファシリテーション（facilitation）と呼ばれていますが，チームによる問題解決や合意形成を促進するために欠かせないものになるかもしれません。

以上，チームを成功させるうえで求められる取り組みについてみてきました。チームの目的をきちんと把握したうえで，チームのタイプを考慮したマネジメントを行うことがチームの成功において大切なことになります。

| Working | 調べてみよう |

バーチャル・チームの活動をサポートするグループウェアにはどのようなものがあるか調べ，それぞれの機能やメリットなどについて整理しましょう。

| Discussion | 議論しよう |

これまでにチームで行った意思決定の経験を振り返り，その意思決定がどのようなタイプと解釈できるかについて，メンバー全員で話し合いましょう。

▶▶▶さらに学びたい人のために

- 上田泰［1997］『個人と集団の意思決定——人間の情報処理と判断ヒューリスティックス』文眞堂。
- Robbins, S. P.［2005］*Essential of organizational behavior*, 8th. ed., Prentice-Hall.（髙木晴夫訳『(新版) 組織行動のマネジメント——入門から実践へ』ダイヤモンド社，2009年）

参考文献

- 上田泰［1997］『個人と集団の意思決定——人間の情報処理と判断ヒューリスティックス』文眞堂。
- DIAMONDハーバード・ビジネス・レビュー編集部編・訳［2005］『いかに「高業績チーム」をつくるか』ダイヤモンド社。
- Lindborg, H. J.［1997］*The basics of cross-functional teams*, Quality Resources.（今井義男訳『CFT　クロス・ファンクショナル・チームの基礎——勝ち残りをかけて変革を目指す組織』日本規格協会，2003年）
- Lipnack, J. & Stamps, J.［1997］*Virtual teams: Reaching across space, time, and organizations with technology*, John Wiley & Sons.（榎本英剛訳『バーチャル・チーム——ネットワーク時代のチームワークとリーダーシップ』ダイヤモンド社，1998年）
- Manz, C. C. & Sims, H. P., Jr.［1993］*Business without bosses: How self-managing teams are building high-performing companies*, John Wiley & Sons.（守島基博監訳『自律チーム型組織——高業績を実現するエンパワーメント』生産性出版，1997年）
- Robbins, S. P.［2005］*Essential of organizational behavior*, 8th. ed., Prentice-Hall.（髙木晴夫訳『(新版) 組織行動のマネジメント——入門から実践へ』ダイヤモンド社，2009年）

第9章 リーダーシップ

Learning Points

- ▶リーダーシップとは、リーダーについていく人々であるフォロワーの組織目的に対する前向きな意識の変化を促す行為です。
- ▶リーダーシップは、フォロワーがリーダーシップを受け入れることによって成り立ちます。そのためには、まずリーダーとフォロワーの間に信頼関係が必要です。
- ▶リーダーシップには、大きく分けて、物事を効率的に遂行するために必要な交換型リーダーシップと組織変革を導く変革型リーダーシップという2つのタイプが存在します。

Key Words

信頼　交換型リーダーシップ　変革型リーダーシップ

1 リーダーシップとは何か

　リーダーシップという言葉を一度は耳にしたことがあるのではないでしょうか。カリスマ、親分肌、英雄といったようにリーダーシップを連想させる言葉からリーダーシップについてのイメージがつかめるかもしれませんが、必ずしもその本質がつかめているわけではありません。このように、わかっているようで、わかっていないのが、リーダーシップではないでしょうか。この章では、**リーダーシップ**とは何か、これまでにリーダーシップはいかに論じられてきたのか、そして、リーダーシップを発揮するにはどうすればいいかという観点から、リーダーシップの基本を説明します。

1.1 リーダーシップの定義

リーダーシップと言えば，組織を先導してグイグイと引っ張っていく力強いイメージを持たれている人が多いかと思います。たしかに，リーダーシップを発揮しているのは明るくパワフルな人物を連想しますが，冷静沈着に粛々と事を進めて成果を出すクールな人物も存在します。そのように考えると，イメージだけでは，いま一つリーダーシップをとらえるのは難しいでしょう。

リーダーシップの定義に関しては統一的な定義が存在するわけではありませんが，代表的な文献による定義を整理してまとめると「リーダーシップとは，ある目的の実現，目標の達成のために組織（集団・チーム・グループなどを含む）のリーダーが，**フォロワー**に積極的な意識や行動の変化を促すこと」と定義することができます。

1.2 リーダーシップのポイント

この定義から導き出されるポイントを整理すると，以下のように指摘することができます。

- リーダーとフォロワーが目的を共有する。
- フォロワーの理解と合意を得る。
- フォロワーが積極的に動く。

リーダーとフォロワーが目的を共有するということに関しては，そもそも組織として活動するためには，目的の共有が不可欠なので，リーダーシップにおいても，当然のことながら，リーダーとフォロワーとの間で目的の共有が求められます。

目的を共有するといっても，リーダーが一方的にフォロワーに目的を押しつけるのでは，意味がありません。フォロワーが，目的の内容に理解を示し，共感して共に歩む意思を持たなければなりません。それゆえに，リーダーは

フォロワーに目的およびそこから派生する指示に対して理解と合意を得るように働きかけるのです。

さらに、目的の共有に関しては、それに関する情報をリーダーはフォロワーに提供する、すなわち、オープンな姿勢を貫かないといけません。情報共有が不備であれば、フォロワーからの信頼は得られず、目的の共有およびフォロワーの積極的な意識の変化を引き出すことは不可能です。一方、フォロワーに関しても、目的に対して理解と合意した結果、それに見合う行動の変化がリーダーシップによってもたらされます。そのためにリーダーは、フォロワーが主体的に行動できるように促すとともに環境の整備も求められます。

ここまでのポイントをみてわかるように、リーダーシップの成否を分けるものは、いかにフォロワーが目的の実現、目標の達成に向けて意識を積極的に変化させるかにあります。

リーダーシップは膨大な研究蓄積があって、さまざまなアプローチから議論されています。以下では、リーダーシップ研究に関するさまざまなアプローチを歴史的に解説してゆき、理解を深めていってもらいたいと思います。

2 初期のリーダーシップ研究

2.1 資質アプローチ

「あの人は、何か持っているからリーダーシップがある」といったようにリーダーシップは才能で決まると思っている人は、案外多いのではないでしょうか。リーダーシップ研究においても、研究者が最初に注目したのは、リーダーシップを発揮するための資質でした。このように、リーダーシップを個人の資質に求める考え方に基づく研究は**資質アプローチ**と呼ばれています。ところが、資質アプローチの研究を体系的に分析したスタッジル（Stogdill, R.）は、それまでの研究で指摘されていた特性はある程度リーダーシッ

プと関連性を持つが、十分に説明できる要因ではないという結論でした。ただし、わずかながらではありますが、才能（知性・用心深さ・巧みな話術・創造力・判断力）、業績（学識・知識・運動の実績）、責任（信頼性・率先垂範・持続性・積極性・自信・上昇志向）、参加（活発さ・社会性・協調性・適応性・ユーモアの才能）に関する特性で一定のデータによる支持がありました。

スタッジルの結論は、持って生まれた資質だけでは誰がリーダーシップを発揮できるかを予想したり、説明したりすることはできないが、リーダーの資質が全くないとはいえないというものでした。また、この分析結果を受けて、リーダーシップを発揮するにはいくつかの資質を身につけていなければならないという問題ではなく、むしろ、リーダーについてくるフォロワーと組織の目的と適合する関係を構築することの重要性を主張しています。さらに、リーダーとフォロワーの関係は、状況に応じて変化するものであり、この点も考慮しなければならないとしています。

2.2 行動アプローチ

2.2.1 リーダーシップ行動の二大特性

リーダーシップ研究のはじまりは、リーダーシップを特定する資質を見つけ出すことでした。ところが、リーダーシップの発揮を決定づける資質の特定は困難でした。そして、1950年代、資質を特定するのとは異なる動きがリーダーシップ研究で始まります。それは、リーダーシップを発揮するにあたって必要な行動上の特性を見つけるというアプローチです。こういったリーダーシップをリーダーの行動特性に求める考え方は、**行動アプローチ**と呼ばれます。

2.2.2 オハイオ研究

オハイオ州立大学の研究チームは、リーダーシップ行動に関する調査の結果、**構造づくり**と**配慮**というリーダーシップ行動特性を導き出しました。

図表9－1 ▶▶▶　構造づくりと配慮の具体例

構造づくり	配慮
決まった手順に従わせるようにする	気軽に接触できる
何をどのようになすべきかを決定する	この集団の一員でいてよかったと思えるような細かな心配りをする
なすべき仕事の日程を決める	集団成員を自分と対等な人間として扱う
決められた規則を守ってもらうようにする	変更があればあらかじめ知らせる

出所：金井［2005］，242頁をもとに筆者作成。

　図表9－1がそれぞれの行動特性の具体例です。

　構造づくりとは，組織や集団における課題達成に向けて働きかける課題関連のリーダー行動です。配慮とは，組織や集団のメンバーに対して良好な人間関係を構築するための人間関係関連のリーダー行動を指します。

　構造づくりと配慮で構成されるリーダーシップ行動特性と，フォロワーの満足と業績の向上の関係性について調査した結果，構造づくりと配慮の両行動特性を満たすリーダーが，有効にリーダーシップを発揮していると結論づけられました。たとえば，新たなプロジェクト進めるにあたって，プロジェクトの方向性と求められる成果，そして得られる報酬を構造づくりによって明確にし，メンバーに対しては温かい言葉をかけて気遣ったり悩みを聞いたりして配慮を示すことでプロジェクトを遂行していくということでリーダーシップを発揮していくということです。

2.2.3　日本発のリーダーシップ理論―PM理論―

　リーダーの行動特性からリーダーシップを解明するもう1つの代表的研究として，日本発のリーダーシップ理論で九州大学の三隅二不二教授が中心となった調査から導かれた**PM理論**があります。

　PM理論は，組織の課題を解決する方向を示すことやそれに向けてメンバーに圧力をかける行動である**P**（performance）**行動**と組織内のメンバーに生じる緊張を緩和して良好な人間関係を促進し維持させる**M**（maintenance）**行動**によって構成されます。PM理論では，リーダーシップ行動と

図表 9 − 2 ▶ ▶ ▶ PM 理論におけるリーダーシップ・スタイル

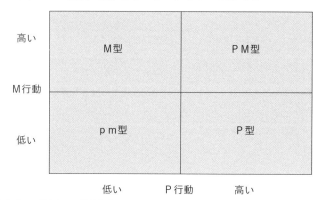

出所：金井［1991］，95頁をもとに筆者作成。

組織の成果として生産性，事故率，職務満足（仕事満足，給与満足，チームワーク，集団会合，コミュニケーション，精神衛生，業績規範）との関係が分析されました。その結果ＰとＭの両リーダーシップ行動次元の高いリーダーが，成果を上げることができると結論づけられました。**図表９−２**では，リーダーシップ・スタイルの関係が示されています。PM 理論では，P 行動でメンバーに対して適切な指示や助言を出し，M 行動でメンバーに対してフレンドリーに接して人間関係を良好にすることで，メンバーの職務満足が満たされ成果につながっていくことが実証されたのです。

2.2.4 課題関連のリーダーシップ行動と人間関係関連のリーダーシップ行動

　オハイオ研究と PM 理論の研究成果からいえることは，リーダーシップ行動は，大きく分けて，課題関連のリーダーシップ行動と人間関係関連のリーダーシップ行動に分類できるということです。また，これらの両次元を満たすリーダーが，リーダーシップを発揮しているという結論も得られました。言うなれば，仕事ができる環境を整えてメンバーに気遣いができることがリーダーシップの発揮であって，それは決して資質で決まるものではないというのが行動アプローチの諸研究の結論というわけです。

2.3 状況アプローチ

2.3.1 リーダーシップのコンティンジェンシー理論

　リーダーシップの行動特性として，課題関係と人間関係関連の二次元の特性が導き出され，各々の特性を満たすことによってリーダーシップが発揮できるとしたのが行動アプローチでした。この見解に対して，状況によって求められる行動特性は異なると主張したのが**状況アプローチ**です。状況アプローチの嚆矢となった代表的研究がフィードラー（Fiedler, F.）による**リーダーシップのコンティンジェンシー理論**です。フィードラーによると，集団の業績を最大化するため最適なリーダーシップ行動は，集団が直面する課題を取り巻く状況がいかにリーダーにとって望ましいものであるかという度合いに依存するということです。ちなみに，フィードラーが指摘する状況要因とは，①リーダーとフォロワーの関係における良好さの程度，②仕事がどの程度定型化されているか，③リーダーの権限がどの程度組織内で通用するのかという3つの点によって構成されます。これら3つの状況要因が好ましいとき，中程度のとき，好ましくないときの3つの状況において求められるリーダーシップ行動は異なります。

　状況要因に対応するリーダーシップ行動の特性に関しては，LPC（Least Preferred Coworker）尺度に基づいて測定しました。LPC尺度とは，最も好ましくない同僚に対する意識に基づいてその人物のリーダーシップ行動特性を測定するものです。具体的には，高LPCのリーダー，すなわち，苦手な人とも仕事ができるリーダーは，人間関係志向的なリーダーシップ行動をとる傾向にあるとされます。一方，低LPCのリーダーは，すなわち，苦手な人とはなるべく仕事をしたくないリーダーは，人間関係よりも課業の遂行を重視するタスク志向的リーダーシップをとる傾向にあると結論づけられます。

　LPC尺度によって導かれたリーダーシップの行動特性と状況要因と業績との関係の分析の結果，好ましい状況要因および好ましくない状況要因のと

きには，タスク志向的リーダーシップ・スタイルが有効であり，適度に好ましい状況要因のときには，人間関係志向的リーダーシップ・スタイルが有効であるということがわかりました。

リーダーシップのコンティンジェンシー理論の発見事実によると，リーダーとフォロワーの関係が良好もしくは険悪であるとき，仕事の内容がわかっているもしくはどうなるかわからない，上司の権限が組織内で十分に通用するもしくはあまり通用しないというような状況要因が両極端であるときには，課題関連のリーダーシップ行動を中心としたタスク志向的リーダーシップ・スタイルをとったほうが有効であるということ，そして，状況要因が中程度の場合は人間関係に配慮した人間関係志向的リーダーシップ・スタイルが有効であるということが明らかになりました。つまり，リーダーにとって仕事がやりやすいあるいはやりにくい状況のときは，取り組む内容とその評価基準を明確するといった課題を推進する環境整備に特化したリーダーシップ行動が有効で，それ以外のときはメンバーを気遣い良好な人間関係の維持に特化したリーダーシップ行動が有効だというわけです。

2.3.2 経路－目標理論

状況アプローチを代表するもう1つの研究が，ハウス（House, R.）による**経路－目標理論**です。経路－目標理論の基本的な主張は，リーダーシップのスタイルはフォロワーが取り組む課題の特性に依存するというものです。

課題の特性とは，課題の内容の不確実性とそれを達成することによって得られる満足という2つの次元に分けられます。課題の不確実性とは，課題に励んでいるとき，結果に結びつくかどうか予測がつきにくく，何を要求されているのかについて曖昧な状態のことをいいます。課題から得られる満足とは，課題を遂行すること自体から得られる満足のことをいいます。課題の不確実性とリーダーシップの関係は，不確実性が高い場合と不確実性が低い場合に分類されます。課題の不確実性が高いほど，課題関連のリーダーシップ行動によって課題を達成する経路を明確化することが有効となります。一方，課題の不確実性が低い場合は，人間関係関連のリーダーシップ行動によって

経路を円滑化することで課題への達成をバックアップすることが有効です。

　課題から得られる満足とリーダーシップの関係は，課題そのものから得られる満足が高い場合と低い場合に分けられます。課題から得られる満足が低いほど，人間関係に配慮したリーダーシップ行動が有効です。一方，仕事から得られる満足が高いほど，人間関係に配慮したリーダーシップ行動は効果が弱くなります。たとえば，課題がつまらないような状況にあるフォロワーにとって，リーダーの心配りはありがたく感じるでしょう。逆に，課題に取り組んでいること自体が楽しくて仕方ないフォロワーにとっては，リーダーに別に気を使ってもらわなくてもいいから課題に集中させてもらいたいというのが本音ではないでしょうか。

2.3.3 柔軟にリーダーシップ・スタイルを変える必要性

　リーダーシップのコンティンジェンシー理論や経路－目標理論に代表される状況アプローチの研究では，あらゆる状況で通用するリーダーシップ・スタイルは存在しないという結論が導き出されました。その1つとして，課題を実行するにあたっての難しさや課題自体の魅力の度合いに注目したのが経路－目標理論だったというわけです。実は，その他の状況アプローチの研究では，フォロワーの成熟度や意思決定の質といった要因に注目した研究があり，一致した見解が得られていません。しかしながら，ここで重要なことは，課題関連と人間関係関連の行動特性に加え，課題とそれに対するメンバーの特性という状況を見極める判断力が必要だということです。

3　フォロワーの視点を重視するリーダーシップ研究

3.1 特異性－信頼理論

　いくらリーダーシップに必要な行動を身に着け，状況も適切に判断できたとしても，誰もついてこなければリーダーシップは成り立ちません。言い換

えると、リーダーについてくるフォロワーがリーダーシップの成否の鍵を握っているといえるのです。

フォロワーがリーダーシップを認めるか認めないかに大きな影響を及ぼす要因は、やはり、そのリーダーが**信頼**に足る人物であるかどうかに尽きるでしょう。このようなリーダーとフォロワーの信頼関係の観点からリーダーシップを論じたのが、ホランダー（Hollander, E.）の**特異性－信頼理論**です。ホランダーによると、リーダーがフォロワーから信頼を得るには、同調性と有能性を満たさねばならないとしています。図表９－３が、特異性－信頼理論の概要です。

同調性とは、リーダーが自ら率いる組織のメンバーがすでに有している明示された、または、暗黙に共有されている規範を重んじる姿勢を示すことを指します。たとえば、リーダーは自らの価値観をいきなりフォロワーに押し付けるのではなく、すでにフォロワーの間で共有されている価値観に対して理解を示すということです。ただし、いくらフォロワーに対して聞く耳を持って、親しい関係を築いて信頼を得たとしても、それだけでは十分とはいえません。なぜなら、俗にいういい人だけで仕事ができなければ、最終的に人はついていかないでしょう。むしろ、リーダーは、有能性、言い換えると、組織の目的に対してしっかり貢献している姿をフォロワーに見せることでさらなる信頼を蓄積することができるのです。

このようにフォロワーからの信頼が十分に蓄積されたとき、リーダーはフォロワーからよりよくなるために現状の変化が要望されるようになります。この段階になって初めてリーダーシップが求められるのです。つまり、フォ

図表９－３ ▶ ▶ ▶ 特異性－信頼理論

ロワーがリーダーを自分たちの意見に耳を傾け，組織のために尽力している信頼に足る人物であると認め「この人なら，なんとかしてくれる」と思われて初めて，リーダー自らが思い描く姿に組織を引っ張っていくことができるというのが特異性－信頼理論の考え方というわけです。

3.2 リーダーとフォロワーの相互作用にリーダーシップを求めるアプローチ

フォロワーからの信頼蓄積に注目した特異性－信頼理論の特徴は，リーダーシップとは，リーダーとフォロワーの組織内でのやりとりの中から生じると考えることにあります。こういったリーダーシップをリーダーとフォロワーの相互作用の観点から捉えるアプローチとして最も研究蓄積があるのが，**リーダー・メンバー交換関係**（leader member exchange：LMX）**理論**と呼ばれるものです。リーダー・メンバー交換関係理論の基本的な考え方は，リーダーとフォロワーが継続的な相互作用を通じて成熟した人間関係を築くことができれば，有効なリーダーシップが生成するというものです。

初期のリーダー・メンバー交換関係理論を代表する研究である垂直的二者連鎖（vertical dyad linkage：VDL）モデルによると，リーダーシップはリーダーがフォロワー全体に対して均等に影響力を及ぼすのではなく，リーダーとフォロワーの二者間の関係によって異なるということを実証しました。具体的には，in-group と呼ばれるリーダーとフォロワーが信頼，尊敬，相互依存で結ばれた成熟した二者間関係と out-group と呼ばれる真逆の二者間関係の存在が指摘されました。リーダーとしては，なるべく多くのフォロワーと in-group の関係を築けるように働きかけて，リーダーシップが発揮しやすい関係を創ることが必要となるわけです。

その後のリーダー・メンバー交換理論の主な研究成果として，成熟したリーダーとフォロワーの交換関係は，リーダー，フォロワー，職場集団，組織全体に好影響を及ぼすことが示されました。そこから，効果的なリーダーシップは，リーダーとフォロワーが成熟した社会的交換関係を維持すること

によって生成するということが明らかになりました。

このようなリーダーとフォロワーが成熟したリーダー・メンバー交換関係を構築するに至るプロセスを明らかにしたのが，グレンとユール・ビーン（Graen, G. & Uhl-Bien, M）による**リーダーシップ形成**（leadership making）**モデル**と呼ばれる研究です。このモデルは，リーダーとフォロワーの関係は，他人（stranger），知人（acquaintance），成熟したパートナーシップ（mature partnership）という3つの段階から構成されます。他人の段階では，リーダーとフォロワーは組織での役割に基づきギブ・アンド・テイクによる関係を構築します。知人の段階は，交換関係の頻度が増して公私にわたって情報や資源を交換するようになります。しかし，そこでの社会的交換は相変わらずギブ・アンド・テイクの関係に基づいています。成熟したパートナーシップの段階では，一定期間にわたる社会的交換の結果，相互に尊敬，信頼できる関係ができて，フォロワーは積極的にリーダーの言うことを聞くというリーダーシップの発揮にとって理想的な状況にまで至ります。この考え方では，成熟したリーダーとフォロワーの関係は一朝一夕で成立するのではなく，一定の時間的な蓄積が必要というわけです。たとえば，何らかのポストについた新任の管理者は，まだフォロワーとの成熟した人間関係もできていないときに，いきなり自分が思うような組織や職場にしようとあれこれ動いたとしても部下はなかなかついてこず，結果としてうまくいかないということです。

3.2.1 フォロワーの視点の重要性

リーダーシップは，リーダーだけで完結するものではなく，むしろ，フォロワーが鍵を握っているということが理解できたと思います。昨今の研究においては，フォロワーは受け身の存在ではなく，フォロワーとしての責任を持ち，組織の目的を達成するために主体的にリーダーと関わっていくことの重要性が指摘されています。

4 変革型リーダーシップ

4.1 変革型リーダーシップと交換型リーダーシップ

　これまでみてきたようにリーダーシップは，さまざまなアプローチから研究されています。それらのアプローチの中でも，現在中心的な存在が変革型リーダーシップです。

　そもそも変革型リーダーシップという概念については，バーンズ（Burns, J.）の歴史上の偉大なリーダーのリーダーシップにまつわる研究に遡ります。そこでは，従来のリーダーシップ論が想定していたフォロワーとのギブ・アンド・テイクの関係に基づく社会的交換による関係ではなく，これまでの考え方自体を見直すフォロワーの抜本的な意識変革を促すような関係を築いていたと結論づけられました。ここからバーンズは，リーダーシップは大きく2つのタイプに分類できると主張します。1つは，従来のリーダーシップ論が想定しているようなリーダーの影響力をフォロワーが受け入れ，フォロワーは影響力を受け入れる代わりにリーダーから何らかの報酬を得るという社会的交換に基づいてリーダーシップをとらえる**交換型リーダーシップ**です。もう1つは，**変革型リーダーシップ**で，リーダーの意向に従うようにフォロワーが受け身の意識変革をするのではなく，リーダーが目指す目的に対して自らの意思で賛同して参加意識を高めることを促すリーダーシップです。

4.2 フルレンジ・リーダーシップ

4.2.1 フルレンジ・リーダーシップの構成要素

　バス（Bass, B.）では，バーンズの主張した変革型リーダーシップと交換型リーダーシップから成るアプローチを**フルレンジ・リーダーシップ**（full range leadership）として体系化しました。フルレンジ・リーダーシップに

ついては，バスとアボリオ（Avolio, B.）によって発展されて，現在では変革型リーダーシップとして5つの要素，交換型リーダーシップとして3つの要素，それに加えてリーダーシップが欠如した状態を意味する放任型リーダーシップからなる9つの要素で構成されています。

変革型リーダーシップとしては，以下の5つの要素から成り立ちます。
- 理想化された影響（行動）
- 理想化された影響（属性）
- 鼓舞する動機づけ
- 知的刺激
- 個別配慮

理想化された影響とは，行動特性を表すものと属性を表すものという2つの要素に分類されます。理想化された影響の行動に関する特性としては，フォロワーから一体感を引き出すためにリーダーが率先垂範して模範的行動をとることを意味します。一方，フォロワーの意識に訴える行為を意味する属性に関しては，フォロワーがリーダーあるいは組織に対してプライドを持ち，気持ちが昂るような言葉をかける，あるいは，積極的な態度を示すことで意識の向上を図ることがあげられます。

鼓舞する動機づけとは，リーダー自らが示すビジョンや目標に対してフォロワーが積極的にコミットするように促すことです。そこでは，リーダーが魅力的な将来像を打ち出し，それを実現することの意義およびそのための行動の意味づけを行い，フォロワーのモチベーションを喚起させます。

知的刺激は，フォロワーの創造性を促すリーダーの行為で，リーダーがフォロワーの気づきを促したり，フォロワーの新たな取り組みを奨励したりすることです。

個別配慮とは，フォロワーの多様性をリーダーが認め，それに応じてフォロワーの成長を促すようにコーチングやサポートを実践することです。

一方，交換型リーダーシップとしては，以下の3つの要素から成り立ちます。
- 業績主義の報酬

- 例外による管理（積極的）
- 例外による管理（消極的）

　業績主義の報酬とは，仕事の遂行に対する報酬の提供，あるいは，不十分な仕事の遂行に対するペナルティといったリーダーとフォロワーとの間での社会的交換を意味します。

　例外による管理とは，必要な場合に応じてリーダーがフォロワーの行動に介入することであり，例外的な状況に対してリーダーが積極関与する例外による管理（積極的）と同様の状況に対してリーダーが消極的にしか関与しない例外による管理（消極的）に類型化されます。

　変革型リーダーシップと交換型リーダーシップに加えて，リーダーがフォロワーに対して何らかのアクションをとることなく，リーダーシップが発揮されていない状況を意味する放任型リーダーシップがあります。

　フルレンジ・リーダーシップにまつわるさまざまな実証研究の結果からは，変革型リーダーシップの各構成要素および交換型リーダーシップの業績主義の報酬と例外による管理（積極的）の要因が成果と正の相関をして，例外による管理（消極的）と放任型リーダーシップは成果と負の相関をするという結果が得られました。

4.3　変革型リーダーシップに求められるもの

　リーダーシップの研究は，リーダーの資質の探求に始まり行動特性，状況要因，フォロワーとの関係性が議論されてきました。そして変革型リーダーシップでは，組織の目的を実現するためにフォロワーの積極的な意識の変化をいかに促していくかという研究が展開されています。そもそも人の意識をポジティブにするように働きかけることは，容易なことではありません。それゆえに，リーダーシップを発揮するということは，難しいチャレンジではあります。

　しかし，チャレンジしないことには，人を動かすことはできないのです。

そのためには，変革型リーダーシップをはじめリーダーシップのさまざまな理論を知っているだけではなく，いかに実践するかが重要です。たとえ，実践してもうまくいくとは限りませんが，経験は蓄積されます。経験から教訓を導き出し，次の機会に活かしていくのです。つまり，リーダーシップは理論を活かしながら，経験を通じて学び続けていくものなのです。

Working　　　　　　　　　　　　　　　　　　　　　　調べてみよう

あなたがリーダーシップを発揮していると思う人物を複数あげて，それらの人物の行動やその背後にある意図や考え方を調べてみよう。

Discussion　　　　　　　　　　　　　　　　　　　　　議論しよう

成果を出したリーダーと成果を出せなかったリーダーとを比較して，リーダーの行動や考え方，さらにはフォロワーの見解という観点からリーダーシップの発揮に決定的に重要な要素について議論しましょう。

▶▶▶さらに学びたい人のために
- 小野善生［2018］『リーダーシップ徹底講座―すぐれた管理者を目指す人のために』中央経済社。
- 金井壽宏［2005］『リーダーシップ入門』日本経済新聞社。

参考文献
- 小野善生［2016］『フォロワーが語るリーダーシップ―認められるリーダーの研究』有斐閣。
- 金井壽宏［1991］『変革型ミドルの探求―戦略・革新指向の管理者行動』白桃書房。
- 金井壽宏［2005］『リーダーシップ入門』日本経済新聞社。

第10章 組織学習

Learning Points

- ▶組織学習とは，長期的な適応のために，組織およびその成員の行動を変容することです。
- ▶組織学習の学習主体は，「組織が学習する」「組織の中の個人（組織成員）が学習する」という2つの立場があります。
- ▶具体的な学習方法については，「古いものを捨てて新しいものを学ぶ（アンラーニング）」「組織内のルールや手続き・文化・行動様式を変える（ルーティン）」「考え方の前提となる価値観，規範を変える（パラダイム）」「知識を創造する（ナレッジ）」という4つの立場があります。
- ▶「学習のためのコミュニティ」，実践共同体の構築もまた，学習を進める有効な手段になります。

Key Words

組織学習　アンラーニング　ルーティン　知識創造　実践共同体

1　組織学習とは

1.1　スタートラインとしての定義

組織学習（organizational learning）とは，「長期的な適応のために，組織およびその成員の行動を変容すること」です。この定義は簡潔すぎると感じる読者もいるでしょう。それもそのはず，組織学習にはいろいろな考え方があり，いまだに決定的な定義が出てきていないのです。しかしあえてたくさんの理論に共通する部分を集約すると，上のような言葉足らずの定義が出来上がるのです。まずはここからスタートしましょう。

まず組織学習は「長期的な適応」のために行います。あなたの会社（あるいはアルバイト先）が「お客様第一主義」を理解するとして，その日お客様を意識した仕事をしたとします。これでお客様第一主義を理解したといえるでしょうか。そう，次の日もそれを続けられなければ理解したとはいえません。たとえ目先の問題を解決したり，組織成員の行動が変わったりしても，それが長期的に続かなければ，一時的なものに終わってしまいます。

　そして「適応」とは，組織内部・および外部環境の変化に対応することですが，そのやり方（どうやって学習するのか）についてはあとでふれるようにいろいろな考え方があります。

　次に組織学習は，「組織およびその成員の」行動の変容です。組織学習の理論には大きく「組織が学習する」という立場と，「組織の中の個人（組織成員）が学習する」という立場があります。両者を明確に区別するのは難しいですが，2つの学習主体（誰が学習するのか）があるということを踏まえる必要があります。

　そして組織学習は，組織およびその成員の「行動を変容すること」が必要です。お客様を大事にすることは大切だ，ということが頭では理解できても，実際にそのような接客という行動に結びつかなければ意味を成しません。組織およびその成員の行動が変わることが重要です。その結果として組織の長期的な適応が起こると考えるのです。

　加えて「変容」については，組織学習では4つのことのうちどれかが変容していれば，組織学習が起きたといってよいとされています。それは，①存在（組織の中のどこかの組織が学習すること），②広さ（より多くの組織が学習すること，学習する組織の数が増えること），③精緻さ（1つの問題についていろいろな解釈が生まれること），④徹底（多くの組織が同じ理解を示すこと）の4つです。お客様第一主義について誰かが学び（存在），学ぶ人が増え（広さ），その方法についていろいろな意見が出て（精緻さ），コミュニケーションが有効だという共通理解が生まれる（徹底），というようなことが組織で起こることが組織学習である，ということができます。

1.2　組織学習の多様な考え方

　組織学習についてある程度共通する部分を定義としてあげたところで，今度は組織学習についてどんな多様な考え方があるかについてみていきましょう。それは「誰が学習するのか？」「どうやって学習するのか？」という問いに対する考え方です。「誰が学習するのか？」については先に触れた通り，「組織が学習する」「組織の中の個人（組織成員）が学習する」という2つの立場があります。

　そして「どうやって学習するのか？」，つまり先述の「長期的な適応」をどうやって実現するのか，については，「古いものを捨てて新しいものを学ぶ（アンラーニング）」「組織内のルールや手続き・文化・行動様式を変える（ルーティン）」「考え方の前提となる価値観，規範を変える（パラダイム）」「知識を創造する（ナレッジ）」という4つの立場があるといえます。以下それぞれの立場について説明します。

2　誰が学習するのか？

2.1　組織が学習する

　経営学者のバーナード（Barnard, C.I.）は，組織とは「2人以上の人々の，意識的に調整された諸活動，諸力の体系」であると定義しています。この組織が学習するとはどういうことでしょうか。組織は「個人の集まり」ですから，組織が学習するといっても，それはその中の個人が学習することではないのか？　という疑問が出てきます。その問題の答えとして，組織学習は，1人で学習する個人を集めたよりも，彼らで構成される組織で学習したほうが，学習効果が大きいと考えます。これは組織が学習する立場としての組織学習の重要な前提です。

　そこには組織的な相互作用が影響しています。第1に「三人寄れば文殊の

知恵」といわれるように，組織で学習することは，その人数分の「知識のプール」を使うことができ，1つの問題を多様な観点からみて，多様な意見を踏まえて解決することができます。第2に1人では変えられない組織文化や価値・規範といったものを変えることができ，それによって組織を変革し，適応することができます。組織内相互作用をうまく利用することで，組織学習をより効果的に行うことができるのです。

2.2 組織の中の個人が学習する

　組織が学習するという立場は，学習する個人の存在をあいまいにしてしまいます。また組織（あるいはトップやスタッフ）が主体となって組織学習が進められ，個々の成員が受動的になってしまう可能性もあります。一方で，組織の中の個人が学習するという立場は，個々人がばらばらに学習するということを意味しません。組織学習の目的を個々人の行動が変化するところまで考慮し，そのために何が必要かを考える，それらを含めて組織学習であるということです。

　しかしそれでも組織学習論が個々人の主体的な学習を軽視してきたという点は否定できません。最近は組織成員の**熟達化**（仕事がうまくなる）という観点からの研究も増えてきています。

2.3 組織も，組織の中の個人も学習する

　上記のように組織学習における学習主体としての組織，個人についてみてきましたが，実際のところは組織と個人が相互作用しながら両方が学習するというのが理想です。重要なのは組織と個人，どちらかしか学習しないのでは中途半端に終わってしまうということです。個人レベルでの行動変化にまで気を配ることではじめて組織の長期的適応は達成されますし，個人もまた組織の中でさまざまな学習の材料（学習資源）を活かして学ぶべきなのです。

3 どうやって学習するのか？

次に考えるのは「どうやって学習するのか」です。組織学習は長期的な適応のために，組織およびその成員の行動を変容することであると先に述べました。それをどのようにして実現するかについては，組織学習論では4つの基本的な考え方があるといえます。順にみていきましょう。

3.1 古いものを捨てて新しいものを学ぶ（アンラーニング）

新しい考え方を得ようとするときに，これまでの考え方がそれを邪魔してしまうときがあります。高校まで受け身で過ごしてきたため大学の主体的な学習活動に取り組めなかったり，大学生のノリが抜けきらず，社会人の規律正しい生活に慣れなかったりするようなことです。このような場合，新しい考え方を身につけるより，これまでの考え方を捨てることが重要になります。これが「**アンラーニング**（**学習棄却**）」です。

アンラーニングは外部環境，内部環境，組織（の考え方）との間に齟齬があることから生じる問題によって引き起こされ，新しいものの見方や行動方針，改善を生み出すことで，同時に古いそれらを棄却します。つまりアンラーニングとそれに代わるものを生み出す学習（再学習）は同時に行われるのです。

また組織学習，およびアンラーニングがどのようにうまく達成されるかについては，経営学者のマーチとオルセン（March, J. G. & Olsen, J. P.）の組織学習サイクルを用いて考えるのがよいでしょう。彼らは組織学習のサイクルは，個人の行動→組織の行動→環境の反応→個人の確信→（個人の行動）……という形で表現されるとし，このつながりが途切れるという形の「不完全な学習サイクル」の形態は4種類あげられます。

図表10-1の(a)の傍観者的学習は，個人の行動が組織の行動と結びついていないために，個人が学習したことが組織に活かされないという状態です。

図表10－1 ▶▶▶ 不完全な学習サイクル

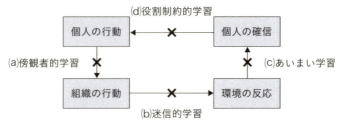

出所：March & Olsen［1976］（遠田雄志・アリソン・ユング訳［1986］，87-92頁）をもとに筆者作成。

(b)の迷信的経験学習は，個人や組織は学習しているつもりなのに，その行動が環境に影響を与えないという状態です。(c)のあいまい学習は，どんな環境の変化がなぜ生じたかなどがよくわからず，漠然ととらえながら学習していくという状態です。(d)の役割制約的経験学習は，個人は学習しているのに，それを自分の行動に活かそうとしない状態です。これらの不完全学習を避けて，完全なサイクルになることが学習，およびアンラーニングにとって重要なのです。

3.2　組織内のルールや手続き・文化・行動様式を変える（ルーティン）

「まず形から入る」といわれるように，何かを始めるとき，自分の中でルールを決めたり，必ずこれをするという手続きを決めたりすることがあります。お客様第一主義を実践するため，まずお客様に大きな声で挨拶をするようにしたり，少なくとも3分はお客様とコミュニケーションをするようにしたりするようなことです。組織学習においても学んだことは組織の規則や形式・手続き・しきたり・行動様式といったものに保持されているという考え方があります。これが「**ルーティン**（routine）」です。

組織ルーティンは教育や模倣などの方法で伝達され，「**組織記憶**（organizational memory）」に保持されています。組織記憶は人々の記憶の集合，組織文化，および組織の環境にあるさまざまなもの（書類や建物など）に情報

が保存されることです。高校時代にあった不思議な行事やしきたり，大学のスクールモットー，企業の歴史を示す記念碑や社史などは，組織ルーティンを保持しているものです。

組織ルーティンはその組織がこれまで学んできたことを保持し，人々の行動を導きます。組織学習で学んだことは，組織ルーティンとして定着させることがより効果的です。しかしそれはうまくいっているときは強みとなるのですが，環境の変化に合わなくなると，逆に適応を阻害してしまうことも注意すべきことです。

3.3　考え方の前提となる価値観，規範を変える（パラダイム）

物事はその背後にある価値観や規範，共通理解などによってその見方が変わり，それが変わることで，物事に対する向き合い方も変わることがあります。商品の説明ばかりしていた人が，お客様とコミュニケーションをとるように大きく変わったり，読書や自己啓発に対して否定的な気持ちを持っていた人が，人との出会いや経験によってその価値観が変わり，それ以降は主体的に取り組むようになったりするようなものです。組織も共通の価値観，規範，および世界観や共通理解，「**パラダイム**（paradigm）」によってその見方や考え方が影響を受けます。そこで経営学者のアージリス（Argiris, C.）と心理学者のショーン（Schön, D. A.）は，組織学習をパラダイムの中で学習することと，それ自体を変える学習とを区別することが有効だとしています（図表10-2）。

図表10-2　▶▶▶シングル・ループ学習とダブル・ループ学習

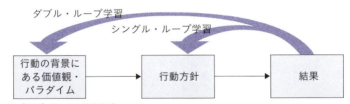

出所：Argyris [2007] をもとに筆者作成。

既存の価値観・規範・パラダイムの中で学ぶ学習を「**シングル・ループ学習**」といいます。先の読書や自己啓発の例でいえば，それらに対する自分なりの価値観などはそのままに，その中で読書に取り組んだり，仕事に必要な知識を得ようと努力したりします。しかしなぜ読書や自己啓発に取り組むのか，それにどんな意味や価値があるのかという考え方は変わりません。その考え方が否定的なものであれば，取り組む姿勢も否定的なものになるでしょう。

　他方で，既存の価値観・規範・パラダイムに対し疑問を持ち，それを変える学習を「**ダブル・ループ学習**」といいます。読書や自己啓発に対してどんな意味や価値があるのかを考えたり，組織で議論したりします。それを通じて，これまでの否定的な価値観を変えることができれば，読書や自己啓発に取り組む姿勢が変わるでしょう。このようにダブル・ループ学習はこのように1つ上のレベル（メタ・レベル）の学習です。

　そして，既存の価値観が環境に対して古いものになっていないか，適応を阻害していないかを判断し，シングル・ループ学習とダブル・ループ学習をいつ，どのタイミングで切り替えられるかを学習することを，「**二次的学習**」といいます。

　考え方の前提となる組織パラダイムを変えることで，組織変革を実現しようとする，経営学者の加護野忠男によるパラダイム転換理論も組織学習論の1つとしてみることができます。それは①トップによるゆさぶり，②ミドルによる突出，③変革の連鎖反応，④新しいパラダイムの確立，の4つのプロ

図表10－3 ▶▶▶パラダイム転換の4つのプロセス

プロセス役割分担	1. トップによる「ゆさぶり」	2. ミドルによる「突出」	3. 変革の連鎖反応	4. 新しいパラダイムの確立
トップ	問題提起	突出集団のサポート	集団力学を用いて扇動	戦略レベルでの具体化
ミドル	問題提起に対する反応	新しいコンセプト・製品・サービスの提案	正当性の伝達 事業化への努力	事業化への努力

出所：加護野［1988］をもとに筆者作成。

セスによって達成されます（**図表10－3**）。まず組織に対する問題提起や危機感の醸成を通じて組織をゆさぶるのはトップの役目です。それに対して新製品やサービス，コンセプトなどを生み出し，変化を先導する集団（突出集団）の中心になるのはミドルです。その具体的な成果が新しいパラダイムのもとになります。そしてトップは組織全体を巻き込んで変化の連鎖反応を生み出していきます。それと同時に新しいパラダイムを戦略レベルに具体化することによってパラダイムの転換が実現されるのです。

　2つの考え方に共通するのは，パラダイムを変えるのはとても難しいということです。2種類の学習を使い分ける，トップやミドルの役割分担を通じて変化を体現する，という考え方は，その困難を乗り越えるための方策なのです。

3.4　知識を創造する（ナレッジ）

　組織が学習するやり方として，**知識**（knowledge）を獲得することをあげる研究は多いです。知識は行動を起こす性質を持つ情報であり，それにより組織の行動が変わり，長期的適応に結びつくという流れです。お客様第一主義という知識を得ることで，お店に入ったお客様にまず挨拶して接客したり，顧客の声を集めるのにツイッターが有効であるという知識を得ることで，SNSマーケティングに取り組んだりするようなものです。知識獲得は有効な組織学習の形であり，さらに組織で新しい知識を生み出す，**知識創造**（knowledge creation）もまた，組織学習のあり方であるといえるのです。

　経営学者の野中郁次郎は組織的知識創造を提唱し，その方法について論じています。その根幹となるのは「**暗黙知**」と「**形式知**」の相互変換です。人は言葉にできている知識（形式知）の他に，言葉になっていない知識（暗黙知）を持っており，両者を相互に変換することで新しい知識を生み出せます。それは「共同化」「表出化」「連結化」「内面化」の4つのモードで表現されます。このサイクルモデルは **SECIモデル** と呼ばれています（**図表10－4**）。

　この4つのモードを踏まえて，組織的知識創造の方法として，「暗黙知の

図表10-4 ▶▶▶ 知識創造のSECIモデル

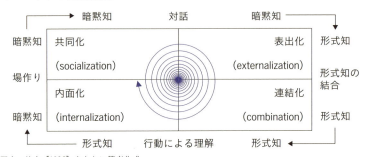

出所：野中・竹内［1996］をもとに筆者作成。

図表10-5 ▶▶▶ 組織的知識創造のファイブ・フェイズ・モデル

出所：野中・竹内［1996］をもとに筆者作成。

共有」「コンセプトの創造」「コンセプトの正当化」「原型の構築」「知識の転移」からなるファイブ・フェイズ・モデルが提唱されています（**図表10-5**）。まず組織内で個々の成員の持つ暗黙知を共有します（暗黙知の共有）。その上でアイデアやそれにつながるコンセプトを生み出し（コンセプトの創造），それが組織の方針に沿っているか検証します（コンセプトの正当化）。それから新しいアイデアを製品やサービスなどの具体的な形にします（原型の構築）。そしてその結果に基づく知識が他の組織に転移していく（知識の転移）という流れです。

　知識創造理論は主に新製品開発や組織変革を意図した理論ですが，組織学習の視点からみると，暗黙知と形式知の相互変換の重要性がみえてきます。暗黙知を形式知にする表出化や，形式知を組み合わせる連結化が重要なのはもちろんですが，経験によって暗黙知を増やす共同化や，生み出した知識を行動に移して理解する内面化も同様に重要です。組織学習において重要なのは行動が変容することで，知識を生み出すのはそのための手段であることを理解する必要があります。

4 実践共同体による学習

4.1 いつ，どこで学習するか？

これまで組織学習について，「誰が」「どのように」学習するか，という視点からみてきました。さらに議論を深めるために，「いつ」「どこで」学習するか，という視点からみてみましょう。

組織は「いつ」「どこで」学習するか。これについては「業務中に」「組織の中で」学習するということが暗黙の了解となっています。学校であれば授業で，仕事であれば会社の中で仕事経験や研修を通じて学習する，ということです。しかし学習が起こるのは組織の中だけではありません。学校であれば部活やサークル，仕事であれば研究会や勉強会なども有効な学習の場です。むしろ学校や会社の中では学べないことも学べることがあります。このような「学習のためのコミュニティ」を，**実践共同体**（communities of practice）といいます。実践共同体は組織学習を補完し，また個人の自己啓発よりも豊かな学びの場をつくり出すことができるのです。

4.2 実践共同体による学習の特徴

実践共同体による学びの特徴は3つあります。まず第1に「仕事から離れている」ことです。人材育成の理論において個人が仕事に熟達するための方法としては，長らく仕事をやりながら学ぶOJTと，研修によって学ぶOff-JTの2つがあるとされてきました。しかしOff JTも仕事から離れているとはいえ業務の一環であることに変わりはありません。実践共同体における学習は仕事から明確に離れているため，学習する事柄に集中でき，なおかつ仕事や自身のキャリアを客観視する視点を持つことができます。

第2に「学びたいことが学べる」ことです（**図表10－6**）。OJTは仕事に必要な知識を実践によって学ぶという意味で無駄がない反面，自身が学び

図表10－6 ▶ ▶ ▶ 実践共同体の学習における「3つの輪」

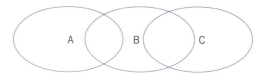

A：組織で学べること　B：個人が学びたいこと　C：実践共同体で学べること

たいことが学べないこともあります。たとえば仕事に直接関係はないが，自身の教養として中国の古典を読みたい，というようなことです。大学生がやりたいことができるサークルを選んで入るように，実践共同体をつくることで，組織で学べないことを学ぶことができます。

第3に「同じ興味を持つ仲間と学べる」ことです。個人の自己啓発によって学ぶこともできますが，1人で学習するのは動機や継続性の面で困難を伴います。実践共同体は同じ興味を持つ仲間が集まってつくる学習のコミュニティです。仲間と一緒に学ぶことで動機づけも得られますし，刺激し合ったり議論したりすることで知識を補完したり創造したりできるといった組織学習のメリットも得ることができます。そして学校や企業の枠を超えて仲間が集まることで，多様な刺激を得ることもできるのです。

実践共同体による学習は，組織学習とは異なる学習の場をつくり出すことで，学習をより深めることができます。さらに実践共同体で学習したことを組織で活かし，その経験をまた実践共同体に持ち帰るという学習のループを生み出すこともできます。まずは実践共同体を構築することから始めてみましょう。

5　組織学習を進めよう

本章では組織学習について，「誰が」「どのように」「いつ」「どこで」という視点からみていくことで，その内容を明らかにしてきました。組織学習はさまざまな考え方があり，どれが最良であるということもありません。その

組織の実情によって使い分ければよいでしょう。その際気をつけることは，組織と個人両方の立場から（あるいはチームも含めて）学習を考えることです。組織と個人が相互作用することで組織学習の効果はより高まります。組織学習の重要な前提は，個人がばらばらに学習してその成果を集めるよりも，組織で集まって学習したほうがその成果が大きいということです。組織的特性を最大限に活用することを考えれば，組織学習における最も重要な学習資源は，組織を構成する人々であるといえるでしょう。

Working　　　　　　　　　　　　　　　　　　　　　　　　調べてみよう

皆さんが知っている企業の中で，組織学習ができていそうな企業をあげてみましょう。それはどのような学習を行っていると思いますか。

Discussion　　　　　　　　　　　　　　　　　　　　　　　　議論しよう

組織で学習することは，個人でばらばらに学習することと比べてどんなメリットがあるでしょうか。

▶▶▶さらに学びたい人のために
- 金井壽宏・楠見孝編［2012］『実践知―エキスパートの知性』有斐閣。
- 野中郁次郎・竹内弘高著・梅本勝博訳［1996］『知識創造企業』東洋経済新報社。
- Senge, P.M. [2006] *The Fifth Discipline: The Art and Practice of The Learning Organization*, Doubleday / Currency.（枝廣淳子・小田理一郎・中小路佳代子訳『学習する組織―システム思考で未来を創造する』英治出版，2011年）
- Wenger, E., McDermott, R. & W. M. Snyder [2002] *Cultivating Communities of Practice: A guide to managing knowledge*, Harvard Business Press.（野村恭彦監修，櫻井祐子訳［2002］『コミュニティ・オブ・プラクティス―ナレッジ社会の新たな知識形態の実践』翔泳社）

参考文献

- 安藤史江［2001］『組織学習と組織内地図』白桃書房。
- 伊丹敬之・加護野忠男［2007］『ゼミナール経営学入門（第3版）』日本経済新聞社。
- 加護野忠男［1988］『組織認識論』千倉書房。
- 金井壽宏・楠見孝編［2012］『実践知―エキスパートの知性』有斐閣。
- 松本雄一［2003］『組織と技能』白桃書房。
- 松本雄一［2019］『実践共同体の学習』白桃書房。
- 松本雄一［2024］『学びのコミュニティづくり―仲間との自律的な学習を促進する「実践共同体」のすすめ』同文舘出版。
- 松尾睦［2012］『職場が生きる人が育つ「経験学習」入門』ダイヤモンド社。
- Argyris, C.［1977］Double loop learning in Organization: By uncovering theories of action, managers can detect and correct errors, *Harvard Business Review*, September-October, pp.115-125.（有賀裕子訳「『ダブル・ループ学習』とは何か」『DIAMOND ハーバード・ビジネス・レビュー』April, pp.101-113, 2007 年）
- Barnard, C. I.［1938］*The Functions of the Exective*, Harvard University Press.（山本安次郎・田杉競・飯野春樹訳『経営者の役割』ダイヤモンド社，1968 年）
- March, J. G. & Olsen, J.P.［1976］*Ambiguity and Choice in Organizations*, Universitetsforlaget.（遠田雄志・アリソン・ユング訳『組織におけるあいまいさと決定』有斐閣，1986 年）
- Nonaka, I. & Takeuchi, H.［1995］*The knowledge creation company: how Japanese companies create the dynamics of innovation*, Oxford University Press.（梅本勝博訳『知識創造企業』東洋経済新報社，1996 年）
- Senge, P.M.［2006］*The Fifth Discipline: The art and practice of the learning organization:* Second edition, Random House.（枝廣淳子・小田理一郎・中小路佳代子訳『学習する組織―システム思考で未来を創造する』英治出版，2011 年）
- Wenger, E., McDermott, R. A. & Snyder, W.［2002］*Cultivating communities of practice: A guide to managing knowledge*, Harvard Business Press.（野村恭彦監修，櫻井祐子訳『コミュニティ・オブ・プラクティス―ナレッジ社会の新たな知識形態の実践』翔泳社，2002 年）

第11章 組織変革

Learning Points

▶組織変革とは，組織内外の環境変化に合わせて，個人，集団，組織が望ましい状態に移行していくプロセスを指します。そのプロセスの中心は，組織メンバーの価値観や行動様式を変えることにあります。

▶組織メンバーは，少なからず変化することへの抵抗を示します。したがって，変化に対する抵抗はどうして生じるのかを理解したうえで，ステップを踏んで変革を実行する必要があります。

▶組織メンバーが変化にうまく対処するために，変革のエージェントによるサポートがポイントになります。

Key Words

組織変革の3段階プロセス　フォース・フィールド分析
変革のエージェント　組織変革への抵抗　ソーシャル・サポート

1 組織変革とは

1.1 組織変革の必要性と定義

　なぜ組織は変わらないといけないのでしょうか。近年，組織に変化を促す重要な要因の1つとなっているのが，グローバル競争の激化です。従来，グローバル化というと，すでに自国で行っている事業を欧米諸国で拡大することや，生産コストを抑えるために安価な労働力を活用できる中国に工場を移転することなど，進出先の拠点は限定的でした。

　ところが，最近，事業展開する際に越える国境は広がっています。たとえば，先進国では飽和状態にあるスマートフォンですが，インドなど新興市場

でのビジネス展開が注目されています。以前に比べ競争相手がますます多様となり，その入れ替わりも激しくなってくるため，現地のニーズに合った商品企画や生産技術への更新を迅速にしていく必要が出てきます。

　また，こうした組織を取り巻く外部の環境要因だけで変革がせまられるわけではありません。今日，外国人，女性，高年齢労働者，派遣社員や契約社員のような非正規従業員など人材のダイバーシティが進展していますが（第15章），そうした組織内部の要因によっても変革が求められています。

　これまで集団主義という言葉に代表されるように，日本企業で働く従業員は文化的にも同質で，組織としてのまとまりが強みでした。しかし，人材のダイバーシティの程度が増大し，働く人の価値観がますます多様化する現在，組織としての一体感を醸成することが新たな課題となり，個々人の心理面に配慮したマネジメントが必要になってきています。

　このように，「現行の状態に変更をせまる組織内外の環境要因に適応するために，個人，集団，組織が望ましい状態に移行する対処のプロセス」を**組織変革**（organizational change）といいます。

1.2　組織変革の対象

　では，組織変革では具体的に何を変えることになるのでしょうか。変革の対象を示したものが**図表11－1**です。

　図表11－1をみると，組織変革の対象となるのは，戦略，技術，組織構造，職務，人（モチベーション，欲求，文化など）の5つであることがわかります。これらは，技術，組織構造や職務といったハード面と，そこで働くヒトの行動や価値観といったソフト面に分けて考えることができます。ここで注目すべきことは次の2点です。

　第1に，5つの要素が互いに密接に結びついていることです。したがって，どれか1つでも変革すると，他の要素もそれと適合的に変革しなければ，最終的な組織の成果につながらないということです。

　第2に，5つの要素の中でも「人」が中心に位置づけられていることです。

図表11−1 ▶▶▶ 組織変革のシステム・モデル

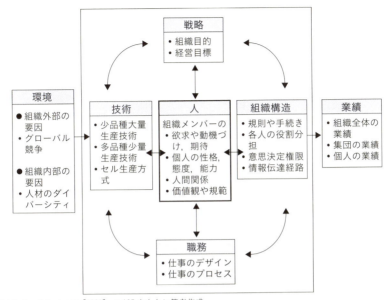

出所：Nadler & Tushman［1989］, p.195 をもとに筆者作成。

　組織の構造に変化を加えさえすれば自動的に組織が機能していくわけではなく，新しいしくみに適応できるように組織メンバーの価値観や行動も同時に変わらなければ，やはり望ましい成果が得られないということです。

　たとえば，官僚的な組織を克服し，組織メンバーに意思決定の権限を委譲して，組織メンバーのモチベーションを高めることを最終目標とした組織変革のケースを考えてみましょう。この場合，管理階層の数を減らすような組織の構造面の変革を実施するだけでは，変革が効果的に機能しないのです。実際に部下が委譲された権限を発揮できるように，部下を指揮・命令するという上司の価値観を変え，部下が自律的に意思決定を行うことをよしとする上司の意識の変化も伴う必要があるからです。また，部下の側も上司の指示を聞くだけではなく，自ら積極的に顧客に関する情報収集を行い，部下から上司に提言していくような意識改革も不可欠となります。

　近年，部分的で静態的な変化に注目する「organizational change」に対して，**図表11−1**のように，戦略，技術，組織構造，人など変革の対象をよ

り網羅的にとらえ，動態な変革を指す概念として「organizational transformation」なる用語が用いられるようになっています。ただし，これらの用語については，論者によっても意味するところが必ずしも一致しているとはいえません。

　この章では，図表11－1で示された5つの要素が包括的に変革されることを念頭に置きながらも，組織行動論で研究対象とされる人間の心理・態度や行動の変革に焦点を当てます。そして，そのような意味を含めて「組織変革」という語に統一することにします。なお，組織で共有されたメンバーの価値観や規範である組織文化の変革については，第12章でふれられています。

2　組織変革はどのように行われるのか

　いきなり組織に変化を起こそうとしても，多くの場合，うまくいきません。皆さんが健康診断で食生活を改善するよう指導を受けたとしても，すぐに野菜だけの食事に変えられないことと同じです。つまり，組織変革にもステップを踏んだ変革のプロセスを考える必要があるのです。

　組織変革のプロセスについては，多くの研究者が独自のモデルを展開していますが，それらはすべて心理学者のレビン（Lewin, K.）が提唱した**組織変革の3段階プロセス**が基本となっています（図表11－2）。図表11－2は，横軸を時間，縦軸を組織の状態とし，時間の経過とともに組織が望ましい状態に向かっていく様子を図式化したものです。具体的にレビンは，①**解凍**（unfreezing），②**移行**（moving），③**再凍結**（refreezing）の3つの段階を経て，現状から理想に向けて組織の変革が行われるとしています。

2.1　解　凍

　組織の変革は，まず組織メンバーが変革の必要性を認識することから始ま

図表 11 − 2 ▶▶▶ 組織変革の3段階プロセス

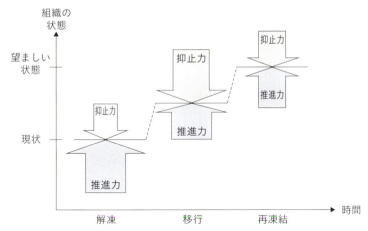

出所:Lewin [1951], p.216をもとに筆者作成。

ります。つまり,現在の状態から望ましい状態に変化することを組織メンバーに動機づけることが,解凍の段階で重要な課題となるのです。それは,組織内に存在する相対立する2つの力に不均衡を生み出すことによって実現されます。

2つの力とは,新しい状態に変革しようする**推進力**(driving force)と,変革を阻害し現状を維持しようとする**抑止力**(restraining force)のことです。推進力と抑止力に不均衡をつくり出すというのは,まさに冷凍庫から取り出した凍った氷(現在の価値観や行動様式)を「溶かす」イメージです。

レビンによれば,①推進力が増加する,②抑止力が低下する,③推進力の増加と抑止力の低下が同時に起こる,これら3つの条件のうちいずれかが満たされるとき,組織メンバーは変化に向けて行動を開始するとされています。スムーズに変革が進められるよう,組織内の推進力と抑止力が何であるかを明らかにすることを**フォース・フィールド分析**(force field analysis)といいます。

たとえば,今まで個人で仕事が遂行されていた職場に,チーム制が新たに導入されるケースを考えてみましょう。組織メンバーはいろいろな仕事を経験し,多様なスキルを獲得することで,異なるキャリアの可能性が広がった

り，職場内の人間的なつながりが強まったりするため，それらが変革への推進力となります。一方，数多くのスキルを習得することへの不安，誰もが自分の仕事をいつでも容易に代替できる恐れなどの変革への抑止力も働きます。

　これから実施される変革が個人にとっても，組織にとっても魅力的であるという変革への推進力を増加させるには，変革のリーダー的役割を担う**変革のエージェント**（change agent）の力が必要となります。変革のエージェントには，変革のビジョンを描き，それを実行可能な計画にして，組織メンバーがこれまでの価値観や行動様式を変えることを促進させる「変革型リーダーシップ」が求められます（第9章）。また，個々人が変化に対して抱く抵抗をいかに緩和するかが解凍段階でのもう1つの課題になります。変化への抵抗については本章第**3**節，抵抗を和らげる手法に関しては本章第**4**節でそれぞれ説明します。

2.2　移　行

　解凍段階で組織メンバーに変革の必要性を理解させることに成功し，また具体的な変革の方向も決まれば，次に行われるのが実際に組織メンバーの価値観や行動様式を望ましいものに変えることです。これが移行段階で求められることです。

　多くの場合，組織メンバーの間で変革することが認められたとしても，容易に変革を進めることはできません。これまでのなじみのあるやり方をすべて刷新し，それに合わせて態度や行動を変えることは，組織メンバーに心理的緊張状態を発生させるからです。ですので，移行段階では，組織メンバーの態度や行動を積極的に変える取り組みが求められます。また同時に，解凍段階で確認された変化に対する組織メンバーの抵抗に注意を払い，それへの対応も引き続き考えておかなければなりません。

2.3 再凍結

　移行段階で変革が無事に成功したとしても，それで変革に関わる一連の活動が終了するわけではありません。そうした変革を組織メンバーが自分たちに有利に機能していると認知している場合，ポジティブな結果が自ずと生み出されるでしょう。ところが，変化が当初の意図どおりではないと組織メンバーが認識すれば，変革前の元の状態に戻る可能性があります。そのため，変革の最終段階において，変革のエージェントには，組織メンバーが獲得した望ましい価値観や行動様式を長期にわたって定着させることが求められます。

　再凍結段階で変革を通じて組織メンバーが身につけた価値観や行動様式を安定的なものとするには，変革のエージェントによって組織メンバーが理想とする行動様式や価値観を強化し，継続して発揮するよう奨励することが重要な課題となります。そして，再凍結がうまくなされると，推進力と抑止力にバランスがとれた新しい状態に落ち着くことになるのです。先ほどのたとえでいえば，今度はコップに入った水（新しい価値観や行動様式）を冷凍庫で凍らせ氷にするイメージです。

3　何が組織変革を阻むのか

　どのような組織も変革を計画するときには，「こうありたい」とか「変革がかなったらこんないいことがある」と夢や希望で満ちあふれています。しかし，変革の実行はスムーズにいかないことが一般的で，失敗することのほうがむしろ多いくらいです。変革のプロセスで指摘したように，組織メンバーが変革に抵抗するからです。**組織変革への抵抗**を引き起こす要因として，主に次の3つをあげることができます。

3.1　選択的認知

　人は認知によって客観的事実を解釈しようとします（第1章参照）。いったん，何らかの決まった認知パターンが確立されると，人は自分にとって都合の良い情報しか収集しなくなり，別の見方を提供するような情報は無視しようとします。これを**選択的認知**といいます。

　選択的認知の傾向が強まると，たとえ組織にとって必要な変革であったとしても，これまでに形成された認知パターンに反するような変化を人は受け入れなくなります。あるいは，現状の問題点より優れた面を個人は主張して，今の状態に甘んじるかもしれません。

　たとえば，情報通信化の時代の波にのるべく，ICT（Information and Communication Technology：情報通信技術）ツールを営業スタッフ間の情報伝達の手段として整備したとします。これまで他の営業スタッフとの対面による何気ない会話の中からヒントを得て顧客との交渉に成功を繰り返してきた営業スタッフは，対面によるコミュニケーションの重要性の認知を深めています。したがって，ICTツールがいくら情報伝達の効率化に有効であったとしても耳を傾けようとはせず，また組織はICT化の流行に流されているだけだと解釈し，ICTツールによる営業スタイルの変化に抵抗を示すのです。

3.2　習　慣

　人間はすべての行動の選択をするときに，どの選択が最も望ましいかをいつも考えているわけではありません。あなたは，毎朝同じ時間に起きて，同じ電車に乗って，仕事や勉強をして，帰りに上司や同僚，あるいは先輩や友人と定期的に食事をして帰宅する生活を繰り返しているかもしれません。このような生活パターンが本当に正しいのかと毎日思い悩む人はまずいないでしょう。ごく簡単には，外界から入ってくる刺激に対する一定の反応パターンを習慣といいます。人は習慣に変更をせまるような変革に抵抗します。

たとえば，あなたが営業スタッフだとして，人事異動により上司が変わったとします。以前の上司のときは，営業の進捗状況をレポートにまとめて1日おきに提出すればよかったものが，新しい上司になって毎日提出を求められるようになったとすればどうなるでしょうか。他の仕事の進め方に影響が出てくるだけではなく，レポート作成のために残業して生活のリズムを変える必要が出てくるかもしれません。このような習慣を変えることをせまる変革を人は受け入れがたいものです。

3.3 未知への不安

当たり前ですが，私たちは変革が行われた後のことをすべて完全に予測することはできません。そのため，変革は不確実であいまいな状況で実施されることが多いでしょう。人は一般的に変化よりも安定を好むことから，先が見えない未知の状況に足を踏み入れることに躊躇するのです。

たとえば，年功主義から成果主義による報酬制度に変革する場合，給料が大幅に上下したり，個人の成果を求めるあまり職場の人間関係がぎくしゃくしたりするといった不安を組織メンバーに抱かせます。そうした未知への不安は，変革の阻害要因となるのです。

4 組織変革の成功に向けて

これまで述べてきたことから，組織変革が成功するために，変革のエージェントには組織メンバーとコミュニケーションを密にとって，彼（彼女）らの変革に対する抵抗を緩和することが求められます。さらに，組織メンバーが新しい価値観や行動様式を習得して実践できるように，継続的に教育を施すことも，重要な役割といえるでしょう。

特に，従来のビジネスのやり方，組織メンバーの思考様式や行動様式そのものを根本的に変えるような大規模で急進的な改革になるほど，変革に直面

する組織メンバーに対する細やかなサポート（支援）が求められます。具体的には，組織メンバーの変化に対するネガティブな感情への対処，変革後の新体制に組織メンバーがキャッチ・アップできるよう，組織メンバーにポジティブな成長を促す手厚いサポートです。

こうしたサポートについては，心理学の分野で「**ソーシャル・サポート**」という概念で説明されています。従来，ソーシャル・サポートはストレス緩和の手段とみなされ，ネガティブな状態を改善するという立場からの調査研究がなされているものがほとんどでした（詳しくは第7章）。

しかし，最近になって，職場における支援が個人の学習や成長を促すという，ポジティブな視点から支援による影響を実証した研究潮流がみられつつあります（中原［2010］；厨子・井川［2012］）。先ほど述べたように，ポジティブ面にもネガティブ面にも配慮する必要がある変革のマネジメントにとって，ソーシャル・サポートは有用なツールであると考えられます。

ソーシャル・サポートの定義は研究者によってさまざまですが，「ある人を取り巻く重要な他者（家族，友人，同僚，専門家など）から得られるさまざまな形の援助（support）」（久田［1987］）のことをいいます。ソーシャル・サポートには，個人の情緒面に配慮したサポートと育成面に配慮したサポートの大きく2種類があります。

この章では情緒面でのサポートを「**感情的サポート**」と呼び，「話を聞いたり慰めたりすることで，傷ついた心や気持ちを癒す働きかけ」と定義します。一方，育成面でのサポートを「**成長的サポート**」と呼び，「課題や問題に直面した際に，解決するのに必要な助言や知識を提供する働きかけ」と定義します。

図表11－3は，組織を変革するプロセスにおいて，変革のエージェントが組織メンバーにどの程度，感情的サポートと成長的サポートを提供しているかを診断するシートです。表中の「変革のエージェント」という文言は，上司や先輩などそのときの変革の推進者にあたる人に置き換えてください。

まず，このシートを用いて，あなたが変革のエージェントから受けたサポートの程度を得点化してみるとよいでしょう。変革のエージェントがサ

図表11－3 ▶▶▶ 変革のエージェントから受けたサポートの診断シート

	得点	具体的事例 (5W1H)
〈感情的サポート〉		
1．変革のエージェントは，わたしが新しい仕事（取り組み）で落ち込んでいるとき，元気づけてくれた。		
2．変革のエージェントは，わたしが新しい仕事（取り組み）で悩んでいるとき，相談にのってくれた。		
3．変革のエージェントは，わたしが新しい仕事（取り組み）で気が動転しているとき，同情を示してくれた。		
4．変革のエージェントは，わたしが新しい仕事（取り組み）で動揺しているとき，なぐさめてくれた。		
5．変革のエージェントは，わたしが新しい仕事（取り組み）で頭を悩ませているとき，気をまぎれさせてくれた。		
合計点	／25	
÷5		
平均点	／5	
〈成長的サポート〉		
1．変革のエージェントは，わたしが新しい仕事（取り組み）で技能を獲得することに力を貸してくれた。		
2．変革のエージェントは，わたしが新しい仕事（取り組み）で新しい知識を吸収するのを援助してくれた。		
3．変革のエージェントは，わたしが新しい仕事（取り組み）における課題を克服できるように，助言してくれた。		
4．変革のエージェントは，わたしが新しい仕事（取り組み）でスキル・アップできるように手助けをしてくれた。		
5．変革のエージェントは，わたしが新しい仕事（取り組み）で成長できるように補助をしてくれた。		
合計点	／25	
÷5		
平均点	／5	

注：①各項目について，「そう思わない：1点」，「どちらかといえばそう思わない：2点」，「どちらともいえない：3点」，「どちらかといえばそう思う：4点」，「そう思う：5点」で点数をつけて，右側の得点ボックスに数字を記入し，合計点を算出する。
②平均点のボックスには，感情的サポート，成長的サポートともに，合計点を5で割った値を記入する。
③特に4点や5点がついている項目に関して，具体的事例のボックスに該当する事例をメモ書きする。
出所：厨子・井川［2012］をもとに筆者作成。

ポートに熱心な部門・部署はどこかという比較をしてみたり，あるいは部門・部署内で感情的サポートと成長的サポートのうち，どちらのサポートが充実しているかという分析をしてみたりすることができます。この結果を用いれば，強化すべきサポートの種類が明確になります。

　次に重要なことは，サポート内容を文書化して，それを組織内で共有することです。先ほどの得点化の作業は，組織メンバーが変革のエージェントから受けているサポートの程度を数値化する定量的な分析になります。ただし，それだけでは，変革のエージェントがサポートの必要性を認識していたとしても，いったいどのタイミングでいかにサポートを提供しないといけないかということは教えてくれません。

　そこで，特に4点や5点がついている項目に関して，変革のエージェントからどういう場面でどのようなサポートを受けたのかについて，5W1H（誰が・いつ・どこで・何を・なぜ・どのように）を含めて，組織メンバーに定性的に記述してもらうことも大切です。

　たとえば，**図表11－3**の成長的サポートの項目「3. 課題を克服できるように，助言する」の具体例として，「業務手順が変更となり，新しいマニュアルに沿って仕事を進めることで精一杯で後輩指導にまで手が回っていなかった。上司は話し合いの機会を設け，私には業務に追われるとパニックになる傾向があることを指摘してくれた。上司も自分と同じような経験があることを話してくれ，克服するには1人で仕事を抱え込まないように，部署内の業務分担を週のはじめに考えることから始めるとよいとのアドバイスをくれた」というような記述があげられます。

　変革のエージェントによるサポートのベスト・プラクティスを組織全体でシェアすることで，変革の効果を組織全体に波及していくことが可能になります。繰り返しになりますが，こうした組織メンバーに対するソフト面での細やかな対応が，組織変革を成功させるために最も重要になります。

Working

調べてみよう

あなたの所属する組織，もしくは本や新聞，インターネットから具体的な組織の変革事例を調べ，そのプロセスをレビンの組織変革の3段階プロセスに当てはめて分析してみよう。

Discussion

議論しよう

あなたの身近な組織（お勤めの企業，ゼミ，部活・サークル，アルバイト先の職場など）において行われた組織変革で，変革のエージェントが組織メンバーに提供した感情的サポートと成長的サポートの具体的事例を図表11－3のシートに沿って記述し，グループのメンバーで共通点と相違点を比較してみよう。特に相違点がある場合，なぜ生じているのかについて議論を深めてみよう。

▶▶▶さらに学びたい人のために

- 安藤史江・浅井秀明・伊藤秀仁・杉原浩志・浦倫彰［2017］『組織変革のレバレッジ―困難が跳躍に変わるメカニズム』白桃書房。
- 金井壽宏［2004］『組織変革のビジョン』光文社。
- Scharmer, O. & Kaufer, K. [2013] *Leading from the emerging future : from ego-system to eco-system economies*, Berrett-Koehler Publishers.（由佐美加子・中土井僚訳『出現する未来から導く―U理論で自己と組織，社会のシステムを変革する』英治出版，2015年）

参考文献

- 大月博司［2005］『組織変革とパラドックス（改訂版）』同文舘出版。
- 厨子直之・井川浩輔［2012］「ナレッジワーカーのパフォーマンス・マネジメント―ソーシャル・サポートと離職の関係における職務満足・組織コミットメントの媒介効果」『経営行動科学』第25巻第2号，113-128頁。
- 中原淳［2010］『職場学習論―仕事の学びを科学する』東京大学出版会。
- 久田満［1987］「ソーシャル・サポート研究の動向と今後の課題」『看護研究』第20巻第2号，170-179頁。
- 松田陽一［2011］『組織変革のマネジメント―人の意識・行動とCI活動』中央経済社。

- Cohen, S., Underwood, L. G. & Gottlieb, B. H. (eds.) [2000] *Social support measurement and intervention: A guide for health and social scientists*, Oxford University Press.（小杉正太郎・島津美由紀・大塚泰正・鈴木綾子監訳『ソーシャルサポートの測定と介入』川島書店，2005 年）
- Kotter, J. P. & Cohen, D. S. [2002] *The heart of change: Real-life stories of how people change their organizations*, Harvard Business School Press.（高遠裕子訳『ジョン・コッターの企業変革ノート』日経 BP 社，2003 年）
- Lewin, K. [1951] *Field theory in social science : Selected theoretical papers*, Harper & Brothers Publishers.（猪股佐登留訳『社会科学における場の理論（増補版）』誠信書房，1979 年）
- Nadler, D. A. & Tushman, M. L. [1989] "Organizational frame bending: Principles for managing reorientation," *The Academy of Management Executive*, Vol.3, No.3, pp.194-204.

第12章 組織文化

Learning Points

▶組織文化とは，組織の構造やメンバーの行動の背後にある，組織メンバーに共有された信念や価値観，行動パターンのセットです。
▶組織文化は，公式の規則やルールよりも柔軟で，メンバーにとって心理的抵抗が少ないなどのメリットもありますが，変化させることが難しいなどのデメリットもあります。
▶リーダーは，定着メカニズムを用いて組織文化を創造し，二次的明文化および強化のメカニズムを用いて組織文化を浸透・定着させることができます。しかし，一度浸透した組織文化は当然視されるため，リーダーであっても変革が難しくなります。

Key Words

基本的仮定　強い文化　定着メカニズム　下位文化

1 組織文化とは

1.1 組織文化の定義

　人々の協働の場である組織では，目に見えるさまざまな管理のしくみや組織の構造の背後に，メンバーに共有されたものの見方や価値観などが存在しているものです。このような簡単には目に見えないものが，メンバーの行動に影響し，最終的に組織の成果にも影響することがわかってきました。このようなメンバーに共有されたものの見方や価値観は，**組織文化**と呼ばれています。組織文化は，特に1980年代以降，研究者や実務家の注目を浴び，非常に多くの研究が行われてきています。そのため，さまざまな定義をされて

いますが，本書では，アメリカの心理学者シャイン（Schein, E. H.）による「組織メンバーに共有された文物，価値観，基本的仮定のセット」と定義することにしましょう。**文物**とは，組織の中で最も容易に観察できるものです。たとえば，服装，オフィス・レイアウト，仕事の進め方，メンバーの慣習的な行動などです。また，定期的に行われる入社式や表彰式などの儀式もここに含まれます。このレベルの観察は容易ですが，なぜこのようなことが行われるのか，なぜこのような行動がとられるのかは，必ずしも明確ではありません。

価値観とは，「組織とは，戦略とはこうあるべきだ，成功するためにはこうするべきだ」といった，物事の評価や優先順位を決める基準となるものです。たとえば，「従業員を大事にするのが成功への道だ」と考えている組織と「株主利益の最大化が企業の第一の使命だ」と考えている組織では，レイオフに対する態度が異なるかもしれません。

最後の**基本的仮定**とは，人間や組織，環境の本質に関する信念や，時間や空間，真実に関する信念が含まれます。たとえば，「人間は本来怠け者だ」と考えている組織と，「人間は適切な条件ならばすすんで仕事をする」と考えている組織では，メンバーを管理する方法は異なってくるでしょう。あるいは「環境は自らの力で変えることができる」と考えている組織と，「環境は変えられず，組織はただそれに適応していく」と考えている組織では，戦略の立て方に違いが生まれるでしょう。

組織の中で特定の文物が適切で正しいものとみなされるのは，価値観によって正当化されているためです。また，価値観は基本的仮定を根拠に正し

図表12－1 ▶▶▶組織文化のレベル

出所：Schein [1999] より筆者作成。

いものとみなされるようになります。さらに文物によって特定の価値観が共有されるようになり，価値観の共有によって基本的仮定が当然のものとみなされるようになっていきます（**図表12－1**）。シャインは，この基本的仮定が組織文化の本質だと述べています。したがって，このレベルと合わない行動やしくみを導入しようとしても，メンバーの抵抗にあったり，結局定着しない危険があります。

1.2 組織文化論の背景

メンバーによって共有された行動規範が，公式の管理のしくみよりも人々の行動に大きな影響を与える場合があることは，人間関係論でも知られていました。ただし，企業全体の成果にも大きな影響を与える要因として注目を集めるようになったのは，80年代からです。その背景について説明しましょう。

1.2.1 日本的経営への注目

1つ目は，日本企業の隆盛に伴う日本的経営への関心です。この頃の研究をみると，日本企業はより人間関係重視であり，メンバーの企業への高い忠誠心ならびに経営理念の存在，さらにそれらを支える「**三種の神器**」と呼ばれた労働慣行（終身雇用，年功序列，企業別労働組合）によって特徴づけられるとされています。これらの特徴は，典型的なアメリカ企業とは全く異なっており，日本企業の国際競争力の源泉として注目されました。

1.2.2 経営戦略論における組織への関心

2つ目の背景は，経営戦略論における戦略実行力への関心です。1970年代の経営戦略論における重要な発見は，「経験効果」です。この製品の累積生産量に従って製造原価が低下する現象を生かした戦略では，製品市場と自社の製造コストに関する徹底的な分析が必要です。ところが，このような徹底的な分析を通じた戦略づくりは，「分析マヒ症候群」という病理現象をもた

らす危険があることがわかってきました。これは，分析への偏重のあまり，本社スタッフの人員が増大したり，彼らによる分析が終わるまでは行動に移せないといった現象です。また，環境変化が激しさを増すにつれ，分析そのものが難しくなって行きました。戦略づくりは，本社スタッフだけの仕事というよりも，現場に近い組織メンバーの試行錯誤から湧き上がってくるものであるという状況になってきたのです。

1.2.3 「強い文化」論

このような流れの中，1982年に出版された「エクセレント・カンパニー」という文献の中で，アメリカの経営コンサルタントであるピーターズとウォーターマン（Peters, T.J. & Waterman, R.H.）は，アメリカを中心に高業績を上げ続けている企業の共通点を研究しました。そして，高業績企業の特徴は，企業が信奉する価値観がトップから現場の従業員まで浸透し，戦略や管理のしくみもその価値観と一致している点であると主張しました。彼らの主張は，「**強い文化**」論と呼ばれ，研究者や実務家に対して大きな影響を与えました。この「強い文化」論以降，組織文化に関する多くの研究が現在に至るまで行われています。

2 組織文化のメリットとデメリット

組織文化は，組織にどのような影響を与えるのでしょうか。ここでは，メリットとデメリット両面についてみていきましょう。

2.1 メリット

組織文化は，メンバーにとって，どのような行動が適切なのかを判断する基準となります。その基準から外れた行動をすると，他のメンバーから非難される危険があります。これは，人々の行動を監督し，報酬や罰則を与える

ことでメンバーに適切な行動をとらせるしくみよりも、いくつか利点があります。1つ目の利点は、メンバーが適切な行動をとっているかどうか、常に監視する必要がなくなる点です。2つ目の利点は、メンバーの心理的抵抗感が小さくなる点です。報酬や罰則によるコントロールは、メンバーに「常に監視されている」という思いを抱かせ、メンバーの仕事意欲を低下させる危険があります。さらに、自律性を求めるメンバーにとっては、強い抵抗感を抱かせる可能性もあります。一方、組織文化は、メンバー自身が正しいと思う行動を自発的に生み出す効果があります。3つ目の利点は、不確実な環境における柔軟な行動のコントロールが可能になる点です。組織文化は、公式の報酬や罰則基準よりも柔軟な基準です。環境の不確実性が高まると、どのような行動が適切なのかについての判断は難しくなります。このような場合、柔軟な判断基準が環境変化に対して柔軟な行動を生み出すもとになります。

また、組織文化が人々の仕事意欲の源泉になることもあります。組織の経営理念や価値観は、それが共有されることで人々を強く動機づけることがあります。さらに、このような動機づけは、給与や昇進といった動機づけ方法に比べて、いくつか利点もあります。1つ目は、環境の不確実性が高い条件のもとでの動機づけ効果です。先ほど述べたように、環境の不確実性が増加すると、適切な行動についての判断基準があいまいになってきます。そのような場合、給与や昇進を与えるために必要な正確で公正な評価は難しくなります。2つ目は、組織文化は、それを信じるあらゆる人の動機づけをもたらしやすい点です。給与や昇進は組織内での限られた報酬です。したがって、与えられるメンバーもいれば与えられないメンバーも出てきます。つまり、限られた報酬としての給与や昇進は、それが与えられないメンバーの意欲を下げてしまう危険を持っています。

2.2 デメリット

しかし、組織文化は時には組織に対してデメリットをもたらすこともあります。1つ目は、前述のように組織文化が変わりにくい性質を持っているこ

とです。したがって，直面する環境が大きく変化し，組織文化と合わなくなった場合でも組織文化を適合させていくのは容易ではありません。また，本業とは異なる事業領域に進出したり，多国籍企業が本国の文化と異なる国に進出する場合，本業や本国の組織文化を意図せずに持ち込み，コンフリクトを発生させる場合があります。このような場合でも，組織文化はメンバーにとって当たり前で正しいと信じられているため，メンバーは自分たちの文化には疑いの目を向けない可能性があります。

　2つ目は，価値観を共有しようという試みが，メンバーに対して悪影響を及ぼす危険があることです。アメリカの経営学者クンダ（Kunda, G.）は，メンバーに対して組織の価値観を共有させようとすることは，メンバーの中に自分の価値観と組織の**価値観の葛藤**を生み出すことがあると主張しました。このような場合，メンバーは組織の価値観を信じている「ふり」をし，最終的にはこのような試みに対して冷笑的な態度を向けるようになるかもしれません。また，先に述べたように，価値観の共有は強いモティベーションの源泉になるかもしれませんが，必ずしもその効果は長続きするとは限りません。なぜなら，価値観は熱狂的にメンバーを駆り立てる可能性がある半面，その追求には限度がないために，メンバーが燃え尽きる可能性があるからです。

　前節で紹介した「エクセレント・カンパニー」で高業績企業であると認められた企業36社のうち，3分の1の企業はこの本の出版後数年で低業績に陥ったことが報告されています。その原因の1つとして，上のようなデメリットがあげられています。

3　組織文化を知る

　組織文化を調査する方法は，さまざまなものが提案されています。それらを大きく分けると，定量的な方法と定性的な方法の2つに分けることができます。ここでは，それぞれの方法の代表的なものとして，質問票を使った方法と，グループ・インタビューを使った方法を紹介しましょう。

3.1 質問票調査を通じた方法

　質問票を使った方法は，組織の特徴についての質問に対し，メンバーが自分の所属する組織に当てはまる程度を答え，それを集計することで組織文化の特徴を明らかにしようとする方法です。組織文化を調査する質問票は，これまで多くのものが使われています。ここでは最も代表的なものとして，アメリカの経営学者キャメロンとクイン（Cammeron, K.S. & Quinn, R.H.）の競合価値モデルを紹介します（図表12－2）。これは，組織が追求する望ましい目的およびその方法について，それぞれ対立する2つの価値観を軸に，組織文化を4つのタイプに分類する方法です。図表12－2の横軸は，組織内部のまとまりを重視するのか，あるいは組織の外部環境への適合を重視するのか，という対立軸です。縦の軸は，柔軟な方法を重視するのか，厳しいコントロールという方法を重視するのか，という対立軸です。この2つを組み合わせると，次の4つの組織文化タイプが導かれます。

3.1.1 クラン・タイプ

　クラン・タイプは，メンバーのまとまりや育成を重視する組織文化です。この目的を達成するために，メンバーの意思決定への参加や組織への忠誠心の強化が求められます。組織全体が1つの大きな家族であることが望ましいと考えられている組織です。

図表12－2 ▶▶▶組織文化のタイプ

出所：Cameron & Quinn［2006］より筆者作成。

3.1.2 アドホクラシー・タイプ

アドホクラシー・タイプは，自由や創造性を大事にする組織文化です。この目的を達成するために，革新や変化が求められます。トップの集権的な経営ではなく，柔軟で分権的な方法が望ましいと考えられています。リスクに挑戦する人が尊ばれる文化です。

3.1.3 ヒエラルキー・タイプ

ヒエラルキー・タイプは，効率性や説明責任，安定性が大事にされる組織文化です。そのため，公式に決められた厳格な規則の遵守，明確な役割分担，階層を通じた命令伝達が望ましいと考えられています。ルールをしっかり守る人が尊敬されます。

3.1.4 マーケット・タイプ

マーケット・タイプは，合理的な戦略や目標設定を大事にする組織文化です。この文化では，市場占有率の増加，ノルマの達成，ライバルに対する勝利が重要視されます。目標を達成できたメンバーには高い報酬が与えられます。仕事に厳しく，目標を達成する人が評価されます。

調査の際には，メンバーはそれぞれの組織の特徴を表した文章について，自分の組織に当てはまる程度を点数で答えていきます。それを組織で集計することで，当該組織の組織文化タイプを判定します。もちろん，実際の組織文化がどれか特定のタイプになることは少なく，複数のタイプが混じったものになることがほとんどでしょう。その中でも，特に点数の高いタイプが，その組織を特徴づける一番のタイプと言えましょう。

これまでの研究では，ヒエラルキー文化は組織の成果に結びつきにくいことがわかっています。逆に，アドホクラシーやマーケットが高い成果をもたらす傾向がみられます。また，クランは，メンバーのモティベーションやメンバー間の情報交換に効果的であることも研究で示されています。

3.2 グループ・インタビューを通じた方法

質問票を使った方法は，比較的容易に組織文化の診断が可能です。しかし，組織文化には当然視された基本的仮定が含まれています。質問票調査でわかるのは，せいぜい文物や価値観のレベルです。

シャインは，メンバー間で互いに話し合うことで，組織の基本的仮定となっている当然視された信念を探る方法を提示しています。ポイントとなるのは，組織を特徴づける目に見える文物と，組織が大事にしている価値観を明らかにし，その間の矛盾を探ることです。シャインは，**図表12－3**のような文物のリストをあげ，さまざまな文物に注意するよう促しています。

次に，組織が大事にしている価値観を明らかにします。それらは経営理念やビジョンに掲げられていたり，パンフレットに書いてあることも多いです。次に，先ほど特定した文物と，組織が大事にしている価値観との関係を探ります。たとえば，「顧客志向」という価値観を掲げている場合，それを支持するような慣習になっているかどうか，あるいは意見の対立が顧客の視点から解決されているかどうかなどをみます。ここで大事なのは，文物と価値観に矛盾がみられる場合です。たとえば，「虚礼廃止」を訴えながら，裏では上司に付け届けをしないと評価されないといった場合です。このような場合，目に見える行動をもたらしているのは，「上司に気に入れられないと認められない」という当然視された信念であると考えられるのです。

図表12－3 ▶▶▶組織におけるさまざまな文物

- 身なり
- 権限を持つ人との関係の堅苦しさ
- 勤務時間
- 会合（頻度，進め方，タイミング）
- 決定の下し方
- コミュニケーション：関心事をどのように手に入れるか
- 懇親行事
- 仲間内の言葉，制服，社員章
- 儀礼，慣習
- 意見の相違および対立：どのように対処するか
- 仕事と家庭のバランス

出所：Schein [1999]．

4 組織文化のマネジメント

4.1 組織文化の創造

　ここでは，実際に組織文化をマネジメントする方法について，紹介しましょう。まず，できたばかりの組織で新しく組織文化を形成するマネジメントです。ここで大きな役割を果たすのが，リーダーの持っている個人的な信念や価値観です。これがメンバーに浸透し，組織の成功体験を通じて共有されるようになります。図表12－4は，リーダーが組織文化を定着させる手段を表しています。

　図表12－4の主要な**定着メカニズム**は，リーダーが自らの信念や価値観をメンバーに伝達する最も重要な手段です。これらのリストからわかるように，リーダーの行動が重要となります。リーダーは，これらの行動の中に自らの基本的仮定を反映させ，それがメンバーに伝わっていきます。**二次的明文化および強化のメカニズム**は，上述のリーダーの振る舞いと一貫性があると認められたとき，組織文化を浸透・定着させるうえで重要な機能を果たします。これらの二次的メカニズムは，もしリーダーが組織を去ることになっ

図表12－4 ▶▶▶ リーダーが文化を定着させるメカニズム

Ⅰ．主要な定着メカニズム
- リーダーが定期的に注意を払い，測定し，管理していること
- 重大な事態や組織存亡の危機にリーダーがどのように反応するか
- リーダーが限定的な資源を割り当てる際に観察される基準
- 入念な役割モデル，指導，コーチ
- リーダーが報酬，地位を与える際に観察される基準
- リーダーが組織のメンバーを募集，採用，昇進，退職，解雇する際に観察される基準

Ⅱ．二次的明文化および強化のメカニズム
- 組織の設計，構造
- 組織のシステム。手順
- 組織内の作法，しきたり
- 物理的空間，外観，建物の設計
- 人々や出来事に関する話題，語り草および逸話
- 組織の哲学，価値観，信条に関する公式の声明

出所：Schein [1999]．

ても，新たなメンバーに組織文化を伝える役割を果たします。

4.2 下位文化

これまでの議論は，1つの組織に1つの文化が形成されるという前提で進めてきました。しかし，実際の組織では，さまざまな理由により複数の文化が形成されることがあります。ここでは，代表的な**下位文化**の種類とそのマネジメントについていくつか紹介することにします。

4.2.1 部門別下位文化

組織は，通常いくつかの部門に分かれていますが，それぞれが直面する環境が異なり，各々の部門がそれらの環境に適応するために独自の文化を形成する場合があります。これを部門別下位文化と呼びます。アメリカの経営学者ローレンスとローシュ（Lawrence, P.R. & Lorsch, J.W.）は，プラスチックメーカーを対象に，製造部門と営業部門，そして製品開発部門が直面する環境とそれに適応した結果，どのような価値観を持つのか調査しました。

図表12－5をみると，製造部門の環境の不確実性は低く，仕事における因果関係が比較的明確であることがわかります。また，目標は原価の引き下げのような技術的・経済的目標を掲げ，時間は数時間から数日の短期志向であり，人間関係よりも仕事が重視されていることがわかります。一方，不確実性の高い研究開発部門は新発見等の科学的知識の増進を目的とし，時間志向は時には数年と長く，人間関係よりも仕事志向です。不確実性が中程度の営業部門の目標はサービスの質向上や売上高といった市場地位向上であり，時間志向は数日から数週間の短期志向で，仕事よりも人間関係が重要視されています。

ローレンスとローシュは，高業績のメーカーほど部門別の下位文化の違いが大きい半面，部門間の対立も大きいことを明らかにしました。さらに，高業績メーカーでは，このような対立を解決するために，上位の管理者が強権的に裁定を下す方法の次善策として，部門間の強い自己主張と相手に対する

図表12-5 ▶▶▶ 部門別下位文化の例

	製造部門	営業部門	研究開発部門
目標志向	技術・経済的目標 (例) 原価引き下げ	市場目標 (例) サービス，市場地位	科学上の目標 (例) 知識開発
時間志向	短期志向	短期志向	長期志向
対人志向	仕事中心	人間関係中心	仕事中心
環境の不確実性	低い	中程度	高い

注：目標志向…どのような目標を求めるのか
　　時間志向…仕事をどのような時間幅でとらえているのか
　　対人志向…人間関係を重視するのか，仕事中心なのか
　　環境の不確実性…因果関係の不明確さ
出所：Lawrence & Lorsch [1967]．

協力的態度の両立による問題解決を用いていることがわかりました。つまり，対立を回避したり，見て見ぬふりをするのではなく，むしろ積極的にマネジメントすることが大事だと言えるのです。

4.2.2 対抗文化

　下位文化の中には，マネジメント層に対立し，組織全体の効率を削減させる文化もあります。このような**対抗文化**は，マネジメント層にわからないようにこっそりと形成され，さまざまな形で生産性を下げる活動を行います。このような対抗文化は，マネジメントのやり方によって発生することがあります。

　アメリカの心理学者アージリス（Argyris, C.）は，科学的管理法のようなマネジメント手法は，人々の発達を妨げ，その結果対抗文化を形成することがあると述べています。彼によれば，科学的管理法の原則である，①仕事の専門化，②階層を通じた命令，③計画と執行の分離，④狭い自由裁量の幅は，メンバーの自己実現を妨害し，失敗感を抱かせ，時間の見通しを短くします。その結果，メンバーは葛藤や対立，敵意を経験し，組織全体よりも自分を中心とした部分を優先するようになります。その結果，マネジメント層に敵対的なインフォーマルな対抗文化を形成し，組織全体の能率を低下させていきます（図表12-6）。

図表12－6 ▶▶▶ 対抗文化形成のメカニズム

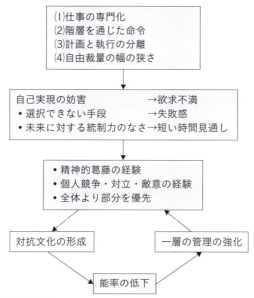

出所：Argyris［1957］より筆者作成。

　しかし，対抗文化の形成に気がつかないマネジメント層は，より管理を徹底させることで能率の改善を図ろうとするときがあります。そのような動きは，上記の因果関係をさらに強化し，さらなる能率の低下を招くことにつながっていきます。

　管理を強化しても能率が改善しない場合，このような対抗文化が形成されている可能性があるかもしれません。マネジメント層は，自分たちの管理手法がこのような影響を与えていないかどうか，チェックする必要があります。もし，このようなメカニズムを通じて能率が低下している場合，メンバーの意思決定への参加や信頼を通じて，彼らの成長を促すようなマネジメントに転換していくべきだとアージリスは主張しています。

4.3　組織文化の変革

　組織文化が環境に合わない場合，組織文化を変革する必要があります。こ

こでは，その方法として「**価値を認める問い**（Appreciative Inquiry）」による変革方法を紹介します。

　これは，メンバー間の対話のあり方を変えることで，メンバーにとって当たり前に見える現実に対して他の見方があることを気づかせる方法です。通常，組織を変革する際には問題点を探し出し，それを改善していくという方法がとられますが，この方法では既存の思考の枠組みを変えることは少なく，また問題ありとされたメンバーのモティベーションを低下させる危険があります。「価値を認める問い」は，メンバーの最高体験を探り出し，それが十全に開花した将来像を思い描き，その将来像に向かう組織を創造していくという組織開発の方法です。メンバーは，自分や他のメンバーの最高体験を共有するなかで，これまで気がつかなかった新たな考え方や行動のオプションに気づいていきます。そうした新たな考え方や行動を組織のアクション・プランとして実行し，組織変革をもたらすアプローチです。

Working　　　　　　　　　　　　　　　　　　　　調べてみよう

　企業の創業者やリーダーについて書かれた本の中には，リーダーの言動がメンバーに影響し，組織文化の形成や変革を達成した事例が書かれているものが多いです。そうした本を調べて，事例を比較してみましょう。

Discussion　　　　　　　　　　　　　　　　　　　議論しよう

　あなたの所属する組織（アルバイト先やサークルなどを含む）の文化を調べてみましょう。留意すべき点は，組織内のさまざまな文物およびリーダーの振る舞いです。それから，標榜されている価値観と実際の行動のずれも重要な着目点です。調べてきたら，お互いに比較し合ってみましょう。

▶▶▶さらに学びたい人のために ──────────────
- 本間正人・中島崇昴［2007］『私が会社を変えるんですか？── AI の発想で企業活力を引き出したリアルストーリー』日本能率協会マネジメントセンター。

- Cammeron, K.S. & Quinn, R.H.［2006］*Diagnosing and Changing Organizational Culture : Based on The Competing Values Framework*, Jossey-Bass.（中島豊監訳，鈴木ヨシモト直美・木村貴浩・寺本光・糠谷文孝・村田智幸訳『組織文化を変える―「競合価値観フレームワーク」技法』ファーストプレス，2009 年）
- Peters, T.J. & Waterman, R.H.［1982］*In Search of Excellence*, Harper & Row.（大前研一訳『エクセレント・カンパニー』講談社，1989 年）
- Schein, E.H.［1999］*The Corporate Culture Survival Guide*, Jossey-Bass.（金井壽宏監訳，尾川丈一・片山佳代子訳『企業文化―生き残りの指針』白桃書房，2004 年）

参考文献

- 加護野忠男［1988］『組織認識論―企業における創造と革新の研究』千倉書房。
- Argyris, C.［1957］*Personality and Organization: The Conflict between System and The Individual*, Harper & Row.（伊吹山太郎・中村実訳『組織とパーソナリティー―システムと個人の葛藤』日本能率協会，1970 年）
- Cammeron, K. S. & Quinn, R.H.［2006］*Diagnosing and Changing Organizational Culture : Based on The Competing Values Framework*, Jossey-Bass.（中島豊監訳，鈴木ヨシモト直美・木村貴浩・寺本光・糠谷文孝・村田智幸訳『組織文化を変える―競合価値観フレームワーク技法』ファーストプレス，2009 年）
- Kunda,G.［1992］*Engineering Culture: Control and Commitment in High-Tech Corporation*, Temple University Press.（金井壽宏解説・監修，樫村志保訳『洗脳するマネジメント―企業文化を操作せよ』日経 BP 社，2005 年）
- Lawrence, P. R. & Lorsch, J. W.［1967］*Organization and Environment: Managing Differentiation & Integration*, Harvard University Press.（吉田博訳『組織の条件適応理論―コンティンジェンシー・セオリー』産業能率短期大学出版部，1977 年）
- Peters, T. J. & Waterman, R. H.［1982］*In Search of Excellence*, Harper & Row.（大前研一訳『エクセレント・カンパニー』講談社，1989 年）
- Schein, E. H.［1999］*The Corporate Culture Survival Guide*, Jossey-Bass.（金井壽宏監訳，尾川丈一・片山佳代子訳『企業文化―生き残りの指針』白桃書房，2004 年）

第13章 組織的公正

Learning Points

- ▶組織行動論において，組織の中の人間の公平感は「組織的公正」と呼ばれています。
- ▶組織における公正は，今日，組織行動論の中でも重要なテーマの1つとして取り上げられるようになっています。なぜなら，企業において，従業員の採用・昇進・昇給・配置転換（異動）・解雇など，人的資源管理に関する事柄の多くが公正の問題と深く関係しているからです。
- ▶組織的公正は，理論としての完成度と精緻度が高いことから，今後，実践への応用が今後さらに重要なテーマとなるとみられます。

Key Words

分配的公正　手続き的公正　相互作用的（対人的）公正

1 組織における公正とは

1.1 組織的公正研究の拡がり

公正は，人間社会における普遍的な問題であるといってよいでしょう。古代ギリシャのアリストテレスやプラトンをはじめとする思想家・政治家・哲学者の著作をひもとけば，公正の問題が古くからどれほど重要であると考えられてきたかがよくわかります。そして，今日では，経営学ばかりでなく，法学・政治学・経済学・社会学・心理学・教育学など，ほとんどの社会科学・人文科学において公正研究が展開されるようになっています。社会において公正が重要となる場面は，裁判・教育・資源配分など，数え上げればきりがありませんが，組織行動論の領域では，「**組織的公正**（organizational justice)」が取り扱われます。

　組織的公正の研究には，大きく分けると2つの系譜があります。1つは分配的公正に関する研究で，もう1つは手続き的公正に関する研究です。グリーンバーグは，これら2つの公正研究の総称として組織的公正という語を用いています（Greenberg [1987]）。

　配分できる資源や成果には，限りがあります。企業が際限なく報酬を支払えるというのであれば，それぞれの従業員が要求する報酬を与えればよいのですが，現実にそんな企業は，まず存在しないでしょう。また，組織メンバーによる公正の認知は満足度に影響し，ひいてはそれぞれの組織メンバーの生産性や組織全体の競争力に影響を与えます。何が組織メンバーの満足度や生産性に影響を与えているのかを探求することは，組織行動論の重要な課題ですが，組織的公正研究では，「公正」がこれらに影響を与えていると考えているのです。

1.2　公正・公平・平等

　この章では，これまで特にことわりなく「公正」という語を用いてきましたが，組織的公正における基本的な用語について，ここで整理しておきましょう。

　組織的公正研究では，英語では「justice」「fairness」「equity」「equality」などといった語が，キーワードとして用いられます。一方，日本語で用いられるのは，「公正」「公平」「平等」「正義」などといった語です。

　この章のタイトルにもなっている「組織的公正」は「organizational justice」の訳語です。「justice」に「正義」という訳語をあてる学問分野や研究がありますが，組織行動論では「公正」という訳語をあてるのが一般的です。「fairness」も同様に「公正」という訳語があてられますが，ほぼ同じ意味であると考えてよいでしょう。国語辞典に掲載されている「公正」の意味・解釈では混乱を招きますので，ここで用いる「公正」の意味は「特定の人の利益への偏りがなく，正しいこと」であるとしておきます。

次に,「equity」の訳語については,「衡平」という訳語があてられています。「衡平」とは,「2つ以上のものの間で, つり合い（バランス）がとれている状態」を意味しています。「衡平」という日本語には, あまりなじみがないでしょうが, 次節で説明する衡平理論のフレームワークでは,「equity」というキーワードによって,「秤」「つり合う」という内容が示されていることから, その意味を忠実に表現した「衡平」という訳語が用いられています。

　さらに,「equality」の訳語については, 一般に「平等」という訳語があてられます。ただし,「平等」という語は, 日常的にもよく用いられる言葉ですから, 組織的公正研究における「平等」の意味について明確にしておきましょう。「equality」とは, ある資源を5人で分配するなら五等分, 10人であれば十等分というように, 一律に均等な分配を行うことを指しています。この意味から,「equality」の訳語に「均等」をあてる研究者もいます。

　ところで, 日常生活では,「公平」と「平等」は, 意味の違いがほとんど意識されることのないまま使われています。しかし, 組織的公正の研究では,「公平」は「公正」や「衡平」と同じ意味として用いられることが多く,「平等」は「均等」の意味で用いられることがほとんどです。以上のうち, この章で用いる語は, 混乱を避けるために「公正」「衡平」「平等」の3語に限定し, それぞれ上述の意味で用いることとします。

2　分配結果の公正

2.1　分配的公正研究

　分配結果の公正は, 組織的公正研究では「**分配的公正**（distributive justice）」と呼ばれています。これは,「限られた資源や成果を分配する場合に要求される結果の公正」を意味しています。分配的公正研究は, 1950年代から1970年代の終わり頃までにかけて, 大きく展開されました。

　分配的公正研究は, 主に2つの課題を持っています。それは,「どのよう

な基準で報酬やコストの分配を行えば，それぞれの従業員が，その分配結果を公正であると判断するのか」ということと，「もし，分配結果が不公正であると判断した場合に，従業員はどのように行動するのか」ということです。

それでは，以下で順にみていくことにしましょう。

2.1.1 衡平理論

分配的公正に関する最初の研究は，アダムスの「**衡平理論**（equity theory）」であるといわれています。これは，もともと企業において，従業員が給与に対してどのような反応を示すのかということを説明するために展開された理論です（Adams [1965]）。

衡平理論では，次のような仮定が置かれています。個人は何らかのインプットを提供します。すると組織からは何らかのアウトカムが個人にもたらされます。ここでいうインプットとは，ある個人が投入したものを意味しています。たとえば，学歴・知能・経験・技能・年齢などが，一般的なインプットとしてあげられます。一方，アウトカムとは，その個人が得たものを意味しています。たとえば，賃金・内的報酬・職位・特権などが，一般的なアウトカムとして考えられます。

ここで，インプットやアウトカムが，客観的要素なのではなく，主観的要素であることに注意する必要があります。つまり，客観的にみれば同じ程度のインプットやアウトカムであっても，知覚する個人によって，その値が大きく異なる可能性があるのです。たとえば，インプットとして学歴を重視する人もいれば，ほとんど気にしない人もいるでしょう。この重要度の選択をするのは，それぞれの従業員です。これが「主観的」であるということです。

また，インプットやアウトカムは1つであるとは限りません。むしろ，複数のインプットを投入し，複数のアウトカムを得ていると考えるほうが自然でしょう。この場合，衡平を知覚する各従業員の中で，インプットやアウトカムのウェイトづけ（重みづけ）が行われます。その結果，たとえ同じ状況でも，衡平であるかどうかという認知は，従業員によって異なることになるのです。

衡平理論のポイントは，自分と他者を比較することによって，分配結果が公正であるか不公正であるかを判断するという点にあります。アダムスは，これを次のような簡単な式で示しています（Adams [1965]）。

$$\frac{O_p}{I_p} < \frac{O_a}{I_a} \quad \cdots ①$$
$$\frac{O_p}{I_p} > \frac{O_a}{I_a} \quad \cdots ②$$
$$\frac{O_p}{I_p} = \frac{O_a}{I_a} \quad \cdots ③$$

　Ip，Op は，それぞれある個人が知覚した自己のインプットの総和とアウトカムの総和を意味し，Ia，Oa はその人によって知覚された交換関係にある個人または比較対象である他者のインプットの総和とアウトカムの総和を意味しています。そして，式①の条件は「過少報酬」，式②の条件は「過多報酬」と呼ばれ，不衡平な関係の成立を表しています。一方，式③は衡平な関係の成立を表しています。

　このように，アダムスは，従業員から公正だとみなされるように報酬が分配されるならば，彼（彼女）らの不満足が減少するということを，単純で精緻化されたモデルによって示したのです。

2.1.2 モチベーションの過程理論としての衡平理論

　過少報酬条件や過多報酬条件での不衡平を解消する方法として，アダムスは6つの方法をあげていますが，これらを要約すれば，次の2つの方法にまとめることができます。1つは，自己や他者の「行動」を直接変化させる方法であり，もう1つは，自己や他者の「認知」を変化させる方法です。こうした考え方は，ストウファーらによる「**相対的剥奪理論**（relative deprivation）」とフェスティンガーによる「**認知的不協和理論**（cognitive dissonance）」に基づいています（Stouffer *et al.* [1949]，Festinger [1957]）。相対的剥奪とは，「人間は，状況を他者との比較のなかで判断する存在であり，実際に自己の得た報酬が他者の得た報酬と比較して相対的に少ないもので

あった場合に，本来得られるはずのものが強引に奪い取られたと知覚する」という考え方です。この理論は，人間の満足・不満足を決定づけるものが，資源や報酬の客観的・絶対的な量ではなく，周囲の条件との比較において自分がどう判断するかによるのであるということを，はじめて理論的に説明したものです。一方，認知的不協和とは，「個人の意思・態度・行動の内面に矛盾や葛藤が存在する状態」を指しています。この理論では，人間とは自らの意思・態度・行動に一貫性を持ちたいと願っている存在であるという前提に立ち，認知的不協和のときには，一貫性を保つために何らかの行動をとるものであると主張されています。

　これら2つの理論を合わせれば，「人間は他者との比較を通じて満足や不満足を感じ，不満足を感じた場合には，満足の方向へ行動が向けられる」という考え方が生まれてきますが，これは衡平理論の考え方そのものです。

　衡平理論において，行動を変化させるとは，自分がさぼったり，他者に努力しないように働きかけたりすることを意味しています。認知を変化させるとは，不衡平を知覚した人間が自己や他者のインプットやアウトカムの重要性を高めたり低めたりすることによって衡平を回復しようとすることを意味しています。

　式②の過多報酬条件では，自己のO／I比率に比べて他者のO／I比率が小さい，つまり自分が得をしていると感じている状態ですから，自己が不衡平を知覚しても不満足を表明することはないように思えます。しかし，たとえ自己が知覚した不衡平を行動的に解消しようとはしなくても，認知的には解消しようとすると考えられます。たとえば，自分が相手（比較対象になる彼または彼女のこと）よりも報酬をもらい過ぎだと感じたとき，自分の報酬の一部を相手に渡すよりも，「彼（彼女）の努力が足りなかったのだから，自分は報酬をたくさんもらってもいいはずだ」などと思い込むことで不衡平を解消するといった場面は，いくらでもあるでしょう。

　このように，式①の過小報酬，式②の過多報酬のいずれの場合も，不衡平を知覚した自己は，それに伴う認知的不協和を解消する方向へと動機づけられるのです。つまり，衡平理論は，不衡平を認知した人間が衡平へと動機づ

けられるプロセスについて説明しているのであり，このことから，衡平理論はモチベーションの過程理論としても位置づけられています。

2.2 公正な分配原理

アダムスの研究は，分配的公正研究において，2つの意義があります。

第1に，人間の満足や行動が客観的な結果の水準ではなく，分配結果が衡平であると認知されるかどうかという主観的判断と結びついていることを示したことです。第2に，個人がある分配結果を公正であると判断する際に用いる基準が何であるのかを明確にしたことです。すなわち，衡平な分配であれば，人間はそれを公正であると判断するというのです。

しかし，ここでいくつかの疑問が生じます。第1に，人間が分配結果の公正を判断する際に用いる基準は，はたして衡平原理のみであるのかということです。言い換えると，衡平原理による分配が唯一の公正な分配方法であるのかという問題です。第2に，組織において分配される報酬は，給与だけであるのかということです。衡平理論の検証は，アウトカムとして賃金が用いられていましたが，アダムス自身が述べているように，衡平理論ではさまざまな種類のアウトカムが認められており，賃金以外のアウトカムについては問題が残っています。第3に，人間は本当に分配結果だけで公正・不公正という判断を行っているのかということです。

それでは，これらの問題に関する研究について，みていきましょう。

2.2.1 3つの分配原理

第1の問題点について，人間が公正と判断する分配原理として，高い貢献をなし得た人が高いアウトカムを得る原理である「**衡平**（equity）**原理**」以外にも2つの原理があることを，ドイッチュは指摘しています（Deustch [1975]）。それは「**必要性**（need）**原理**」と「**平等**（equality）**原理**」です。必要性原理とは，必要性の高い人から順に，高いアウトカムを得る分配原理を意味しています。扶養家族が多い，遠距離通勤や遠距離通学で交通費が多

く必要となるなどといった理由が，ここでいう必要性にあたります。平等原理とは貢献や必要性に関係なく一律に均等に分配する原理を指しています。また，これらの原理を用いた分配をそれぞれ「衡平分配」「必要性分配」「平等分配」と呼びます。

　このように複数の分配的公正原理があるとすれば，人間は異なる公正原理の中からどのように選択をするのかという疑問が生じます。ドイッチュは，こうした公正原理の選択と人々が達成しようとする目標とを結びつけて考えています。もし人々が主として経済的生産性を高めようとする協働関係にあれば，衡平分配が行われ，もし人々が調和のとれた社会的関係を促進させようとしているのであれば，平等分配が行われるはずであるとしています。さらに，個人的成長や福祉を促進しようとする協働関係にあれば，必要性分配が行われるはずであるとしています。つまり，人々が達成しようとする目標によって，適用される公正原理が決定されるというのです。

　逆に，人間は公正原理の選択によって，対人関係に対する考え方を表現し，将来の対人関係に影響をおよぼすとする実証研究もあります。グリーンバーグは，社会的交換関係にある二者が報酬やコストを分け合う場合に，衡平原理ではなく平等原理を用いれば，お互いにより好意を持ち，親密な人間関係を維持し，よりよい友人関係となり，お互いに再会したいと考えるようになるという実証研究を行っています（Greenberg [1983]）。

　ただし，この3つの原理について考えるとき，注意すべき問題点があります。それは，「衡平分配は，事後的にしか決定できない」ということです。

　仕事に対する報酬を決定する場合に，必要性原理や平等原理は，仕事の成果そのものとは直接的な関係がありませんが，衡平原理は，仕事の成果そのものと直接的に関係するために，仕事が完了し，成果を測定し評価した後にしか配分額を決定することができないのです。

　したがって，公正な分配原理として衡平原理を採用する場合には，他の2つの分配原理以上に，評価基準の設定と評価の方法が重要になるということに注意しなければなりません。

2.3 報酬概念の拡大

さて、組織において分配される報酬は給与だけであるのかということが、衡平理論の第2の問題点であることは、先にも述べた通りです。1970年代の初め頃までに行われた実証研究では、衡平理論に基づいた給与すなわち金銭的報酬の分配に関するものがほとんどでした。しかし、1970年代の終わり頃から、報酬の概念を拡大した研究が展開されるようになりました。たとえば、昇進、地位（status）、業績評価などが報酬としてとらえられるようになってきたのです。

そして、組織におけるこうした報酬の分配は、職務満足、QWL（Quality of Working Life）、組織の効率性に強い影響をおよぼすといった研究が行われ、現在では、分配的公正研究における報酬概念は、給与だけではなく広くとらえられるべきものであると考えられるようになっています。

3 分配過程の公正

3.1 手続き的公正研究

本節では、単なる「結果」ではなく、その結果にいたるまでの「過程」が人々の公正・不公正の判断に与える影響について考えてみましょう。これは、衡平理論の第3の問題点に対応しています。

分配過程の公正は、組織的公正研究では「**手続き的公正**（procedural justice）」と呼ばれています。これは、「限られた資源や成果を分配する場合に要求される過程（プロセス）の公正」を意味しています。つまり、個人がある状況を公正であると認知するのは、分配結果の公正よりも、むしろそうした分配結果にいたるまでの「意思決定の過程」、つまり「手続き」が公正だからであるというのが、手続き的公正研究の基本的な考え方になっています。

経済学に代表されるように、これまでは、人は自分の利得の極大化を望ん

でいるという人間観が一般的でした。手続き的公正研究のユニークな点は，こうした人間観に対して異を唱えたところにあります。つまり，人間は，自分にとって好ましくない結果であっても，その結果にいたるまでの手続きを公正であると認知していれば受け入れることができると主張するのです。

手続き的公正研究は，それまでの分配的公正研究の発展と入れ替わるように，1970年代後半から急速に発展してきました。手続き的公正研究には，大きく分けて2つの系譜があります。順にみていくこととしましょう。

3.1.1 過程コントロールと決定コントロール

手続き的公正の1つの理論的基礎は，ティボーとウォーカーによる研究です（Thibaut & Walker [1975]）。この研究が扱っているのは，司法つまり裁判の場面における論争と評決の分析です。社会心理学者と法学者のコンビであるティボーとウォーカーの関心は，報酬分配の公正ではなく，紛争や対立する利害の解決にありました。

この研究では，当事者に対して与えられる，不満を解決するための手続きに対するコントロールの総量（過程コントロール）と，彼らが直接にアウトカムの決定をコントロールする総量（決定コントロール）という2つのタイプの違いについて，実験が行われました。その結果，当事者に過程コントロールを与えた場合には，過程コントロールを与えられない場合と比較すると，全く同じ評決結果であるにもかかわらず，その結果を公正なものとして知覚し，その受容の度合いも高いことがわかったのです。

その後，いくつかの実証研究によって，過程コントロールが決定コントロールよりも重要であることが示されています。つまり，当事者に意思決定をさせることよりも，その意思決定の過程で当事者が意見を主張できる機会があることのほうが，当事者によって公正であると判断されやすいのです。

3.1.2 公正判断理論

手続き的公正のもう1つの理論的基礎は，レーベンソールによる研究です。ティボーとウォーカーによるコントロールの問題は，手続き的公正の重要性

を明らかにしたという意味では重要な研究ですが，手続き的公正を判断する場合に，人々がどのような基準を用いるのかということを示しているわけではありません。レーベンソールによれば，人間は，次の6つのルールにしたがって，ある手続きが公正であるかどうかを評価するとしています（Leventhal［1980］）。

①一貫性のルール
②偏向の抑制のルール
③情報の正確性のルール
④修正可能性のルール
⑤代表性のルール
⑥倫理性のルール

　「一貫性のルール」とは，ある分配の手続きが特定の個人に適用されるのではなく，その組織に関わる人すべてに一貫した手続きであるかという「人に関する一貫性」と，手続きがある一定の期間は変わらないものであるという「時間に関する一貫性」の2つのルールからなっています。「偏向の抑制のルール」とは，組織内で，意思決定者が利己的な考え方や偏見に影響されてはならないということを指しています。「情報の正確性のルール」とは，公正さの判断は誤りを最小限にしなければならず，決定が依存している情報は正確でなければならないことを指しています。「修正可能性のルール」とは，最終分配の決定過程で修正の機会がなければならないことを指しています。「代表性のルール」とは，組織内でその手続きの影響を受ける人々の関心や価値観ができる限り反映されたものでなければならないということです。「倫理性のルール」とは，手続きが一般的な道徳や倫理基準に反しないものである必要があることを指しています。

　組織における意思決定が，この6つのルールを完全に満たすことは難しいでしょうが，ある程度満たされていれば，組織メンバーによって公正であると判断される可能性が高くなるでしょう。

　また，レーベンソールは，まず，あらゆる手続きの中で，①意思決定者や

情報収集者の選定，②評価基準の設定と周知，③評価にあたっての有効な情報収集，④意思決定構造の明確化，⑤決定に対する不服の申し立て，⑥手続き参加者の行動に対する監視や懲罰の手続きの確保，⑦正常に機能しなくなった場合の手続きの変更，という7つの要素が，公正の知覚対象となることを指摘しています（Leventhal [1980]）。この研究の貢献が，人々が手続き的公正を評価する場合に用いる基準を明らかにした点にあることから，レーベンソールの理論は「**公正判断理論**」と呼ばれています。

3.1.3　分配結果か手続きか

　手続き的公正研究は，以上で述べてきた2つの研究を基礎として行われてきました。ここで注意すべきことは，組織的公正研究の問題を「分配結果か手続きか」の二者択一でとらえてしまうことは誤りだということです。

　そもそもティボーとウォーカーは，紛争や利害対立という状況下での衡平な結果を得るためのメカニズムとして，公正な手続きが重要であるという立場をとっています（Thibaut & Walker [1978]）。別の言い方をすれば，彼らは公正な分配原理として衡平原理を採用する場合には，手続きが重要であると主張しているのです。彼らは，分配的公正と手続き的公正を独立したものとしてとらえてはいません。

　さらに，その手続きにおいては，評価基準の設定と評価の方法が最も重要であるということに注意する必要があります。つまり，ある人の貢献度を測定するためには，「何を評価するのか」「どんな基準を用いて評価するのか」「どのような方法で評価するのか」ということが重要な問題となるのです。こうした評価基準の設定と評価方法の決定は簡単なことではありません。

　たとえば，自動車のディーラーを例にとって考えてみましょう。この場合，誰がいくら稼いだか，誰が何台の自動車を売ったかといったように，金額や台数を基準として，企業の業績に対するそれぞれの従業員の貢献度を測定することができます。

　一方，ある企業の経理部門や総務部門などのように，生産や販売に直接関係がなく，部門全体として組織に貢献している業務を行っている従業員につ

いて考えたとき，ひと目でわかる貢献度の測定方法があるでしょうか。自動車のディーラーと比較した場合，個人の貢献度の測定は，より困難であるといえるでしょう。しかし，衡平分配を行う限り，組織メンバーの協働によって得られた成果を個人のレベルで測定することを避けては通れません。

このように，メンバーの協働によって成果をあげている組織において，衡平分配を用いるならば，手続き的公正の重要性が，より高まることになります。「分配結果か手続きか」という二律背反の関係ではないのです。

4　相互作用的公正（または対人的公正）

さらに1980年代後半になると，ビーズとモアグによって，「**相互作用的公正**（interactional justice）」または「**対人的公正**（interpersonal justice）」という組織的公正の第3の構成次元が提示されました（Bies & Moag［1986］）。相互作用的公正とは，対人関係におけるコミュニケーションの公正のことであり，より簡潔に言えば，上司から部下に対する偏りのない態度と行動を示しています。

ビーズとモアグの指摘はシンプルなものです。それは，組織的公正研究，とりわけ手続き的公正研究において，相互作用すなわちコミュニケーションが軽視されてきたというのです。たとえば，評価の場面において，評価項目と評価基準が整備され，評価の手順が決定されたとしても，評価者の態度や行動が異なれば被評価者の公正の認知も異なるという場面があるはずだというわけです。これは，組織的公正において，たとえ人々が公正な意思決定手続きや公正なアウトカムであるとみなしているものであっても，不公正と感じる場合があることを意味しています。

ビーズとモアグによれば，相互作用的公正の視点から対人コミュニケーションを分析する第1のステップとして，適切なコミュニケーションに関する規範的・標準的な必要条件について考える必要があるとし，実直さ（truthfulness），敬意を持った処遇（respect），質問に対する礼儀正しい対

応 (propriety), 十分な説明 (justification) という4つの要素を提示しています。

　ビーズとモアグが提示した疑問は，従来の組織的公正研究で強調していた公正判断に関する対人比較や相対的な性質を持った基準だけでなく，他者のアウトカムや処遇に関する認知とは独立して用いられる基準があるのではないかというものです。つまり，人々が公平や公正に関する問題を評価するために，他者との相対比較だけではなく，自分が持つ絶対的な基準で相互作用的公正判断を行っている可能性を指摘したのです。

　ただし，もし「手続き」という概念が，「設計された制度そのもの」と「その制度が設計思想に従って適切に運用されているか」という2つの側面を持っているとしても，ある管理者の意思決定を不公正であると認知した人が，この原因を制度や組織にあると判断するのか，それとも管理者の対応にあると判断するのか，これらを明確に識別することは難しいかもしれません。

　なお，相互作用的公正と対人的公正は，厳密にいえば少し異なる概念ですが，経営の実践への応用の場面では互換的に用いられるか，あるいはむしろ対人的公正の語のほうが多く用いられているようです。

5　組織的公正の現状と課題

　近年，わが国では，労働力人口減少下での人材確保策として，働き方の見直しが進められています。これに伴って，企業の人的資源管理諸制度も，時間管理を中心としたものから，成果や生産性を中心としたものへと変革されていくとみられています。

　これまでの組織的公正研究の蓄積から，組織的公正は，職務満足，監督者への評価，コンフリクトや協調，経営への信頼などといった，組織に対する態度からの影響を受ける一方で，組織コミットメント，ロイヤリティ，集団凝集性なども含めた組織に対する態度に強い影響をもたらすことがわかっています。したがって，組織的公正への関心が低い組織や経営者は，知らず知

らずのうちに，組織に対する否定的な態度，決定に関する不満，ルールや手続きの無視，低い生産性などの危険性に直面していることになるのです。

また，人々の公正観の変化には何が関係しているのかについても考えなければなりません。経営者の考え方や能力，景気の動向，政府の施策，技術革新などがあげられますが，簡単に結論を出すことは難しいでしょう。むしろ，これらが複雑に絡み合っていると考えるべきかもしれません。

結局のところ，人々が何を公正であると考えるのか，どのような公正原理を選択するのか，あるいは，どのような基準で分配が行われることを希望しているのかということが，組織の中で，あるいは社会全体で広く共有されることが重要なのです。そして，そうした分配原理の選択は，人々がどのような社会を目指しているのかということと同じ意味を持っています。人々の公正観が，数カ月や1年という短期間では変化しなくても，5年・10年という期間でみれば変化する可能性があることは，昨今の社会における変化をみても明らかです。

企業が従業員の公正観に適合しない制度を導入すれば，彼（彼女）らは不公正であると判断し，満足感や組織に対するコミットメントを低下させ，結果として，組織の生産性や競争力が低下してしまうことになりかねません。組織のマネジメントについて考えるときには，組織的公正の問題を十分に理解する必要があるのです。

Working　　調べてみよう

この章で示した3つの分配原理について，企業や社会で現実に行われているどのような分配がそれぞれの具体例としてあげられるか調べてみよう。また他にどのような分配原理が存在しているか，考えてみよう。

Discussion　　議論しよう

あなた自身が関わりを持っている組織において，具体的な評価システムや報酬制度を取り上げ，分配的公正，手続き的公正の観点から，それらの制度の構造を分析し，グループのメンバーと議論を深め，課題を共有しよう。

▶▶▶さらに学びたい人のために

- 高橋潔［2010］『人事評価の総合科学―努力と能力と行動の評価』白桃書房。
- 田中堅一郎編著［1998］『社会的公正の心理学―心理学の視点から見た「フェア」と「アンフェア」』ナカニシヤ出版。
- Lind, E. A. & Tyler, T. R.［1988］*The social psychology of procedural justice*, Plenum Press.（菅原郁夫・大渕憲一訳『フェアネスと手続きの社会心理学―裁判，政治，組織への応用』ブレーン出版，1995年）
- Tyler, T. R., Boeckmann, R. J., Smith, H. J. & Huo, Y. J.［1997］*Social justice in a diverse society*, Westview Press.（大渕憲一・菅原郁夫監訳『多元社会における正義と公正』ブレーン出版，2000年）

参考文献

- Adams, J. S.［1965］Inequity in social exchange, in L. Berkowitz（eds.）, *Advances in experimental social psychology*, Academic Press, Vol.2, pp.267-299.
- Bies, R.J. & Moag, J.S.［1986］Interactional Justice : Communication Criteria for Fairness, in Lewicki, R.J., Sheppard, B.H., Bazerman, M.H.（eds.）*Research on Negotiation in Organizations*, Greenwich : JAI Press, 1, pp.43-55.
- Deutsch, M.［1975］Equity, equality, and need : What determines which value will be used as the basis of distributive justice?, *The Journal of Social Issues*, Vol.31, No.3, pp.137-149.
- Festinger, L.［1957］*A theory of cognitive dissonance*, Row, Peterson and Company.（末永俊郎監訳『認知的不協和の理論』誠信書房，1965年）
- Greenberg, J.［1983］Equity and equality as clues to the relationship between exchange participants, *European Journal of Social Psychology*, Vol.13, pp.195-196.
- Leventhal, G.S.［1980］What Should Be Done with Equity Theory? New Approaches to the Study of Fairness in Social Relationships, in Gergen, K.J., Greenberg, M.S. & Willis, R.H.（eds.）, *Social Exchange : Advances in Theory and Research*, 27-55, Plenum Press.
- Stouffer, S. A., Suchman, E. A., DeVinney, L. C., Starr, S. A. & Williams, R. M., Jr.［1949］*The american soldier : Adjustments during army life*, Vol.1, Princeton University Press.
- Thibaut, J. & Walker, L.［1975］*Procedural justice : A psychological analysis*, Lawrence Erlbaum Associates.
- Thibaut, J. & Walker, L.［1978］A theory of procedure, *California Law Review*, Vol.66, pp.541-566.

第14章 組織社会化

Learning Points

- ▶学校から職場への移行（school to work transition）を果たした個人が，参加した組織（企業）にどのように馴染んでいくのか，その過程や促進要因について考えるのが組織社会化論になります。
- ▶長い間，七五三離職などの言葉に代表されるように，若年層の早期離職が社会問題になっています。それゆえ，日本企業にとっても若年就業者をいかに定着させ，育成していくのかという点が，重要な課題となっています。
- ▶新人をどのようにすれば長期的に組織に定着させ，コア人材として成長させることができるのか。その点を組織社会化論の知見を用いて，理解していきましょう。

Key Words

組織社会化　職業的社会化　文化的社会化　役割的社会化
社会化エージェント

1 組織社会化（organizational socialization）とは

　私たちは自分では気づかないうちに，日本という環境にうまく馴染んでいるはずです。たとえば，日本語を上手に話したり，聞いたり，書いたりできる。刺身や納豆を食べることができる。本音と建前を使い分けることができる。日本の歴史についてある程度理解している，などです。これは，私たちが知らず知らずのうちに，日本という環境に馴染んだ結果といえます。つまり，私たちは日本という社会の一部になったのです。このことを社会化（socialization）といいます。そして，この社会化の考え方を企業の世界（経営学の領域）に当てはめて考えたのが，**組織社会化**（organizational socialization）です。組織社会化を学術的に定義すると「新しいメンバーが，組織や

グループの価値システムや規範、要求されている行動パターンを学び、適合していくプロセス」(Schein [1968]) となります。それゆえ、組織社会化は、新人と既存メンバーとの相互作用を通じた学習の過程であり、新人が成員性を習得していく過程に焦点を当てた研究領域になります。

2 組織社会化の概念整理

組織社会化といっても、さまざまな捉え方や呼び方があります。ここからは、そのような組織社会化の概念をいくつかの視点に基づいて整理していきたいと思います。

2.1 環境による区分

ここでは、私たちが社会化を要請されるビジネス環境について示し、その中で組織社会化がどの位置づけにあるのかを論じていきたいと思います。

私たちが社会化を求められる環境の1つ目としてあげられるのが、その国のビジネス慣行や制度、企業活動に関する倫理や暗黙のルールなどが存在するマクロ（国レベル）の領域です。2つ目が、所属する会社が活動する産業界への社会化です。金融業界とサービス業界では、その慣行や制度、暗黙の

図表14－1 ▶▶▶社会化を要請される環境

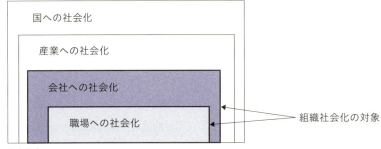

出所：筆者作成。

ルールなどが異なると考えられます。企業人として働いていくためには，そのような産業界にも社会化されることが求められます。そして，3つ目が，所属する会社への社会化，4つ目が，会社の中で個人が主に活動する職場への社会化の4つです。これらの4つのうち，組織社会化が対象とする領域が，3つ目の会社と4つ目の職場になります。

2.2 組織社会化と時間軸

次に，組織社会化がいつから開始されるのかについて考えていきたいと思います。私たちが日本という国に社会化されるのは，生まれたときから始まることになります。そのように考えると，組織社会化は自分が所属することになった組織と関わりを持った時点ということになります。しかし，その考え方には2つの議論があります。

2.2.1 組織参加前

1つ目は，組織社会化が組織に参加する前から開始されているという見方です。このような組織社会化が組織に参加する前段階を**予期的社会化**(anticipatory socialization) といいます。組織社会化は，長い時間を経て達成されるもので，個人が生まれ育った家庭環境や地域，友人や親戚，学校教育，採用プロセスなどの影響によって，既存の組織や仕事に関するイメージをある程度持ち，組織へと参加していくことになります。そのような組織に参加する前の経験や情報が，組織に参加した後の組織社会化に重要な役割を果たすことになります。それが予期的社会化です。

2.2.2 組織参加時

2つ目のとらえ方は，組織社会化は個人が組織に参加した時点から開始されるというものです。この場合は，組織参加前の経験や知識などは考慮せず，組織に参加したばかりの新人が直面する現実での課題や人間関係の構築，さまざまな学習課題を示し，それらを乗り越えていくことで組織に社会化され

ていくことを示す考え方です。それゆえ、組織参加後の社会化のことを予期的社会化と区別して、**組織内社会化**と呼びます。

この両者のとらえ方に関しては、予期的社会化が組織社会化に影響をおよぼしていることが示されており、組織社会化は予期的社会化の段階を含めてとらえることが一般的となっています。

2.2.3 組織参加後

組織社会化の対象は、新しく組織に参加した新人が対象となっています。しかしながら近年では、組織参加後、数年経過した後の社会化にも注目が集まっています。たとえば、異動後の新しい職場への社会化、昇進した後の新しい役割への社会化、海外赴任者の現地への社会化、そしてそれを終えて帰任した者の組織への再社会化などです。これらの新しい環境や役割への社会化も新人の組織社会化に関する知識を用いて考えることが可能です。

グローバル化が加速し、海外へ進出する企業も増えてきています。そのような環境においては、海外への赴任者や海外からの帰任者の社会化は、重大な人事テーマとなるでしょう。

図表14−2 ▶▶▶時間軸でみる組織社会化の分類

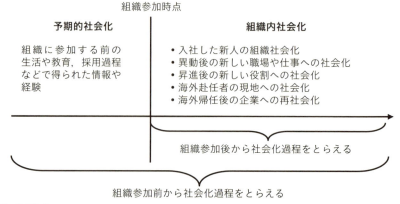

出所：筆者作成。

2.3 組織社会化の下位次元

組織社会化とは，新人と既存メンバーとの相互作用を通じた学習の過程です。それゆえ，新人の学習が重要なテーマとなります。ここからは，組織に参加した新人の学習について論じ，そこから組織社会化の下位次元について示していきたいと思います。

2.3.1 何を学ぶのか―学習の内容―

組織に参加した新人は，組織社会化過程で何を学ばなければならないのでしょうか。組織社会化がどのような要因で構成されているのかをまとめたチャオ（Chao, G.T.）らの研究から，新人が学習しなければならない対象を理解することができます（Chao et al.［1994］）。彼らは，組織社会化には学習しなければならない6つの次元が存在していることを論じました。それらは①必要とされる職務上の振る舞い方やスキルといった「仕事」に関する学習，②公式的／非公式的なもの，さらには性格的特徴や仕事とは関係のない部分での趣味なども含む「人間」に関する学習，③組織内の力関係など「政治」に関する学習，④専門技術用語や組織における独特な省略文字やスラン

図表14－3 ▶▶▶ 組織社会化過程の学習内容の分類

学習内容	1.	仕事に関する知識，スキル，能力，言語
	2.	組織や部門の役割
	3.	競合他社や取引相手，顧客，支店，子会社などの外的環境・ネットワーク
	4.	組織内，職場内の人間関係
	5.	職場の同僚に関する名前，地位，趣味や性格，バックグラウンド
	6.	組織文化と職場文化
	7.	組織内政治と職場内政治
	8.	伝説や儀式などに関する組織の歴史
	9.	組織や職場で評価される，あるいは評価されない行動パターンや具体的な評価方法・評価基準
	10.	組織内，職場内，顧客から求められる自分自身の役割

出所：尾形［2008］。

グ，特殊用語などを含む「言語」に関する学習，⑤経営理念や戦略，メンバーで共有されている共通の価値観などの「組織目標と価値」に関する学習，⑥組織における伝統や習慣，神話や儀式といった「歴史」に関する学習の6つです。もちろん，これら以外にも学習しなければならない対象はあります。これら以外の学習課題も含め，組織社会化研究の学習課題をまとめると大きく10項目程度があげられると思います。それが**図表14－3**になります。

そして，これらの学習次元は，3つの領域に分類することが可能です。まず1つ目が仕事に関する職業的価値やスキルに関するもの（図表内番号1～3），2つ目が組織で重要視される価値観や行動規範，暗黙のルールなどの文化に関するもの（図表内番号4～9），3つ目が上司や同僚，顧客から求められている役割に関するもの（図表内番号10）です。それゆえ，これらの3つを**職業的社会化，文化的社会化，役割的社会化**として組織社会化の下位次元として分類することが可能です。

2.3.3 どのように学ぶのか―学習の方法―

上述された学習課題を新人は，どのように学習していくのでしょうか。次は，学習の方法について考えていきたいと思います。学習の方法には，大きく2つの方法があります。それが**「経験学習」**と**「観察学習」**です。

はじめに経験学習についてです。新人は組織に参加して，そこでの仕事やメンバーとのやりとりを経験することで仕事や組織の文化・慣習を学習していきます。具体的な研究としては，ガンドレーとルソーが，組織に参加したばかりの新人たちに，最も印象的な出来事を聞き出し，新人の社会化に重要な出来事を抽出し，そのような重要な出来事から新人はどのように行動規範を学ぶのかを分析しました（Gundry & Rousseau [1994]）。分析の結果，具体的な経験には，ポジティブな経験とネガティブな経験の双方があげられ，ポジティブな経験には，上司から受けたサポート経験，挑戦的なプロジェクト経験，大きな責任を与えられた経験などがあげられています。反対に，ネガティブな経験には，退屈な仕事を割り当てられた経験や上司や職場の同僚から疎外された経験，上司と部下間のコンフリクト経験などがあげられてい

ます。そして、そのような経験から満足志向性規範と安定性志向規範を学習
しています。

　しかしながら、経験からしか学べないとなれば、個人が一生の間に直接経
験できることは限られていて、その限られた経験に対応するわずかなことし
か学習できなくなってしまいます。それゆえ、当然ながら人間の学習手段は、
それだけに限ったことではありません。もう1つの学習手段として、観察学
習があげられます。この観察による学習は「**社会的学習**」(Bandura [1977])
とも呼ばれ、経験学習と同等に、重要な学習手段となります。そもそも"学
ぶ"とは、他者の行動や動作を真似すること、つまり"真似ぶ"ことと強い
関係があるとされています。他者の観察を通じて学習する観察学習は、大勢
の他者に囲まれて生活する複雑な人間社会においては、むしろ優勢の場合も
十分考えられるでしょう。さらに、そのような大勢の他者の中にモデル（手
本）となる人物が多く存在する場合は、観察による学習はとても有効な学習
手段になります。それゆえ、新人は、多くを学ぶことができる複数のロール
モデルを持つことが重要です。

3　組織社会化を促進する社会化エージェント

　新人の社会化を促進する役割を果たす存在は、**社会化エージェント**（so-
cialization agent）と呼ばれ、組織社会化論の重要な研究領域となっています。
ここからは、そのような新人の組織社会化を促進する社会化エージェントに
ついて論じていきたいと思います。

3.1　他者からの働きかけ

　組織に参加したばかりの新人は、先述したように多くの学習課題がありま
す。そのような学習課題を新人1人の力で克服することは困難を伴います。
そこで重要な役割を果たすのが他者の存在です。

3.1.1 上　司

はじめて仕事をする新人にとって，どのような仕事をまかせられるのか，どのような教育を受けるのかは，その後のキャリアを左右する重要な要素になってきます。それゆえ，仕事の割り当てや指示を出す上司は，新人の組織社会化に重要な役割を果たします。たとえば，日本で行われた調査では，入社1年目での上司との垂直的交換関係が，その後の新人のキャリア発達に多大な影響を与えることがわかっています（若林他［1980］）。上司は同僚や同期とは異なり，組織や仕事，新人のキャリアに関する重要な情報を持ち，新人の組織内キャリアに影響力を持つ可能性が高いため，上司との良質な人間関係は，新人の組織社会化に重要な役割を果たすことになります。

3.1.2 メンター

組織に参入したばかりの新人にとって，**メンター**（mentor）の存在は重要です。メンターとは，若手の重要な任務を遂行するのを支援し，導き，助言を与える年配者のことです（Kram［1988］）。つまり，新人の仕事生活やキャリアの支えとなるような尊敬できる他者のことです。職場でのメンターが，新人の情報獲得に役割を果たすことで，メンターのいる新人はいない新人に比べて，組織の目的についてより学習し，実践することができ，組織社会化が促進されていることが実証されています。それゆえ，組織に参加したばかりの新人は，真っ先に「尊敬できるメンターを探せ」とまで言われています。

3.1.3 同　僚

仕事を行ううえで，最も頻繁に接触するのが同僚で，新人は職場でのOJTを通じて仕事に関する知識やスキルを学び，そこでなされるフォーマル／インフォーマルなコミュニケーションを通じて，暗黙のルールや文化的知識を獲得していくことになります。それゆえ，仕事を共にする同僚は，新人にとって重要な存在になります。同僚から得られる情報や指導は，よりテクニ

カルであったり，人間関係の生々しい情報などが含まれていることが多く，上司やメンター，同期から得られる情報とは異なるものと言えるでしょう。組織に参加したばかりの新人は，職場の同僚から仕事に関する支援や精神的支援を受け，さまざまな情報を獲得し，組織への社会化が促進されることになります。

3.1.4 ピア（peer）

ピアとは，地位などが等しい対等な関係の他者のことを言います。それゆえ，役職に就かない先輩社員などもピアに含む場合もありますが，ここでは同期のことを指すことにします。ピアは上司や同僚とは全く異なる存在であり，上司や同僚からは得られないような情報を入手することが可能になります。また，同じような境遇に置かれている場合が多く，抱えている問題や悩みも同じで，心理的な支えにもなります。また，ピアと接することによって，自分自身の成長度合いや現在の立ち位置を把握することが可能になります。つまり，ピアは上司や同僚とは全く異なる役割を果たす存在になり，お互いの組織社会化を促進し合う社会化エージェントになります。

3.1.5 社会化エージェントとの関係性の質

社会化エージェントを論じる際には，新人とエージェントの関係性も重要になります。この新人と社会化エージェントとの関係性をとらえる変数としては「質」，「数」，「選択権の帰属」の3つをあげることができます。「質」に関しては，当然のことながら社会化エージェントとの良質な関係性が重要になります。また，エージェントの「数」に関しても，多くのエージェントを持つことが組織社会化に有意義であることは理解しやすいと思います。さらに，新人がエージェントを自律的に選択できるという「選択権の帰属」も重要です。近年，若年就業者の早期離職が社会問題となり，それを抑止するために，同僚の誰かを公式な指導者として付けるメンター制度や教育制度を実施する企業が増えています。このような試みはよいことだと思いますが，会社から割り当てられた指導者との相性や指導者側の適性，モチベーション

などの問題が重要になります。新人と指導者の相性が悪かったり，指導者の指導力不足や新人を指導するモチベーションが低かった場合は，新人の組織社会化を阻害してしまう可能性のほうが高くなります。それゆえ，組織側が公的にメンターを指名するよりも，信頼できて尊敬できる人を新人が自分自身で選択したほうが，ポジティブな影響を与えることができると言えるでしょう。

3.2 組織からの働きかけ

　ここまで示してきた他者の働きかけと同時に，組織からの働きかけも重要になります。組織が参加したばかりの新人を当該組織のメンバーらしくするための働きかけのことを組織の**社会化戦術**（socialization tactics）といいます。簡単に言えば，会社の初期人材育成の方針・方策のことです。この社会化戦術の初期の研究者であるヴァンマーネン（VanMaanen, J.）とシャインは，組織の社会化戦術を相互に対極な内容を示した6つの次元に分類しています（**図表14－4**）。

　それぞれの組織が，新人に対してどのような社会化戦術を施すのかによって，新人の組織社会化に多様性が生じることになります。近年，自衛隊で新

図表14－4 ▶▶▶社会化戦術の6次元とその内容

社会化戦術の6次元	具体的な内容
集合的－個人的	集団として同じ経験をさせるのか，個々に独自の経験をさせるのか
公式的－非公式的	公式的訓練を受けるか，非公式に現場で訓練されるのか
規則的－不規則的	役割習得へのプロセスが明確に順序づけられているか，不規則なプロセスか
固定的－変動的	社会化過程のタイムテーブルが示されており，その通りに社会化されていくか，変動的に社会化されていくか
連続的－断絶的	指導者が同じ役割に当てられる新人を訓練するか，関係のない者が訓練をするのか
付与的－剥奪的	新人がその役割に就く前から有する個人的特徴が保護されるか，それを否定し剥奪されるのか

出所：筆者作成。

人研修を行う企業も増えているように，それぞれの企業が独自の入社式や新人研修を行っています。自衛隊で研修を受けた新人と座学で社会人マナーを学んだだけの新人では，仕事や同僚，顧客に対する考え方や振る舞い方が異なり，その社会化レベルに相違が生じることは容易に推測できると思います。このような会社の儀式や人材育成施策といった組織からの働きかけ（社会化戦術）が，新人の組織社会化を促進する社会化エージェントになります。

3.3 新人自身の行動

　新人の組織社会化を促進するのは，ここまでみてきたような他者や組織からの働きかけだけではありません。たとえば，新人自身が積極的に上司や先輩社員に仕事のわからない点を質問することによって，多様な知識を習得でき，組織への社会化を促進することができます。組織に上手に馴染むために，必要な情報の収集を行ったり，既存のメンバーと関係性を構築したり，仕事の出来栄えのフィードバックを求めるような新人の積極的行動を**プロアクティブ行動**（proactive behavior）と呼びます。このプロアクティブ行動には，主に3つの種類があります。まず1つ目が，役割や環境を変える行動です。これには，職場全体の仕事や自分に与えられた仕事をとらえ直してみたり，やり方や手続きなどを変えたりすることです。2つ目が，自分自身を変える行動です。これには，上司や同僚に積極的に質問をしたり，フィードバックを求めたり，手本となる同僚の話を聞いたり，観察することで自分自身を変えようとする行動です。最後の3つ目が，関係性を構築する行動です。これには，上司や同僚との良質な関係性を構築したり，積極的に社内外にネットワークを構築する行動が含まれます。

　このように，新人自ら積極的に環境に働きかけることによって，新人自身の学習意欲の向上や多くの情報入手につながり，結果的に円滑な組織への社会化につながります。社会化エージェントからの支援を待つだけではなく，新人自ら積極的に支援を求めたり，うまく馴染むための行動をとることが組織社会化を促進する重要な要素となります。

4　組織社会化の成果

　最後に，組織社会化の成果を，どのようにとらえるかを示したいと思います。組織社会化の成果には，短期的な成果と長期的な成果の2つがあります。短期的な成果には，組織に社会化されることで，既存のメンバーから受け入れられたという受容感や役割の明確化，自己効力感が醸成されます。さらに，このような短期的成果が，職務態度やパフォーマンスへの貢献，組織コミットメントや離職意思の低減，**個人－職務適合**（Person-Job fit），当該組織における長期的なキャリアの見通し，倫理観の醸成といった長期的な成果につながることになります。

　そして，そのような成果を生み出すためには，先述してきた予期的社会化や社会化エージェント，新人自身のプロアクティブ行動が，重要な役割を果たすことになります（図表14－5）。

　組織社会化の成果をどのように測定するかは，多くの議論があります。つまり，このようになれば組織社会化が達成されたという明確な変数がないのが現状です。どのようになれば組織社会化が達成されたのか，そうなるまでどの程度の時間を要するのかなどは，今後も議論を重ねる必要があります。

図表14－5 ▶ ▶ ▶ 組織社会化の成果と促進要因

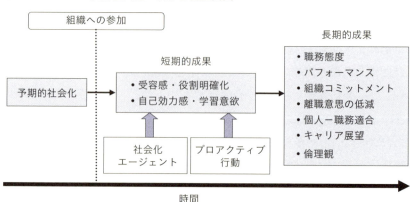

出所：Bauer & Eldogan［2012］p.98 をもとに筆者作成。

5 組織社会化の組織への影響

　組織社会化は，組織全体にも影響をおよぼすことにもなります。ここからは，組織社会化が組織に与える影響について論じていきたいと思います。

5.1 組織へのポジティブな影響

　新人の組織社会化が組織に与えるポジティブな影響としては，大きく3点をあげることができます。第1は，コスト削減に有益であるという点です。多くの組織は，かなりの時間と費用を新人の採用と訓練に費やしています。もし新人がすぐに離職すると，費やした費用の見返りはほとんどないし，もう一度最初から採用活動を始めなければならなくなります。それゆえ，社会化の失敗は，組織にとってコストになってしまいます。第2は，組織文化を伝達する主要な手段になる点です。新人の組織社会化が円滑なときは，新人は組織の中心的価値や規範を理解し，共感的であるといえます。組織の文化に共感する個人が多いほど，組織が大事にしている価値観（組織文化）を永続的に保つことができるようになります。第3に，マネジメントの容易さをあげることができます。組織への社会化が達成されている個人は，当該組織の価値観や行動規範，当該組織で評価される行動を迅速に理解し，実践することができます。つまり，多くの従業員を同じ方向に向かわせやすく，従業員の調整・統合が容易に達成できるというメリットもあります。

5.2 組織へのネガティブな影響

　新人の組織社会化が組織に与えるネガティブな影響として，組織の柔軟性や創造性の欠如があげられます。集団や組織に硬直をもたらす要因として，役割と行動の固定と固着，思考様式や行動様式のワンパターン化，コミュニケーション・ルートの固定化などが考えられます。組織社会化は，組織に参

加したばかりの新人を当該組織のメンバーらしく振る舞わせるようにすることです。それゆえ，当該組織で評価される価値観や行動の"型にはめる"作業になります。それは，組織メンバーを同質化することであり，思考や行動の多様性や柔軟性を奪ってしまうことにつながる側面もあります。

環境や市場の変化が激しく，不確実性の高い現代において，組織を永続させるためには，変革や革新が常に求められます。しかしながら，組織社会化された同質なメンバーで構成された組織は，変化に対する抵抗を生み出し，革新性を奪い，決まったことしかしないという保守的な傾向をもたらしてしまう恐れがあります。

6 組織社会化研究の展望

ここからは，さらに組織社会化研究の理解を深めるために必要な点について考えていきたいと思います。

6.1 新人と既存メンバーの相互作用

組織社会化は，組織に参加したばかりの新人が，既存メンバーのやりとりを通じて組織や仕事に馴染んでいく過程です。それゆえ，そのような両者の相互作用の具体的な内容についても深い理解が求められます。組織に円滑に社会化された新人とそうではない新人の既存メンバーとの相互作用は，どのように異なるのか。その点を理解することで，組織社会化の深い理解が可能になると思います。

6.2 新人が環境に与える影響

組織社会化は，新人が環境からさまざまな影響を受けて社会化されていく過程をとらえています。それゆえ，新人は環境から影響を受ける受動的な存

在としてとらえられています。しかしながら，新人の組織への参加は，既存のメンバーに多くの気づきや学習機会を提供しているし，既存メンバーの意識や行動の変化を醸成させる役割も果たしています（尾形 [2006]）。さらに，既存メンバーの意識や行動だけではなく，職場の仕事のやり方，組織の制度変革など，職場レベルにも組織レベルにも影響をおよぼすことができます。そのような環境に影響をおよぼす新人の影響力についても理解することが求められます。

6.3 日本的な組織社会化モデル

　組織社会化研究は，海外では多くの蓄積がありますが，わが国においては，それほど多くはありません。それゆえ，組織社会化を測定する尺度に関しても欧米で用いられている尺度を用いることがほとんどです。しかしながら，欧米の企業組織への社会化と日本の企業組織への社会化は，大きく異なるはずです。採用方法に関して言えば，欧米企業の職種別採用に対し，日本企業は新卒一括採用がいまだに一般的です。そのような採用方法の違いは，新人の組織への社会化過程にも違いを生じさせる可能性があります。また，個人主義的と言われる欧米の企業と和を尊ぶ集団主義的な日本の企業の間でも，新人の社会化過程は異なるはずです。このような欧米企業の組織社会化とは異なる，"日本型の組織社会化過程"をとらえることが必要です（尾形 [2017]）。

Discussion　　　　　　　　　　　　　　　　　　　　　議論しよう

1. サークルにうまく馴染む（社会化される）個人とうまく馴染めず，サークルを辞めてしまう個人の相違点は何か。取り巻く環境面と個人的特徴の両面から議論してみてください。
2. 組織に社会化されることは重要ですが，何でも受け入れるイエスマンになるのは問題です。自分らしさも上手に保ちながら，組織にも社会化されるためには，どのような行動が求められるでしょうか。議論してみてください。

▶▶▶さらに学びたい人のために

- 金井壽宏・鈴木竜太編［2013］『日本のキャリア研究—組織人のキャリア・ダイナミクス』白桃書房。
- 中原淳編［2017］『人材開発研究大全』東京大学出版会。
- Schein, E. H. [1978] *Career Dynamics: Matching Individual and Organizational Needs*, Addison-Wesley.（二村敏子・三善勝代訳『キャリア・ダイナミクス』白桃書房，1991 年）

参考文献

- 尾形真実哉［2006］「新人参入の組織論的考察—職場と既存成員に与える影響の定性的分析」『六甲台論集—経営学編』第 53 巻第 1 号，61-86 頁。
- 尾形真実哉［2008］「若年就業者の組織社会化プロセスの包括的検討」『甲南経営研究』第 48 巻第 4 号，11-68 頁。
- 尾形真実哉［2017］「第 9 章 組織社会化研究の展望と日本型組織社会化」中原淳編『人材開発研究大全』東京大学出版会。
- 若林満・南隆男・佐野勝男［1980］「わが国産業組織における大卒新入社員のキャリア発達過程—その経時的分析」『組織行動研究』第 6 巻，5-131 頁。
- Bandura, A. [1977] *Social Learning Theory*, Englewood Cliffs, NJ.: Prentice-Hall.（原野広太郎監訳『社会的学習理論』金子書房，1979 年）
- Bauer, T. N. & Erdogan, B. [2012] "Organizational Socialization Outcomes: Now and Into the Future," In Wanberg, C. R. (eds.), *The Oxford Handbook of Organizational Socialization*, Oxford University Press, pp.97-112.
- Chao, G. T., O'Leary-Kelly, A. M., Wolf, S., Klein, H. J. & Gardner, P. D. [1994] "Organizational socialization: Its content and consequences," *Journal of Applied Psychology*, Vol. 79, No.5, pp.730-743.
- Gundry, L. K. & Rousseau, D. M. [1994] " Critical Incidents in Communicating Culture to Newcomers: The Meaning is the Message," *Human Relations*, Vol.47, No.9, pp.1063-1088.
- Kram, K. E. [1988] Mentoring at work: Developmental Relationships in *Organizational Life*, University Press of America.（渡辺直登・伊藤知子訳『メンタリング—会社の中の発達支援関係』白桃書房，2003 年）
- Schein, E. H. [1968] "Organizational socialization and the profession of management," *Industrial Management Review*, Vol. 9, pp.1-16.
- Van Maanen, J. & Schein, E. H. [1979] "Toward A Theory of Organizational Socialization," In Staw, B. M. (eds.), *Research In Organizational Behavior*, JAI Press, pp.209-264.

第15章 ダイバーシティ・マネジメント

Learning Points

▶ ダイバーシティ・マネジメントとは，組織の中に年齢，性別，国籍といった多様な属性を持つ人々がいることを前提として，人々が目的達成のために動くように働きかけていくことを意味しています。

▶ 少子高齢化，企業活動のグローバル化，イノベーションの必要性に対応するために，企業はダイバーシティを積極的に受け入れ，業務やプロセスを変化させることによって，従業員カテゴリー間の属性の違いを超えてメンバーを統合していくことが，ダイバーシティ・マネジメントの目指すべき最終段階であると考えられています。

▶ しかし，統合を目指すためには，従業員カテゴリー間で生じる差別の問題を克服しなければならず，その解消のための積極的な取り組みが求められます。

Key Words

ダイバーシティ　統合　社会的カテゴリー　統計的差別

1 ダイバーシティ・マネジメントへの注目

1.1 ダイバーシティとは何か

日本では，政府が「経済のグローバル化や少子高齢化が進む中で，我が国の企業競争力の強化を図るためには，多様な人材の能力を最大限に発揮し，価値創造に参画していくダイバーシティ経営の推進が必要かつ有効な戦略（経済産業省「新・ダイバーシティ企業100選／100選プライム」ホームページより）」であるとし，その実現のための「働き方改革」を積極的に推進しており，それに沿った各企業の取り組みが注目されています。

ダイバーシティとは，英語で多様性を意味しますが，特に労働の分野では，さまざまな属性を持つ人がいること，すなわち，人材の多様性という意味で広く使われており，より具体的には，性別，人種，民族，年齢などの異なる属性を持つ人が同じ職場で一緒に働いていることを指します。

1.2 ダイバーシティのとらえ方の変遷

もともと，ダイバーシティという考え方は，1960年代のアメリカにおける公民権運動などの人権問題への取り組みの一環として生まれました。有色の人々や女性に対する採用や昇進などにおける差別的な人事慣行を撤廃すべきであるという動きが発端となり，それらを改めるべく法律が制定されました。

やがて女性に対する積極的な採用や差別のない処遇といった動きは各企業において定着し，さらに障害者や高齢者など，**マイノリティ**（属性が社会において少数派に位置する人々）と呼ばれる従業員カテゴリーにも機会を開いたことで，ダイバーシティの考え方は社会の中に浸透していきました。

その後，ダイバーシティの考え方は，法律に対応することから，企業経営の観点に基づいて正しく評価すること，すなわち，ダイバーシティを増大させることが経営成果に結びつくかどうかを考えることへと変わっていきました。

このように，最初は雇用における差別という側面が注目されていましたが，その後，さまざまな側面が注目されていくことになりました。また，近年では，目に見えて識別可能なダイバーシティ（性別，民族などのことで表層的ダイバーシティといいます）と，外部からは識別しにくいダイバーシティ（価値・態度・パーソナリティ・嗜好などのことで深層的ダイバーシティといいます）を区別して，さらに詳細に議論されるようになってきています。

2 ダイバーシティ・マネジメントの必要性

　組織は，参加する人々がその目的を達成するために分業し協力し合うことによってうまく機能していくものです。特に，企業組織は目的を効率的に達成することが求められます。

　管理の効率を高めようとする際には，同じ属性を持つ人を集めることが最も単純な方法として考えられますが，現代においてはそれを前提とすることはできなくなっています。そのため，多様な属性を持つ人々がいることを前提として，人々が目的達成のために動くように働きかけていくことが必要となります。これを**ダイバーシティ・マネジメント**といいます。

　では，ダイバーシティ・マネジメントがなぜ最近になって注目されるようになってきたのでしょうか。以下で，ダイバーシティ・マネジメントの必要性を高めている要因について説明していきましょう。

2.1　人口構成の変化と法律への対応

　先進国に共通する人口構成上の問題として，少子高齢化があります。これまで多くの国では，若年男性労働力という従業員カテゴリーを主として活用していました。しかし，少子高齢化が進展すると，若年男性労働力だけでは労働力不足になることが予想されます。

　そこで，別の従業員カテゴリーを活用することが必要になります。たとえば，その候補としては，高齢者，女性，外国人などがあげられます。これらのカテゴリーに対して企業は十分に機会を提供してこなかったのですが，機会を開くべきだとする社会的規範が形成され，それに対応する法律の整備が進められたことから，企業はそれらに対応しなければならなくなりました。

　たとえば，日本では，男女雇用機会均等法や高年齢者雇用安定法，障害者雇用促進法といった法律が，企業に対してこれらのカテゴリーに対する不当な差別がないように行動することを要求しています。

したがって，たとえダイバーシティ・マネジメントに対して積極的な考えを経営者が持っていないとしても，ダイバーシティ・マネジメントの存在を所与として人的資源管理を行わなければならなくなっています。

2.2 企業活動のグローバル化

近年，生産拠点の海外への移転や，外国企業との M&A（合併・買収）などの動きにみられるように，企業活動の**グローバル化**がますます盛んになっています。

企業活動がグローバル化すると，国内だけで活動している場合よりも多様なニーズを持った顧客と接点を持つことになります。その際には，現地の従業員を雇用することが必要になる場合が多くなります。現地の顧客ニーズを最もよく知っているのは現地の人である場合が多いからです。

しかし，企業活動に彼らを統合していく際に，国内でのやり方をそのまま踏襲しても現地の人に受け入れられないという問題に直面することになります。

2.3 市場の多様化と顧客の視点

市場の多様化は，企業による外国への進出によるだけでなく，国内においても生じています。たとえば，日本の場合においても，女性や高齢者を対象とした商品やサービスが注目されています。

小売業においては，買い物の主役である女性にとって買いやすい売り場づくりを行ったり，女性に向けた品揃えを充実させたりすることが売上に結びつくと考えられるようになっています。また，高齢化社会への移行にしたがって，高齢者のニーズを満たすサービスなどが求められています。

そういった多様化する顧客のニーズに応えるためには，企業にそのニーズを理解できる人，すなわち顧客と同じカテゴリーに属する従業員がいることが望ましいと考えられます。ところが，従来は，そのカテゴリーに属する従

業員がいなかったこともあり，顧客ニーズは存在していたものの十分に満たされてこなかったといえるでしょう。

また，企業成長のためには，新たな顧客を開拓することが重要となります。だからこそ，新たな顧客と同様の視点を持つ人を活用することが必要になってきます。そのプロセスにおいて，ダイバーシティ・マネジメントをうまく行っていくことは必須条件であるともいえます。

2.4 イノベーションの必要性

現代の企業においては，市場のライフサイクルの短期化に伴って，新たな事業をいかに展開するかが大きな課題となっています。その際に必要とされるのが新しいものを生み出す**イノベーション**です。

イノベーションを生み出すためには，均質な集団よりも，多様な属性や能力を持った人材によって構成される不均質な集団が必要となります。

その理由は，それぞれに多様な人的ネットワークを持っている，多様な属性や能力を持つ人が集まることによって，多様な種類の情報へのアクセスが可能となり，また，同じ対象に対して多様な視点を持つことができることから，新しいアイデアを生み出すための議論が活性化する可能性が高まるということにあります。

したがって，ダイバーシティ・マネジメントは，イノベーションを実現するために必要な条件の1つとなると考えられます。

3 ダイバーシティ・マネジメントのプロセス

ダイバーシティ・マネジメントに対する考え方は企業の環境変化に伴って変化しており，ダイバーシティ・マネジメントへの積極的な取り組みが今後ますます重要になっていくと考えられます。しかし，ダイバーシティ・マネジメントへの実際の取り組みには，企業によってばらつきがあり，消極的な

ものから積極的なものまで，さまざまなものがあります。

そこで，本節では，ダイバーシティの増加に対して企業がとりうる対応方法にはどのようなものがありうるのかについて説明します。

3.1 ダイバーシティ・マネジメントの3つの考え方

ダイバーシティ・マネジメントをどのように行うかということは，これまでに差別されてきた従業員カテゴリーに対してどのように対応していくかということに関連しています。この点に注目すると，ダイバーシティの増加に対して企業がとりうる対応方法は，以下にあげる3つであるといわれています。

3.2 同　化

これは，法律に違反しないよう差別を減らすことを目的として，ダイバーシティを増大させようとするパターンです。

たとえば，特定のカテゴリーにおける採用を増やすことが法律で定められた際に対応することがこのパターンに該当します。この考え方においては，すべての人を同一に扱うことが最優先されるので，個人間の違いを見出すことは不公平な差別の根拠とみなされます。そのため，違いは多数派の支配的な文化に同化すべきものだと考えられています。

この方法は多数派に有利な状況を基本的に変えないので，少数派に属する人たちは，組織のメンバーとして尊重されず，低く評価されていると感じると考えられます。また，仕事のプロセスの変更といった，手間のかかる踏み込んだ対策がとられにくくなる場合が多くなると考えられます。したがって，少数派にとっては状況を変えることが難しいままになる可能性が高いといえます。

3.3　分　離

　これは，多様な市場や顧客にアクセスすることを目的として多様性を進めるパターンで，新たに進出しようとする市場にいる顧客と同じ属性を持つ人を接点となる部署や仕事に登用するという方法がとられます。

　ただし，経営に重大な影響をおよぼす部署にはそれらの人々は登用されないので，登用される人とされない人との「分離」が起こります。たとえば，海外現地法人の経営幹部になる機会が本国の従業員に対してのみ開かれている場合がこれに当たります。

　この方法は，多様性を増大させるべき場面において，それまでに少数派であった従業員カテゴリーに属していた人々にも一定の活躍の場を与えているという意味では，「同化」よりもダイバーシティに対して積極的に取り組んでいるといえるのかもしれません。

　しかし，少数派には相変わらず昇進機会が閉ざされることになり，彼らは割り当てられた職務が低く評価されていると感じると考えられます。

　したがって，企業全体においてダイバーシティから得られるメリットを享受するには不十分であるといえます。

3.4　統　合

　これは，「分離」よりもさらにダイバーシティを積極的に受け入れ，業務やプロセスを変化させることによって，従業員カテゴリー間の属性の違いを超えてメンバーを統合していくパターンです。そこでは，多様な視点を提供する，組織学習や変革の資源として，ダイバーシティは価値あるものとみなされます。

　その結果，さまざまな従業員カテゴリーに対して均等なパワーと地位が与えられます。また，自分の能力と組織に対する貢献がすべて尊重され高く評価されるとすべての従業員が感じると考えられます。

　もちろん，ダイバーシティが増大することによって多様な視点が生じるの

図表15－1 ▶▶▶ ダイバーシティに対する企業行動

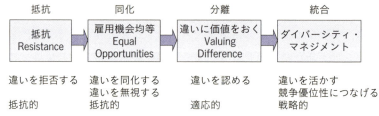

出所：谷口 [2005], 265頁。

で、コンフリクトが生じることは避けられないのですが、この考え方においてはコンフリクトが建設的な議論によって解決されるべきだとされます。

以上の3つの方法は、図表15－1に示すように、ダイバーシティ・マネジメントの発展段階としてとらえることができます。最近では、最終段階である「**統合**」を目指す活動こそダイバーシティ・マネジメントであるという主張が多く行われるようになってきました。

4 ダイバーシティと経営成果の関係

上でも述べたように、ダイバーシティの増大の必要性が高まっている状況においては、理想的にいうならば、「統合」が目指すべき姿であると考えられます。しかし、ダイバーシティを増大させることが経営成果にどのようにつながるのかが理解できなければ、企業は実際に「統合」を行おうとはしないかもしれません。

そこで、本節では、ダイバーシティの増大が経営成果にどのように結びつくと考えられるのかについて、これまでに提示されている3つの理論に基づいて説明していきます。

4.1 社会的カテゴリー理論

社会的カテゴリー理論は，個人が他人との社会的比較を行うプロセスに注目します。人は他人と比較することを通じて自尊心を保とうとすることから，属性をもとに自分と他人を社会的にカテゴリー化（分類）し，自分の属するカテゴリーに好意的な比較を行い，自分たちにとって有利になるように行動した結果として，差別が生じることになります。

その結果，カテゴリー間でコンフリクトが発生したり，コミュニケーションがうまくいかなかったり，派閥争いが生じたりすることによって，組織メンバーのコミットメントが低下したり，メンバーの組織への統合が難しくなってきます。

4.2 類似性・魅力理論

類似性・魅力理論は，複数の個人が類似の属性を持っていること自体が個人間の魅力や好意を増加させることにつながるというメカニズムに注目します。

たとえば，共通の人生経験や価値観を持っていることがお互いにわかると，相手に対して好意を持ち，コミュニケーションの頻度が高まるということは，多くの人が経験していることでしょう。逆に，共通のバックグラウンドを持たない人々が集まっているという状況下では，コミュニケーションが効果的に行われなくなり，組織コミットメントが低下するという問題が生じることになります。

以上の2つの理論に基づくならば，ダイバーシティの程度が高まることは，メンバーの感情，さらには経営成果にとってマイナスの影響が生じることにつながると考えられます。そこで，組織がとるべき行動は，ダイバーシティを増大させないというものになります。

顧客ニーズがあまり多様ではなく，頻繁に新しい技術が生まれることがない，比較的安定していた環境下にあった従来の企業においては，分業と協働

のプロセスを効率的にすることが最も重要であり，組織としてのまとまりが重視されたため，ダイバーシティを増大させてこなかったことは，これらの理論によって説明できると考えられます。

4.3 情報・意思決定理論

情報・意思決定理論は，組織にとって必要な新しい情報や視点を取り入れるための手段としてのダイバーシティに注目しています。

多様なメンバーがいる組織は，より多くの情報ネットワークを組織外に持つことになり，利用できる情報が増え，また同じ対象に対して多様な視点を持つことも可能になります。このことは，新しいアイデアを出すことが難しいという，均質性の高い集団に存在する弱みを克服することにもつながります。

この理論に基づくならば，ダイバーシティの程度が高まることは，経営成果に対してプラスの影響が生じることになるので，組織がとるべき行動は，ダイバーシティを増大させるというものになります。

企業間競争において創造性が特に重視される現代においては，均質性の高い集団に存在する弱みを克服することが企業にとって重要な課題となっていますが，この理論は，ダイバーシティの増大を積極的に行うための根拠を与えるものとして注目されるようになったといえるでしょう。

5　ダイバーシティ・マネジメントと差別

5.1 企業における差別の問題

ダイバーシティを増大させることが経営成果に結びつくメカニズムが理解できれば，企業が「統合」に向けて行動する可能性は高まりますが，実際に従業員カテゴリー間の違いを超えることは，それぞれのカテゴリー間の利害

対立が絡んでくるので、容易なことではありません。

それは、本人の意思に関係なく、特定の属性を持つ従業員カテゴリー（基本的な分類）の一員であるという理由によって機会が意図的に不平等にしか与えられない状況、すなわち差別へと結びついていきます。

差別は特定の従業員カテゴリーに属する従業員のモチベーションを低下させるという意味で、組織のパフォーマンスに対してマイナスの影響をもたらすと考えられます。

また、差別が行われることによって、機会が開かれれば活躍できる可能性のある人が活躍の場を失い、企業にとっても得られたはずの利益を得ることができなくなるという可能性を生み出すことから、企業は可能な限り差別が生じないように対応することが必要となります。そのためにはどうすればよいのかを考えるためには、差別がなぜ生じるのかを考える必要があります。

企業における差別の問題は、多くの属性において存在しうる（性別、年齢、宗教、信条、民族など）のですが、本節では、女性の問題を例にとって、説明していきます。

5.2 　差別が生じる理由―企業における女性を例として―

女性は、特に人数が多い従業員カテゴリーであるため、どこの国においてもダイバーシティ・マネジメントの大きなテーマの1つです。

従来から、企業における採用や昇進に関して男女間で明らかな格差が人為的につくられ、それが継続する間に規範として受け入れられ、実践されることによって慣行として定着してきました。このように意識的につくられた男女間の性差を**ジェンダー**といいます。ジェンダーが生じる理由を説明する理論には、以下のようなものがあります。

5.3 　ステレオタイプ理論

ステレオタイプ理論は、男性的または女性的であると思われている性格や

行動のパターンがすべての男性または女性に当てはまると人は信じがちであり（ステレオタイプ化），その固定観念をあらゆる人に当てはめようとするために，ジェンダーが生じるという考え方です。

たとえば，女性は優しく，思いやりがあると考えるならば，女性は人の世話にかかわる職業に向いているという考えを生み出すことになります。しかし，この固定観念はそれを持つ人が綿密に調べた結果ではなく，本人の知識の範囲内で単純化された枠組みに基づくものなので，格差を正当化する客観的な根拠にはなりにくいという点が問題です。

5.4 統計的差別理論

統計的差別理論は，採用や昇進の場面において，候補者個人の生産性を十分に把握することが難しいために，候補者の属するカテゴリーの平均的な生産性を参考にして経営者が判断を下し，その結果としてジェンダーが生まれるという考え方です。

具体的には，平均的に勤続年数の長い男性に対して女性よりも優先的に機会が与えられるという現象がこれに該当します。生産性が高く，長期的に働くことができる人に対して，経営者が優先的に機会を与えようとするのは合理的な判断だといえます。したがって，後にコストの回収が見込める男性が教育訓練コストをかける対象になる可能性が高くなります。

しかし，確かに女性全体としてみれば平均的に勤続年数が短くなっていますが，女性の中にも長期勤続をしている人や望んでいる人が少なからずいますし，男性の中にも短期間で離職する人がいます。

もし採用や昇進の候補者となった女性が，実際に採用された男性よりも自分のほうが高い生産性をもたらすことができると考えているならば，機会を与えられないことによって差別を受けていると感じるでしょう。

また，企業にとっては，高い生産性をもたらすかもしれない女性に活躍してもらうチャンスを逃し，結果として女性を採用した場合よりも成果が低くなる可能性があります。そのため，採用や昇進を行う際には，各カテゴリー

の勤続年数の平均だけに注目するのではなく，ばらつきにも注目する必要があります。

5.5 トークニズム理論

トークニズム理論は，男女の比率に大きな差がある場合，多数派である男性が，少数派である女性に対して不利な扱いをした結果，女性が孤独感を感じてさらにジェンダーが強化される，すなわち，同僚の反感を買わないように慎重にバランスをとる，目立たない存在であるように努めるなど，女性特有のものとされる態度や行動が，女性本人に起因しているのではなく，実はパワーの有無や数の不均衡という構造的要因から生じているという考え方です。

たとえば，多数派の男性にとっては，これまで男性だけで昇進競争が行われていたところに，これまでに競争に参加できなかった女性が新たに参加することで，昇進できる確率が低下することが不安や脅威となるので，女性に対して昇進競争に参加しないようにさまざまな圧力をかけることがあります。

女性で最初にある仕事に就けた人が出てきても，その後に続く女性がいなくなりやすい理由は，この理論によって最もうまく説明できます。

6 ダイバーシティ・マネジメントにおける今後の課題

市場の多様性や労働力の多様性といった組織の環境要因の変化や，人々の多様性こそ大事にすべきであるという社会的規範の変化により，今後，企業はダイバーシティ・マネジメントを積極的に行うことが必要になっています。では，そのためには，どのようなことが重要なポイントになるのでしょうか。

6.1 仕事や役割の明確化

まず，企業が，ある仕事に携わりたいと思う人に対して，その人の持つ属

性のみを理由として，その仕事に携わる機会を閉じてしまわないことです。機会を与えるかどうかの判断は，あくまでその仕事に対する本人の適性や能力，あるいは成果などによって判断されるべきでしょう。そのためには，なされるべき仕事や役割を明確にしておく必要があります。

ただし，その際に注意すべきことは，仕事や役割を明確にして，成果を出した人に機会を与えるというルールを設けただけでは不十分だということです。もし，実質的に，特定のカテゴリーに属していること自体が仕事の成果を出す際に有利になるという構造が変わらなければ，差別が繰り返し行われることになります。たとえば，長時間労働が高い評価につながる場合は，ジェンダー問題は繰り返し起こることになります。

そういった状況を防ぐためには，仕事や役割を明確にすると同時に，どのような方法で仕事をするのか，それをどのように評価するのかといった，実際の成果に至るまでのプロセスを検証していくことが必要になります。

6.2 フォロー体制の確立

次に，ダイバーシティ・マネジメントの普及によって機会が開かれた人が働きやすい体制を整えていくことが必要になります。

これまでに特定の属性を持つ人に対して十分な機会が与えられていない状況を当たり前のこととして考えてきた職場が，それを否定する変化に対してすぐに対応することは難しいと考えられます。

そこで，たとえば，男性が育児に参加するために休暇を取ることや，長時間労働をしている人よりも仕事で成果を出す人を高く評価することに関して管理職の理解を促したり，公正な手続きによって昇進・選抜が行われることを保証することが必要になります。

また，フレックスタイムや在宅勤務など，仕事と家庭生活との両立（ワークライフバランス）を可能にするような柔軟な働き方を認める制度を整備していくことも，ダイバーシティ・マネジメントを推進するための1つの方法です。

6.3　変革への積極的取り組み

　最後に，ダイバーシティ・マネジメントの価値を経営者が本当の意味で理解したうえで実行することです。「やらないと取り残されそうだから」「競合他社がやっているから」といった消極的な理由でダイバーシティ・マネジメントを行おうしても，そこから十分な成果を引き出すことは難しいと考えられます。

　また，「管理職の半分を女性にする」，「採用人数の半分を外国人にする」といった数値目標がひとり歩きしないようにも注意しておかなければなりません。そのような目標を達成するだけでも一歩進んだ取り組みであるといえるかもしれませんが，実効性を長続きさせるためにはダイバーシティ・マネジメントのメリットをさらに活かしていくような方法を考えていかなければなりません。

　場合によっては，組織構造や仕事のプロセスを変革していくことも考えていく必要があるでしょう。日本企業において，人事評価や昇進に関する制度を海外現地法人も含めて統一的に運用しようという試みは，その一例とみることができます。

　そして，その際には経営者がダイバーシティ・マネジメントを重視しているというメッセージを発信し，機会を開くことが現場にとってどのようなメリットをもたらすのかを説明することが必要になるでしょう。

　しかし，企業がダイバーシティ・マネジメントに取り組んでいくためには，企業の経営者だけにすべてを任せるのでは不十分です。従業員や社会の人々，政府などがダイバーシティ・マネジメントへの理解をさらに深め，協力していく必要があります。

　たとえば，女性に対して管理職登用の道が開かれた場合には，その機会を活かすように努力することも必要ですし，社会の人々もそれらの人々が働き続けることに対して理解することが必要なのです。

Working 　　　　　　　　　　　　　　　　　　　　　　　調べてみよう

経済産業省「新・ダイバーシティ企業 100 選／100 選プライム」などを参考に，企業はダイバーシティ・マネジメントに関して，具体的にどのような取り組みを行っているかを調べてみよう。

Discussion 　　　　　　　　　　　　　　　　　　　　　　議論しよう

日本の組織はダイバーシティ・マネジメントに必ずしも成功しているとはいえないようですが，なぜそのようになっているのか，その理由について議論を深めてみよう。

▶▶▶さらに学びたい人のために
- 尾﨑俊哉［2017］『ダイバーシティ・マネジメント入門―経営戦略としての多様性』ナカニシヤ出版。
- 佐藤博樹・武石恵美子編［2017］『ダイバーシティ経営と人材活用―多様な働き方を支援する企業の取り組み』東京大学出版会。
- 谷口真美［2005］『ダイバーシティ・マネジメント―多様性をいかす組織』白桃書房。

参考文献
- 今野浩一郎［2014］『高齢社員の人事管理』中央経済社。
- 馬越恵美子［2011］『ダイバーシティ・マネジメントと異文化経営』新評論。
- 山口一男［2017］『働き方の男女不平等―理論と実証分析』日本経済新聞出版社。
- Goodman, D.［2011］*Promoting diversity and social justice: educating people from Privileged Groups*, Routledge.（出口真紀子監訳，田辺希久子訳『真のダイバーシティをめざして―特権に無自覚なマジョリティのための社会的公正教育』上智大学出版，2017 年）
- Kanter, R. M.［1993］*Men and Women of the Corporation*, Basic Books.（高井葉子訳『企業のなかの男と女―女性が増えれば職場が変わる』生産性出版，1995 年）

第16章 プロフェッショナル・マネジメント

Learning Points

- ▶「プロに転向」「プロ意識」「プロ級の腕前」などさまざまな場面で使用されるプロ（プロフェッショナル）とはどういう意味を持っているのでしょうか？
- ▶近年，企業ではより高度化・複雑化した業務に対応するために，高度専門職の活用が進んでいます。プロフェッショナルの特徴を理解し，マネジメントをする際のポイントを理解しましょう。

Key Words

専門職制度　準拠集団　ローカル　コスモポリタン　二重のロイヤリティ

1　プロフェッショナルへの関心

1.1　求められる高度な専門性

近年，専門職制度を導入したり，職種別の採用を行ったりして，従業員が特定の仕事領域でキャリアを歩む道筋を設ける企業が増えています。**専門職制度**とは，課長や部長といった管理職への昇進だけではなく，専門的な仕事を担当する役割を担ったまま，組織内での地位や処遇が高くなるしくみです。

一般に，優秀な人材の処遇といえば，管理職への昇進が考えられます。しかし，高度な専門性を必要とする仕事の場合，これがかえってよくない結果になることがあります。というのも，専門分野で優れているからといって，優秀な管理者となるとは限りません。また，優秀な専門家を管理者にして専門的な仕事から遠ざけることは，組織にとっても個人にとっても不幸なことではないでしょうか。つまり，専門職制度とは，従来の管理職偏重の人事制

度ではきちんと処遇できなかった専門性の高い人材を処遇するための制度なのです。

　また，職種別の採用を行うということも，多様な仕事を幅広く経験することを前提とするのではなく，一定の領域でキャリアを歩むことを念頭に置いています。職種別採用を実施している企業では，多くの場合，評価や給与のしくみも職種ごとに異なっているために，職種をまたがる配置転換が容易ではないからです。研究職や法務職など，高度な専門性を必要とする分野だけに適用する場合も，すべての採用を職種別に行う場合もあります。いずれにしても，これらは特定領域の専門家としてのキャリアを念頭に置いた制度であるといえます。

　このように，現在では経営活動がより高度化・複雑化しており，そうした業務に対応するためには，従来のゼネラリスト的な人材に加えて，より高度な専門的知識・技術を持った人材が必要になるという認識が広がっているのです。

1.2 プロフェッショナルへの注目

　プロフェッショナルと**スペシャリスト**は，どちらも高度な専門性を有する仕事に従事しているという意味では，違いがありません。しかし，一般に，プロフェッショナルという言葉が対比されるのはアマチュアであり，スペシャリストが対比されるのはゼネラリストです。また，スペシャリストとは特定の分野で優れた能力を発揮する人々を指し，比較的広い範囲で使用されますが，プロフェッショナルは後述するようにさまざまな条件を満たすことが必要です。つまり，プロフェッショナルとは，スペシャリストの中でも一定の条件を満たした人たちであるといえるでしょう。

　プロフェッショナルについては，じつはかなり古くから関心が寄せられており，1900年代初頭にはすでに体系的な研究がなされています。近年，この分野の研究が再び注目されているのは，多くの組織で高度な専門性を有するプロフェッショナルを活用する必要が生じている一方で，プロフェッショ

ナルには特殊性があり，一般の従業員とは異なる発想がなければマネジメントできないという認識があります。したがって，プロフェッショナルのマネジメントを考えるには，まず，プロフェッショナルの特徴をよく知る必要があります。

2 プロフェッショナルとは

2.1 プロフェッショナルの歴史

はじめに，用語の混乱を避けるために明示しておきますが，プロフェッション（profession）とは，後述する一定の条件を満たした職業のことを指し，プロフェッショナルとはその職業に就いている人を指します。

プロフェッションという言葉が，高等教育を受けた貴族などが従事していた聖職・法律家・医師・軍人などの特定の職業を意味するようになったのは，16世紀，もしくは中世後期に遡ることができるといわれています。ところが，これらの伝統的なプロフェッショナルと現在のプロフェッショナルとは，大きな違いがあります。現在のプロフェッショナルは，専門的な知識・技能に裏づけられた職業的機能によって認識されるのに対して，**伝統的プロフェッショナル**は，社会的地位などの身分的特性によって裏づけられていたという違いです。

伝統的プロフェッショナルの任命は，貴族層や紳士層など，生まれのよい層によって，ほとんど排他的になされていました。そのため，現在の感覚では信じられないことですが，当時のプロフェッショナルの中には，専門化された知識や熟練を身につけていない人がいたとさえいわれています（Elliott [1972]）。この点で，伝統的な意味でのプロフェッションは，ステイタス・プロフェッション（status profession）と呼ばれることがあります。

これに対して，職業的機能に由来するプロフェッション（occupational profession）の誕生は，産業革命を目安にすることができます。ここでいう

職業的機能とは，簡単にいえば，何をすることができるのか，どのような結果を出せるのか，ということです。つまり，産業化の進展により，プロフェッショナルは社会的地位というよりは，職業的機能という点から評価されるようになったのです。以下では，産業化とともに発展した現代的な意味でのプロフェッショナルを念頭に置いて話を進めます。

2.2 伝統的なプロフェッションの条件

　プロフェッションという言葉は，広義では人が生計を立てるための職業すべてを意味します。この意味では，ビジネスパーソンも公務員も，あるいはフリーターも，すべてプロフェッショナルといえるかもしれません。しかし，通常，プロフェッションという言葉は，より限定的な意味を持っています。

　では，プロフェッショナルと呼ばれるのはどのような職業に就いている人々なのでしょうか。伝統的なプロフェッショナル研究では，プロフェッショナルの条件を比較的厳しくとらえてきました。多くの研究者がいろいろな条件を示しているのですが，それらの共通項を集めてみると次の4つになります。

①長期の教育・訓練により獲得する体系的な知識
　　単に学校教育に限定されたものではなく，職業訓練も含まれますが，体系的な知識もしくは技能を身につけていることが必要です。

②職業に由来する倫理的な規範
　　プロフェッショナルの仕事が社会的にも大きな影響を与えることから，公共性をはじめとする倫理的な規範が必要だと考えられています。

③専門職業団体
　　専門家としての知識や技能を評価したり，維持したり，あるいは倫理的な規範を守るための職業団体の有無が問題となります。

④専門家としての権威もしくは独占的権限
　　典型的なものとしては法的に定められた資格があります。たとえば，定められた医療行為を行えるのは資格を持った医師に限定されます。もち

ろん，ここでいう権威や権限とは法的に定められたものに限定されませんが，プロフェッショナルとして活動するためには，少なくとも専門的な知識に裏づけられた資格や権威が必要であるといえます。

2.3 現在のプロフェッショナルの条件

それでは，プロフェッションと呼ばれる職業とは，具体的にどのようなものがあるのでしょうか。アメリカの職業分類を参考に整理したものとして，建築家，会計士，技術者，科学者，医師，歯科医師，看護師，薬剤師，法律家，デザイナー，司書，コンピュータの専門家，編集者，記者，管理者，聖職者，栄養士，広告専門家，統計専門家などがあげられます（Shapero [1985]）。また，日本における比較的新しいプロフェッショナルとして，技師，薬剤師，会計士，社会科学者，ソーシャルワーカー，司書，ジャーナリスト，教師，工学技術者，自然科学者，芸術家，建築家，などをあげる研究者もいます（宮下 [2001]）。

しかし，この職業リストの中には，伝統的なプロフェッショナルの特徴を完全には備えていないものも含まれています。たとえば，公的な職業団体のない職業や，明確な倫理規範のない職業も見受けられます。これは，多くの職業でプロフェッショナル化が進んでいる結果だと理解できます。つまり，従来の基準では完全なプロフェッショナルとは呼ぶことはできないが，プロフェッショナルとしての特徴を色濃く持った専門性の高い職業が増加したのです。

そこで，近年では，プロフェッショナルの要件のすべてを満たしているかという絶対的な基準ではなく，プロフェッショナルとしての特徴をどの程度の強さで有しているか，という相対的な観点からプロフェッショナルをとらえることが多くなってきました。

現代的なプロフェッションが最低限満たさなければならない要件は，①体系的な教育訓練によってもたらされる理論的基礎と汎用性を有する専門的知識・技術に基づく仕事であること，②専門家団体あるいは専門家社会の基準

による能力その他の評価システムが何らかの形で存在していること（太田[1993]），としてとらえられています。そして，これらの条件を満たしたうえで，「より純粋なプロフェッショナルである」，「プロフェッショナル化の程度が低い」といった相対的な位置づけがなされるのです。

3 プロフェッショナルの組織化と準拠集団

3.1 組織化されたプロフェッショナル

　かつてのプロフェッショナルは，一部を除くとほとんどすべてが独立（self-employed）していました。しかし，産業化以降は，新しく誕生したプロフェッションだけでなく，かつては独立していたものも，多くの場合何らかの組織に所属するようになってきました。このようなプロフェッショナルの組織化は，さまざまな環境の変化を反映したものですが，最も重要な要因は，業務の大規模化，複雑化，専門化が進んだことにより，個人が単独でサービスを提供することが困難になってきたことにあります。

　たとえば，企業をクライアントに持つ法律家を例に考えてみましょう。企業経営は，会社法などの基本的な法律に基づいてなされています。しかし，このほかにも，納税や取引，雇用関係，工場などの建設など，企業のありとあらゆる活動は，多様な法的制約を受けます。しかし，1人でこれらを広く深くカバーできる人は，専門家といえどもまれです。そこで，近年の法律事務所では，特定の領域（たとえば，M&Aや知的財産の管理など）を専門とする人たちが集まり，チームとして仕事をすることが増えています。つまり，高度化・複雑化した仕事に対応するために，プロフェッショナルの組織化が進んだのです。

　プロフェッショナルの組織には，プロフェッショナルの仕事と組織の提供するサービスが一致するものから，プロフェッショナルの仕事があくまでも補助的なものである場合まであります。一般に，前者を**プロフェッショナル**

組織と呼び，後者を非プロフェッショナル組織と呼びます。

プロフェッショナル組織は，プロフェッショナルの有している自律性という観点から2つのタイプに分けることができます（Scott［1965］）。**自律的プロフェッショナル組織**（autonomous professional organization）は，法律事務所や病院，国公立大学のように，プロフェッショナル自身が組織に関する意思決定を下すことができ，比較的広範囲の自律性を有している組織です。一方，**他律的プロフェッショナル組織**（heteronomous professional organization）では，経営者や管理者が広範囲にわたってプロフェッショナルの行動をコントロールし，プロフェッショナル自身に認められる自律性が比較的小さくなります。

非プロフェッショナル組織の代表的なものは企業です。一定規模の企業では，数ある部門の中の一部門としてプロフェッショナル部門（professional department）が設けられています。企業目的達成のためにプロフェッショナル部門が存在しており，場合によっては，プロフェッショナルの行動は大きく制限されることもあります。

3.2 準拠集団とは何か

組織化されたプロフェッショナルのマネジメントを考えるときには，独立したプロフェッショナルとは異なる視点が必要です。それは，プロフェッショナルが組織の一員であると同時に，専門家社会の一員であるということに起因する問題が生じるからです。ここでは，**準拠集団**の理論に基づいて，プロフェッショナルと組織との関係に注目したいと思います。

準拠集団とは，個人が自身の態度や行動をどのように方向づけするのか，あるいは物事を判断するときに，基準となる価値観や規範を提供する集団や組織のことを指します。簡単にいえば，個人は，準拠集団における価値観や規範に従って，自分自身の態度や行動の方向性を決めたり，ある出来事のよしあしを判断することになります。

準拠集団の理論は，コミットメントの概念とは異なり，所属を前提として

いませんが，どのような集団でもよいというわけではありません。準拠集団は，個人が自発的に選択するもので，個人が心理的に一体感を感じている集団や組織である必要があります。

　準拠集団は，個人の態度，行動，評価などにおいて基準となる価値観を提供していますが，1人に1つという対応関係にあるわけではありません。この分野では，古くから，個人が所属する集団や組織以外の集団に，自己を方向づけるということが明らかにされています（Merton［1957］）。意思決定の際に，本来ならば所属組織の価値観に従うべきところでも，心理的に自己同一化している別の集団の価値観に従うことがあるのです。つまり，所属組織は何らかの点において準拠集団として機能しますが，準拠集団のすべてが所属組織ではないということです。

　特に，この章で取り上げているプロフェッショナルについては，この傾向が強いことがわかっています（Gouldner［1957, 1958］）。前述のプロフェッショナルの条件では，専門家団体あるいは専門家社会の有無が強調されていましたが，一般的に考えても，プロフェッショナルが専門家社会を準拠集団にするということは自然の流れです。その一方で，現在のプロフェッショナルの多くは組織に雇用されているために，所属組織（勤め先）を準拠集団として認識するということも自然です。

　しかし，組織化されたプロフェッショナルの場合，特に非プロフェッショナル組織では，所属組織の価値観と専門家社会の価値観が一致しないことがあります。これが，プロフェッショナルのマネジメントを難しいものにしているのです。

3.3　ローカルとコスモポリタン

　プロフェッショナルの，所属組織と専門家社会という2つの準拠集団を分析する視点として，**ローカル**（local）と**コスモポリタン**（cosmopolitan）という概念があります。（図表16－1）。
　ローカルとは所属組織に対して高いロイヤリティを持ち，専門的スキルに

図表 16 − 1 ▶▶▶ ローカルとコスモポリタン

	ローカル	コスモポリタン
準拠集団がどこにあるか	所属組織	外部の専門家社会
所属組織に対するロイヤリティ	高い	低い
専門的技術に対するコミットメント	低い	高い

出所：Gouldner［1957］より筆者作成。

対して低いコミットメントしか持たない人々を指します。彼らは準拠集団を所属組織に置いているために，組織目標や組織の規範や価値を受容し，いわゆる価値の内面化を行っています。また，組織内部での地位に大いに関心を示し，組織上の責任を重視するという特徴があります。

　これに対して，コスモポリタンとは，所属組織に対してあまりロイヤリティを示さずに，専門的な知識や技術に対して高いコミットメントを示す人たちです。彼らは準拠集団を所属組織内部にではなく，外部の専門家社会に置いているために，所属組織の目標や価値よりも，自らの職業に由来する価値や職業倫理を優先するプロフェッショナル志向の高い人たちであるといえます。このカテゴリに入る人たちは，自らの専門知識や技術に対して強い自信や自負心を持っており，所属組織内部での評価よりも専門家社会での評価を重視する傾向が強いことがわかっています。

　ここで，あえてロイヤリティというカタカナ用語を使用しているのは，忠誠心という訳語を使用すると，一部で誤解されているように，「上下」というニュアンスが強くなるからです。ローカルというのは，所属組織に対して従属的な立場であるということではなく，あくまでも所属組織の価値観を大切にして，日々の意思決定をしているということを意味しています。

4 プロフェッショナルの二重のロイヤリティ

4.1 背反モデル

　所属組織に対して準拠するローカル志向（ローカル的な特徴）と専門家社会に対して準拠するコスモポリタン志向（コスモポリタン的な特徴）がどのような関係にあり，これらがプロフェッショナルに対してどのような影響を与えるのかということについては，**二重のロイヤリティ**（dual loyalty）というテーマでとらえられています。

　前述のように，現在ではプロフェッショナルの組織化が進んでいますが，組織の目的や価値観，規範は，専門家社会のそれらとは異なることがあります。特に，非プロフェッショナル組織ではその傾向が強くなります。これが，二重のロイヤリティの問題の根源になります。

　この分野における多くの研究（特に初期の研究）では，二重のロイヤリティは成立しない，つまりトレード・オフの関係にあると考えられてきました。ローカル志向とコスモポリタン志向は二者択一的な関係にあるために，両立できないものであると考えられていたのです。このような考え方を，二律背反であるという意味で，**背反モデル**と呼ぶことにします。背反モデルでは，ローカルとコスモポリタンは1つの軸の両端に位置すると考えられます（図表16－2）。ローカル志向とコスモポリタン志向が，このような二者択一的な関係になるという理由として，次の2点があげられます。

　第1に，組織の厳格なマネジメントは，プロフェッショナルが必要としている自律性を阻害するということです。プロフェッショナルは，自らの専門知識・能力を発揮するために自律性を必要としていますが，組織の立場からは，組織目標の達成に向けて，各活動を調整する必要があり，時として，プロフェッショナルの仕事の仕方までコントロールするようになります。つまり，ルールや調整のしくみを重視するマネジメントの官僚制的な性質が，プロフェッショナルの自律性を阻害するという考え方に基づいた主張といえます。

図表16−2 ▶▶▶ 二重のロイヤリティの背反モデル

出所：三崎［2004］。

　第2に，第1の理由の結果として生じることとしても理解できますが，二重のロイヤリティを持ったプロフェッショナルの業績が低いという調査結果があります。つまり，本来であれば両立しないものを両方持ち合わせるということは，いずれかもしくは両方を犠牲にしなければならないために，安易な妥協につながるという考え方です（田尾［1991］）。

　このような立場からプロフェッショナルのマネジメントを考えると，プロフェッショナル自身に任せるほうがよいという，どちらかといえば放任主義的な結論に到達します。

4.2 背反モデルの限界

　背反モデルに従えば，プロフェッショナルはローカルか，コスモポリタンか，どちらでもない，といういずれかに分類できます。しかし，組織で働くプロフェッショナルを考える場合には，そのように割り切ることは難しいのではないでしょうか。ローカル志向しか持たないプロフェッショナルは，専門家社会の動きについていけなくなるという問題が生じかねませんし，逆に，コスモポリタン志向しか持たないプロフェッショナルは，組織目的の達成に向けて，メンバーの知識を統合したり，協力したりすることが難しくなります。

　たとえば，財務や経理という活動を例に考えてみましょう。法的な制約に従って，伝票を適切に処理したり，費用として計上したりといった活動のように，一般的な知識（全国共通の知識）だけを使用すればよいという業務の場合は，コスモポリタン志向だけでも十分に対応できるかも知れません。しかし，その会社にとって将来を描いているビジョンを実現するために，各事業の財務的な成果をどのような指標で評価するのか，といった活動は，その

会社の戦略や環境などを十分に理解したうえでないと，実行することは難しいでしょう。一般論としてはよくなくても，その会社の戦略上，意味のあるものがあるかもしれません。たとえば，利益は生まないけれども，他の事業でコアとなる経営資源（たとえばノウハウ）の蓄積のために行う事業などです。このような判断は，ローカル的な考え方をしなければできないことも多いと思われます。

そもそも，プロフェッショナルが組織化してきた背景には，業務の高度化・複雑化が進んでおり，単独では仕事を完結することが難しいということが一因となっていました。組織化することによって，プロフェッショナルとしての仕事がやりにくくなるということでは，本末転倒です。

自律性に関していえば，管理的な手続きが専門性の発揮を制限するようなものであれば，背反モデルの想定するような結果が生じるでしょう。しかし，仕事の進め方1つひとつを事細かにコントロールすることだけがマネジメントではありません。仕事のプロセスについては各人の自律性を大切にしたうえで，仕事の成果に焦点を当てて管理したり，相互のコミュニケーションや調整を図ることもマネジメントです。つまり，専門性の発揮を阻害しない形でのマネジメントもありうるのではないかという考え方です。

次に，業績についてですが，前述の，二重のロイヤリティが個人の業績に対して悪影響を与えるという研究は，多くの場合純粋な研究者を対象にしたもので，業績も研究論文で測定したものです。この点からいえば，この結果を企業組織におけるプロフェッショナルにまで広げて当てはめるには無理があるように思われます。実際に，企業組織や産業界のプロフェッショナルを対象にした最近の研究では，二重のロイヤリティがプロフェッショナルの業績に対してプラスの影響を与えていることが示されています（三崎［2004］）。

企業組織の場合，多くの仕事は完全に独立したものではなく，多くの関連部署とコミュニケーションをとりつつ，それぞれの活動やそれぞれの保有する知識を統合することが必要になります。つまり，コスモポリタン志向によって，外部の専門家社会と接点を持ち，知識の維持や進歩を図ることも重要ですが，組織目的の達成に向けて，目標を共有したり組織独自の知識を活

用するためにローカル志向を持つということは、組織に所属するプロフェッショナルとしてきわめて重要なことであるといえるのです。

4.3 独立モデル

　二重のロイヤリティを持つことができるという考え方は，背反モデルとは根本的に異なる発想です。前述のように，背反モデルでは，ローカル志向とコスモポリタン志向は1つの軸の両端にあると考えられていましたが，二重のロイヤリティが並存できるという考え方は，**図表16－3**に示すように，ローカル志向の軸とコスモポリタン志向の軸が独立したものになります。そこで，このような考え方を**独立モデル**と呼びます。

　独立モデルに従って考えると，組織におけるプロフェッショナルは，両方とも強いもの，ローカル志向のみが強いもの，コスモポリタン志向のみが強いもの，両方とも弱いもの，という4つのタイプに分けることができます。

　組織化したプロフェッショナルのうち，大学などのような組織の場合，研究という側面からみれば，コスモポリタン志向が重要であるといえるでしょう。しかし，教育や地域貢献といった活動の場合，他のメンバーと到達点（目標）を共有したり，そのための役割分担をしたり，相互の調整が必要と

図表16－3 ▶▶▶二重のロイヤリティの独立モデル

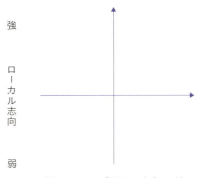

出所：三崎［2004］。

なります。たとえば，限られた科目の中で経営学の体系を学んでもらうという目標を立てた場合，各教員が「やりたい講義をする」ということでは目標を達成できません。基礎的な科目と応用科目の区別も必要ですし，関連分野の科目での内容の重複を避けたり，関連性をどのように持たせ，説明するのかといったことが調整されなければなりません。その場合，比較的自由な大学教員に対しても，ローカル的な思考が要求されることになります。もちろん，このような発想は，大学教員は研究をすればよいというコスモポリタン的な立場からは出てきません。教育や社会貢献という大学の目的を共有できてはじめて出てくる発想だといえるでしょう。

5 プロフェッショナルのマネジメント

　この章では，業務の高度化・複雑化に伴い，さまざまな職業でプロフェッショナル化が進んでいることを踏まえ，組織におけるプロフェッショナルについてみてきました。プロフェッショナルの組織化に伴い，ローカル志向とコスモポリタン志向をどのようにとらえるのかということは，その組織におけるプロフェッショナルのマネジメントの基本的な性格を決定することになります。

　もちろん，すべてのプロフェッショナルが二重のロイヤリティを持つべきであるということではありません。独立したプロフェッショナルや，プロフェッショナル組織に所属するプロフェッショナルの場合は，コスモポリタン志向を強く求められ，ローカル志向はあまり必要ではないかもしれません。あるいは非プロフェッショナル組織でも，基礎研究などのように原理原則を探索するような活動や，組織内の他の部門から完全に切り離すことができるような活動の場合も，ローカル志向はそれほど重要ではないかもしれません。

　しかし，戦略論の分野でも指摘されているように，企業の**持続的競争優位**の源泉は，外部からの調達が容易な一般的知識・経営資源にあるのではなく，その組織で長期間かけて蓄積された企業特殊的な知識・経営資源にあります。

これを受け入れ，身につけるためにはローカル的な発想が必要になります。したがって，組織の活動の中心的な役割を担うプロフェッショナルには，ローカル志向が強く求められるといえるでしょう。

プロフェッショナルのマネジメントでは，ローカル志向とコスモポリタン志向の両方を生かすためにはどのようにすればよいのかを考える必要があります。

| Discussion | 議論しよう |

1. 身近にあるさまざまな仕事について，どの程度プロフェッショナル化が進んでいるのかを検討してみましょう。また，現在はプロフェッショナルとしての条件を十分に満たしていないが，今後，プロフェッショナル化が進むであろう仕事をあげてみましょう。また，その理由について議論しましょう。
2. ローカル志向が重要なプロフェッショナルの仕事にはどのようなものがあるでしょうか。また，コスモポリタン志向が重要なプロフェッショナルの仕事にはどのようなものがあるでしょうか。

▶▶▶さらに学びたい人のために
- 三崎秀央［2004］『研究開発従事者のマネジメント』中央経済社。
- 西村健［2018］『プロフェッショナル労働市場——スキル形成・賃金・転職の実態分析』ミネルヴァ書房。

参考文献

- 太田肇［1993］『プロフェッショナルと組織』同文舘出版。
- 田尾雅夫［1999］『組織の心理学（新版）』有斐閣。
- 三崎秀央［2004］『研究開発従事者のマネジメント』中央経済社。
- 宮下清［2001］『組織内プロフェッショナル』同友館。
- Elliott, P.［1972］*The sociology of the professions*, Macmillan.
- Gouldner, A. W.［1957］Cosmopolitans and locals: Toward an analysis of latent social roles I, *Administrative Science Quarterly*, Vol.2, pp.281-306.
- Gouldner, A. W.［1958］Cosmopolitans and locals: Toward an analysis of latent social roles II, *Administrative Science Quarterly*, Vol.2, pp.444-480.
- Merton, R. K.［1957］*Social theory and social structure*, Free Press.（森東吾・森好夫・金沢実・中島竜太郎訳『社会理論と社会構造』みすず書房，1961年）
- Scott, W. R.［1965］Reactions to supervision in a heteronomous professional organization, *Administrative Science Quarterly*, 10, pp.65-81.
- Shapero, A.［1985］*Managing professional people: Understanding creative performance*, The Free Press.

索　引

英数

E.R.G. モデル…………………………29
ICT（Information and Communication Technology：情報通信技術）………69, 123
LPC（Least Preferred Coworker）尺度
　…………………………………………139
M（maintenance）行動………………137
MPS（Motivating Potential Score）……36
NED（Nikkeiren Employability Development）モデル…………82
OCB……………………………………85
Off-JT（off-the-job training：職場外訓練）
　…………………………………130, 159
OJT（on-the-job training：職場内訓練）
　…………………………………130, 159
organizational change………………165
organizational transformation………166
PM 理論………………………………137
P（performance）行動………………137
QWL（Quality of Working Life）……201
SECI モデル……………………………157
VDT 症候群……………………………108
Win-Win…………………………………61

あ

愛他主義（altruism）…………………86
愛着……………………………………42
あいまい学習…………………………154
あいまいさへの耐性…………………104
アウトカム……………………………196
アドホクラシー・タイプ……………184
アンカリング…………………………59
安全欲求（safety）……………………27

アンダーマイニング（undermining）効果
　…………………………………………33
暗黙知…………………………………157
暗黙のルール…………………………214
アンラーニング（学習棄却）………153
移行……………………………………166
意識改革………………………………165
意思決定………………………………55
意思決定人モデル……………………14
意思決定の過程………………………201
一律年功モデル………………………77
一貫性…………………………………198
一貫性のルール………………………203
異動……………………………………75
イノベーション…………………98, 229
インクルージョン……………………20
印象操作（impression management）……98
インプット……………………………196
衛生要因………………………………31
エンハンシング（enhancing）効果……33
エンプロイヤビリティ（employability）
　…………………………………………82
遅い昇進………………………………49
遅い選抜………………………………77
オハイオ研究…………………………138

か

会社への社会化………………………211
外的統制（external control）………111
解凍……………………………………166
外発的動機づけ（extrinsic motivation）
　…………………………………………32
回避……………………………………62
外部労働市場…………………………72
下位文化………………………………187

科学的管理法	17, 188
学習資源	152
確証バイアス	59
革新	120
確率の誤認	59
過少報酬	197
過多報酬	197
価値観	169, 177, 178
価値観の葛藤	182
価値を認める問い（Appreciative Inquiry）	190
過程コントロール	202
過程理論（process theory）	26
過労死	110
観察学習	214
感情的サポート	172
管理的業務	91
企業特殊スキル	51
企業特殊的な知識	254
企業内労働市場	72
企業別労働組合	179
儀式	178, 214
期待（Expectancy：E）	34
期待理論（expectancy theory）	33
技能多様性（skill variety：V）	35
規範（norm）	127
規範的コミットメント	42
基本的仮定	178
客観的キャリア	74
キャリア	69
キャリア・アンカー	76
キャリア・プラトー現象	80
キャリア・プラン	83
キャリア・マネジメント	72
競合的な問題解決	61
凝集性（cohesiveness）	128
強制（競合）	62
協調的な問題解決	61
協働	13
勤続年数	46

グラス・シーリング（glass ceiling：ガラスの天井）	106
クラン・タイプ	183
グループウェア	123
グローバル化	228
クロス・ファンクショナル・チーム（cross-functional team）	122
敬意を持った処遇（respect）	205
経営資源	254
経営人（administrative man）	56
経営成果	232
経営理念	181
経験学習	214
経験効果	179
経済人モデル	14
形式知	157
経路－目標理論	140
欠勤率	45
決定コントロール	202
欠乏欲求	29
限定された合理性（bounded rationality）	56
幻滅感	48
コア人材	76
交換型リーダーシップ	145
公式集団（formal group）	119
公衆道徳（civic virtue）	86
交渉	61
公正	194
公正観	207
公正原理	207
公正判断理論	204
構造づくり	136
行動アプローチ	136
行動意思決定（behavioral decision making）論	58
行動的反応（behavioral responses）	107
行動様式	169
高年齢者雇用安定法	227
衡平	195

衡平（equity）原理 199
衡平分配 200
衡平理論（equity theory） 196
功利的コミットメント 42
コーピング（coping） 112
個人－職務適合（Person-Job fit） 220
コスト削減 120
コスモポリタン（cosmopolitan） 248
コスモポリタン志向 250
コミットメントのエスカレーション 60
コミュニケーション・スキル 131
コンフリクト 61, 182

さ

サービス経済化 19
在宅勤務 238
再凍結 166
サイモン（Simon, H. A.） 56
差別 235
三種の神器 179
支援型リーダーシップ 94
ジェンダー 235
資源の有効活用 91
思考様式 127
自己決定（self-determination） 32
自己効力感 220
自己裁量の個人行動 86
自己実現 17
自己実現欲求（self-actualization） 28
自己奉仕バイアス 65
資質 135
資質アプローチ 135
市場の多様化 228
自制の行動 88, 96
持続的競争優位 254
自尊欲求（esteem） 28
実践共同体（communities of practice） 159

実直さ（truthfulness） 205
質問に対する礼儀正しい対応（propriety） 205
シャイン（Schein, E. H.） 74, 178
社会化（socialization） 209
社会化エージェント（socialization agent） 215
社会化戦術（socialization tactics） 218
社会人モデル 14
社会的学習 215
社会的カテゴリー理論 233
社会的交換 144
社内FA（Free Agent）制度 81
社内公募制 81
習慣 170, 214
従業員カテゴリー 230
終身雇用 70, 179
修正可能性のルール 203
集団（group） 118
集団極性化（group polarization） 127
集団思考（groupthink） 127
十分な説明（justification） 206
主観的キャリア 74
主観的判断 199
熟達化 152
受容感 220
準拠集団 247
障害者雇用促進法 227
状況アプローチ 139
条件づけ賞罰行動 94
昇進 74
昇進スピード競争モデル 78
情緒的コミットメント 42
情緒的サポート（emotional support） 113
情動焦点型コーピング 113
情報・意思決定理論 234
情報通信技術（ICT） 69, 123
情報的サポート（informational support） 113
情報の正確性のルール 203

情報の非対称性	66	垂直的二者連鎖（vertical dyad linkage：VDL）モデル	143
職業的価値	214	ステイタス・プロフェッション（status profession）	243
職業的機能に由来するプロフェッション（occupational profession）	243	ステレオタイプ理論	235
職業的社会化	214	ストレイン（strain）	107
職場外訓練（Off-JT）	130, 159	ストレス	101
職場内訓練（OJT）	130, 159	ストレスチェック	115
職場の凝集性	45	ストレッサ（stressor）	104
職場への社会化	211	スペシャリスト	19, 242
職務記述書	86, 88	スポーツマン精神（sportsmanship）	86
職務自体からのフィードバック（feedback from the job itself：F）	35	成果主義	70
職務特性理論（Job Characteristics Model）	35	正義	194
		生産性の向上	120
職務の隙間	88	誠実さ（conscientiousness）	86
職務満足感	92	生存の欲求（Existence）	30
所属と愛の欲求（belongingness）	28	成長意欲	92
自律性（autonomy：A）	35, 124	成長的サポート	172
自律的キャリア	81	成長の欲求（Growth）	30
自律的プロフェッショナル組織（autonomous professional organization）	247	生理的欲求（physiological）	27
		セクシュアル・ハラスメント（sexual harassment）	106
シングル・ループ学習	156	ゼネラリスト	19, 242
人事考課	71	セルフマネジング・チーム（self-managing team）	124
新人研修	218		
心身症（psychosomatic disease）	107	宣言的知識（declarative knowledge）	96
深層的ダイバーシティ	226	選択権の帰属	217
新卒一括採用	223	選択的認知	170
身体的反応（physiological responses, physical responses）	107	専門家社会	245
		専門家団体	245
人的資源管理（Human Resource Management：HRM）	76	専門職制度	80, 241
		専門スキル	130
信頼	142	専門性	241
心理的契約	71	戦略的業務	91
心理的ストレス	102	相互作用的公正（interactional justice）	205
心理的抵抗感	181		
心理的反応（psychological responses）	107	相乗効果	119
		創造性	52
推進力（driving force）	167	相対的剥奪理論（relative deprivation）	197
垂直的交換関係	216		

ソーシャル・サポート······················113, 172
組織··12
組織外ストレッサ······························104
組織学習（organizational learning）······149
組織学習サイクル······························153
組織間キャリア····································74
組織記憶（organizational memory）········154
組織行動論··16
組織社会化（organizational socialization）
　··209
組織ストレス······································103
組織的公正（organizational justice）······193
組織内キャリア····································74
組織内社会化····································212
組織内ストレッサ······························103
組織の適応力····································121
組織のフラット化······························70
組織文化··177
組織変革（organizational change）······164
組織変革の3段階プロセス············166
組織変革への抵抗····························169
組織論··18
存在欲求···29
損失のフレーム···································65

た

対抗文化··188
対人的公正（interpersonal justice）······205
ダイバーシティ····························19, 226
ダイバーシティ経営··························225
ダイバーシティ・マネジメント·······227
代表性のルール································203
代表性ヒューリスティック··············59
タイプA行動（Type A behavior）······110
妥協··62
タスク完結性（task identity：I）······35
タスク志向的リーダーシップ・スタイル
　··140

タスク重要性（task significance：S）······35
達成動機づけ理論（achievement
　motive theory）···································37
ダブル・ループ学習························156
他律的プロフェッショナル組織
　（heteronomous professional
　organization）·····································247
男女雇用機会均等法························227
チーム（team）···································118
チーム思考（teamthink）·················126
チーム・デザイン····························122
チーム目標··129
知識（knowledge）····························157
知識獲得プロセス····························97
知識創造（knowledge creation）······157
中核的職務次元·································35
忠誠心··249
調整効果···91
強い文化··180
定性的な方法····································182
定着メカニズム································186
丁重さ（courtesy）····························86
テイラー（Taylor, F.）·························17
定量的な方法····································182
適応··150
テクノ依存症····································109
テクノストレス（technostress）······109
テクノ不安症····································109
手続き的公正（procedural justice）······201
手続き的知識（procedural knowledge）
　··96
転勤族··71
伝統的プロフェッショナル··········243
同一化··42
同化··230
動機づけ···25
動機づけ－衛生理論（motivation-hygiene
　theory）···31
動機づけ要因·······································31
道具型リーダーシップ······················94

261

道具性（Instrumentality：I）……34
道具的サポート（instrumental support）
　……113
統計的差別理論……236
統合……232
統合的交渉（integrative negotiation/
　bargaining）……61
同質化……222
トークニズム理論……237
トーナメント競争モデル……78
特異性－信頼理論……142
独立独行（self-reliance）……70
独立モデル……253
共働きの家族（dual-career family）……72
トランジション（transition）……79

な

内在化……53
内的統制（internal control）……111
内発的動機づけ（intrinsic motivation）……32
内容理論（content theory）……26
二次の学習……156
二次的明文化および強化のメカニズム
　……186
二重のロイヤリティ（dual loyalty）……250
日本的経営システム……50
人間関係志向的リーダーシップ・スタイル
　……140
人間関係の欲求（Relatedness）……30
人間関係論……17
人間モデル……14, 38
認知……18
認知心理学……18
認知的評価（cognitive appraisal）……102
認知的不協和理論（cognitive dissonance）
　……197
認知能力……56
ネガティブな感情……97

年功序列……179
年功賃金……70

は

バーチャル・チーム（virtual team）……123
バーナード（Barnard, C.I.）……151
バーンアウト（burnout syndrome：
　燃え尽き症候群）……109
バイアス（bias）……58
背反モデル……250
配慮……136
バウンダリーレス・キャリア
　（boundaryless career）……74
働き方改革……225
パラダイム（paradigm）……155
パラダイム転換理論……156
ヒエラルキー・タイプ……184
非公式集団（informal group）……119
非条件づけ賞罰行動……94
ビジョン……185
必要性（need）原理……199
必要性分配……200
非プロフェッショナル組織……247
ヒューリスティック（heuristic）……58
評価基準……200
評価的サポート（appraisal support）……113
表層的ダイバーシティ……226
平等……195
平等（equality）原理……199
平等分配……200
ファシリテーション（facilitation）……67, 131
フォース・フィールド分析（force field
　analysis）……167
フォロワー……134
不完全な学習サイクル……153
服従（適応）……62
部内者化……75
部門別下位文化……187

フルレンジ・リーダーシップ（full range leadership）……145
フレーミング（framing）……59
フレックスタイム……238
プロアクティブ行動（proactive behavior）……219
プロセス・ロス（process loss）……119
プロフェッショナル……19, 242
プロフェッショナル化……19, 245
プロフェッショナル組織……246
プロフェッショナルの組織化……246
プロフェッショナル部門（professional department）……247
プロフェッション（profession）……243
文化的社会化……214
分業……14
分析マヒ症候群……179
分配的（奪い合い型の）交渉……61
分配的公正（distributive justice）……195
文物……178
分離……231
変革……52, 222
変革型リーダーシップ……145
変革のエージェント（change agent）……168
偏向の抑制のルール……203
変容……150
傍観者的学習……153
報酬の期待値……57
放任型リーダーシップ……146
ポジティブな感情……97

ま

マーケット・タイプ……184
マーチ（March, J. G.）……56
マイノリティ……226
マズロー（Maslow, A.）……17
満足化意思決定（satisfactory decision）……56

見えざる出資……50
未知への不安……171
ミディエーション（メディエーション）……67
迷信的経験学習……154
メタ・レベル……156
メンター（mentor）……216
メンター制度……217
目標設定理論（goal setting theory）……37
モチベーション（Motivation）……25
モデレータ（moderator）……110
問題解決スキル……131
問題焦点型コーピング……112

や

役割……45
役割あいまい性（role ambiguity）……105
役割外行動……85
役割制約的経験学習……154
役割的社会化……214
誘意性（Valence：V）……34
有効的機能……85
有能感（competence）……32
予期的社会化（anticipatory socialization）……211
抑止力（restraining force）……167
欲求……27
欲求階層説（Need Hierarchy Theory）……27

ら

ライフ・キャリア……73
リーダーシップ……133
リーダーシップ形成（leadership making）モデル……144

263

リーダーシップのコンティンジェンシー
　理論··················139
リーダー・メンバー交換関係（leader
　member exchange：LMX）理論········143
離職意思··················220
離職率··················45
リテンション・アテンション··················91
利得のフレーム··················65
利用可能性ヒューリスティック··················58
両立不可能性バイアス··················64
倫理規範··················245
倫理性のルール··················203
類似性・魅力理論··················233
ルーティン（routine）··················154

レビン（Lewin, K.）··················166
ロイヤリティ··················206
ローカス・オブ・コントロール（locus of
　control：制御の所在）··················111
ローカル（local）··················248
ローカル志向··················250

わ

ワーク・キャリア··················73
ワーク・モチベーション··················25
ワークライフバランス（work life balance）
　··················73

▶執筆者紹介（執筆順）

開本　浩矢（ひらきもと・ひろや）　　　　　　　　　　　　　　第1章

編著者紹介参照

高階　利徳（たかしな・としのり）　　　　　　　　　　　　　　第2章

兵庫県立大学国際商経学部教授，修士（経営学）
1973年　兵庫県生まれ
1996年　神戸商科大学商経学部卒業
1998年　神戸大学大学院経営学研究科博士課程前期課程修了
主　著：「継続雇用制度を有効に機能させる人的資源管理施策に関する研究
　　　　―企業の制度導入目的に着目して」『経済情報学研究』姫路獨協大学，
　　　　第76号，2013年

鈴木　竜太（すずき・りゅうた）　　　　　　　　　　　　　　　第3章

神戸大学大学院経営学研究科教授，博士（経営学）
1971年　静岡県生まれ
1994年　神戸大学経営学部卒業
1999年　神戸大学大学院経営学研究科博士課程後期課程修了
主　著：『関わりあう職場のマネジメント』有斐閣，2013年（日経・経済図
　　　　書文化賞受賞）

上野山　達哉（うえのやま・たつや）　　　　　　　　　　　　　第4章

大阪公立大学大学院経営学研究科教授，博士（経済学）
1971年　和歌山県生まれ
1994年　京都大学経済学部卒業
2000年　神戸大学大学院経営学研究科博士課程後期課程退学
主　著：『日本のキャリア研究―専門技能とキャリア・デザイン』（第6章分
　　　　担執筆）白桃書房，2013年

櫻田　涼子（さくらだ・りょうこ）　　　　　　　　　　　　　　　第 5 章

　　甲南大学経営学部教授，博士（経営学）
　　1980 年　北海道生まれ
　　2003 年　神戸大学経営学部卒業
　　2009 年　神戸大学大学院経営学研究科博士課程後期課程修了
　　主　著：「フラット化した組織階層の下での新たなキャリア・プラトー現象
　　　　　　の課題」『日本労務学会誌』第 15 巻第 2 号，20-33 頁，2014 年

原口　恭彦（はらぐち・やすひこ）　　　　　　　　　　　　　　　第 6 章

　　東京経済大学経営学部教授，博士（経営学）
　　1967 年　埼玉県生まれ
　　1991 年　学習院大学経済学部卒業
　　2002 年　神戸大学大学院経営学研究科博士課程後期課程修了
　　主　著：*Automobile Industry Supply Chain in Thailand*, 2018, Singapore SI:
　　　　　　Springer.（分担執筆 Chapter II, III, VII）

加納　郁也（かのう・いくや）　　　　　　　　　　　　　　　　第 7・13 章

　　兵庫県立大学国際商経学部教授，博士（経営学）
　　1970 年　兵庫県生まれ
　　1993 年　神戸大学経営学部卒業
　　2004 年　神戸商科大学大学院経営学研究科博士後期課程単位取得退学
　　主　著：『企業組織の職務遂行プロセスにおける公正感のマネジメント』兵
　　　　　　庫県立大学政策科学研究叢書第 88 巻，2017 年

井川　浩輔（いがわ・こうすけ）　　　　　　　　　　　　　　　　第 8 章

　　琉球大学国際地域創造学部准教授，博士（経営学）
　　1977 年　兵庫県生まれ
　　2000 年　甲南大学経営学部卒業
　　2006 年　神戸大学大学院経営学研究科博士課程後期課程修了
　　主　著：「病院における効果的なチーム・デザイン」『病院』医学書院，第 65
　　　　　　巻第 8 号，2006 年

小野　善生（おの・よしお）　　　　　　　　　　　　　　　　　　　　　　　第 9 章

　　滋賀大学経済学部教授，博士（経営学）
　　1974年　京都府生まれ
　　1997年　滋賀大学経済学部卒業
　　2003年　神戸大学大学院経営学研究科博士課程後期課程修了
　　主　著：『フォロワーが語るリーダーシップ─認められるリーダーの研究』
　　　　　　有斐閣，2016 年

松本　雄一（まつもと・ゆういち）　　　　　　　　　　　　　　　　　　　　第 10 章

　　関西学院大学商学部教授，博士（経営学）
　　1973年　愛媛県生まれ
　　1995年　愛媛大学法文学部卒業
　　2001年　神戸大学大学院経営学研究科博士課程後期課程修了
　　主　著：『実践共同体の学習』白桃書房，2019 年

厨子　直之（ずし・なおゆき）　　　　　　　　　　　　　　　　　　　　　　第 11 章

　　和歌山大学経済学部教授，博士（経営学）
　　1979年　兵庫県生まれ
　　2002年　関西学院大学商学部卒業
　　2007年　神戸大学大学院経営学研究科博士課程後期課程修了
　　主　著：「ナレッジワーカーのパフォーマンス・マネジメント─ソーシャル・
　　　　　　サポートと離職の関係における職務満足・組織コミットメントの媒
　　　　　　介効果」『経営行動科学』第 25 巻第 2 号，2012 年

北居　明（きたい・あきら）　　　　　　　　　　　　　　　　　　　　　　　第 12 章

　　甲南大学経営学部教授，博士（経営学）
　　1967年　滋賀県生まれ
　　1990年　滋賀大学経済学部卒業
　　1995年　神戸大学大学院経営学研究科博士課程後期課程修了
　　主　著：『学習を促す組織文化─マルチレベル・アプローチによる実証分析』
　　　　　　有斐閣，2014 年

尾形 真実哉（おがた・まみや） 第14章

甲南大学経営学部教授，博士（経営学）
1977年　宮城県生まれ
2002年　明治大学商学部卒業
2007年　神戸大学大学院経営学研究科博士課程後期課程修了
主　著：「リアリティ・ショックが若年就業者の組織適応に与える影響の実証研究―若年ホワイトカラーと若年看護師の比較分析」『組織科学』白桃書房，第45巻第3号，2012年

團　泰雄（だん・やすお） 第15章

近畿大学経営学部教授，博士（経営学）
1969年　兵庫県生まれ
1992年　滋賀大学経済学部卒業
1998年　神戸大学大学院経営学研究科博士課程後期課程修了
主　著：「日本企業の新規事業進出と準企業内労働市場」『日本労働研究雑誌』No.641，2013年

三崎 秀央（みさき・ひでお） 第16章

関西大学ビジネスデータサイエンス学部教授，博士（経営学）
1971年　東京都生まれ
1994年　神戸商科大学商経学部卒業
1999年　神戸商科大学大学院経営学研究科博士後期課程修了
主　著：『研究開発従事者のマネジメント』中央経済社，2004年

▶編著者紹介

開本 浩矢（ひらきもと・ひろや）

大阪大学大学院経済学研究科教授，兵庫県立大学名誉教授，博士（経営学）
1969年　広島県生まれ
1991年　大阪大学経済学部卒業
1993年　神戸大学大学院経営学研究科博士課程前期課程修了
主　著：『研究開発の組織行動』中央経済社，2006年
　　　　『クリエイティビティ・マネジメント』白桃書房，2012年

組織行動論

2019年4月1日　第1版第1刷発行
2025年4月25日　第1版第21刷発行

編著者　開　本　浩　矢

発行者　山　本　　　継

発行所　㈱中央経済社

発売元　㈱中央経済グループ
　　　　パブリッシング

〒101-0051　東京都千代田区神田神保町1-35
　　　　　　電話　03 (3293) 3371 (編集代表)
　　　　　　　　　03 (3293) 3381 (営業代表)
　　　　　　https://www.chuokeizai.co.jp
　　　　　　製版／三英グラフィック・アーツ㈱
　　　　　　印刷・製本／文唱堂印刷㈱

Ⓒ 2019
Printed in Japan

＊頁の「欠落」や「順序違い」などがありましたらお取り替えいたしますので発売元までご送付ください。（送料小社負担）

ISBN978-4-502-29561-4　C3034

JCOPY〈出版者著作権管理機構委託出版物〉本書を無断で複写複製（コピー）することは，著作権法上の例外を除き，禁じられています。本書をコピーされる場合は事前に出版者著作権管理機構（JCOPY）の許諾を受けてください。
JCOPY〈https://www.jcopy.or.jp　eメール：info@jcopy.or.jp〉